The Aging
Undertaking and Social
Management Innovating

老龄事业与创新社会管理

施祖美 ◎ 著

序　一

党和政府历来十分关心老年群众，采取有力措施推动老龄工作发展进步，为老龄事业持续健康发展奠定了良好基础。随着第一个老年人口增长高峰的到来，我国人口老龄化进程将进一步加快，人口老龄化已呈现超前于现代化的趋势。这就要求我们必须深刻认识发展老龄事业的重要性和紧迫性，认真解决好如何养老这一重要社会问题，切实应对人口老龄化的挑战。

当前，我国经济社会发展不断加快、人民生活水平日益提高，传统的"物质养老"渐退居其次，"精神养老"则不断凸显，丰富多彩的精神文化生活越来越成为广大老年人生活的核心内容和强烈的现实诉求。谈"精神养老"，就离不开老年教育。《国家中长期教育改革和发展规划纲要（2010—2020年）》提出，要"重视老年教育"。老年教育既是我国老龄事业的组成部分、终身教育体系的重要环节，也是应对人口老龄化、满足老年人精神文化需求的有效途径，是一项功在当代、利在千秋的社会公益性事业。加快发展老年教育，使老年人老有所学、老有所为、老有所乐，享受健康老年生活，是建设学习型社会、提高全民族整体素质的必然要求，也是创新社会管理、构建和谐社会的重要基础。因此，加强老年教育理论和实践研究，深入探讨"老年教育与创新社会管理""老龄事业与创新社会管理"等重要课题，无疑具有重要而又紧迫的现实意义。

施祖美同志长期在高校和教育行政管理部门工作，具有深厚的教育学、社会学和管理学基础。近年来，他一直从事老龄工作，担任福建省老年大学协会副会长、福建老年大学副校长、福建省老年教育理论研究会会长，对老龄事业特别是老年教育研究颇有建树。《老龄事业与创新社会管理》一书便是他在工作中对老龄事业的深刻思考、系统探索和经验总结。纵览全书，内容丰富，观点新颖，案例翔实。讲道理，文风简朴，见解深刻，不失理论水准；谈管理，贴近现实，情真意切，可谓用心良苦；论时势，视野开阔，举一反三，具有独到眼光。该书对推进中国老年教育研究、促进老龄事业发展具有一定的借鉴意义。

该书即将付梓，由衷高兴；爱志数语，以资赞贺。

是为序。

袁贵仁

2012 年 9 月

序　二

随着我国人口老龄化的程度不断加深，老龄化的影响也逐渐显现。开展老龄事业与创新社会管理研究，为繁荣老年学研究，推进老年学理论建设，乃至对我国社会发展都具有非常重要的现实意义。

老年教育是老龄工作的重要组成部分，开展老年教育研究是应对人口老龄化的一项重要任务。2010 年 1 月 19 日，福建省老年教育理论研究会成立。采用首席专家负责制的做法，组建科研团队，开展老年教育科研工作，经过专家们的共同努力，研究会申报的科研课题先后列入省社科联、省教育厅等有关部门的科研项目。《老龄事业与创新社会管理》列入省社科联重点项目，本书作为该项目的标志性成果凝聚着作者的智慧、心血与辛劳的汗水。尤其是近年来，祖美同志与多位专家委员紧紧围绕党和政府的中心工作开展老年教育理论研究，从应对人口老龄化问题的全局高度统筹考虑老年教育事业的发展，以理论研究会为平台，注重带队伍、出成果。各设区市先后成立了老年教育研究组织，建立了研究工作的长效机制，将老年教育科研工作纳入学校的发展规划。做到理论研究有计划、经费投入有安排、研究人员有分工，建立一整套行之有效的科研奖励办法和规章制度，促进基层老年教育科研人员的队伍不断壮大。在研究过程中，专家们通过听取情况介绍、深入实地考察、会上座谈交流、查阅文献资料、书面问卷调查等多种形式，深入县区老年办学基层，对老年教育的办学条件、课堂教学、教学管理、教材建设、课外活动、理论研究等方面情况进行实地考察了解，取得了令人瞩目的成果。

在新的历史时期，老年事业及老年教育都将面临新的挑战。这意味着从事老年工作的同志要做出新的努力与奉献。我国是传统的礼仪之邦，尊敬老人是我们的光荣传统。永远不忘老同志的历史功绩和现实贡献，是一种社会导向、政治责任、道德良心和同志情怀。福建省老年教育理论研究会作为联系、团结和引导广大同仁开展老年教育研究的群众性组织，是党和国家关心老同志身心健康，促进老年人欢度晚年的桥梁与纽带。组织和引导广大老龄事业工作者参加研究活动，为进一步凝聚老龄人才资源，推进海西两个先行区建设，构建和谐社会，具有特别重要的意义。

老龄事业虽是"夕阳工程"，却又是"朝阳事业"。随着我国老龄化进程的进一步加快，关于老龄事业与创新社会管理研究工作必将进一步迸发出勃勃生机。"老夫喜作黄昏颂，满目青山夕照明。"在党的十八大精神的引领下，在充满希望的新时代，老龄事业与创新社会管理工作，一定会取得又好又快的发展。

谨此为序。

游德馨①

---

① 游德馨，中国老年大学协会名誉会长，福建省政协原主席。

目　录

绪　论

　　中国是一个人口大国，人口数量居世界第一。作为社会基础变量的人口因素，对社会经济各个方面产生了重要的影响。改革开放以来，随着经济社会的高速发展，人们的生育观念不断转变，生育率呈现由高到低的趋势，从而导致青少年人口比例不断降低。同时，随着人们生活水平的不断提高，医疗卫生条件的逐渐改善，死亡率也逐渐降低，人们的预期寿命延长，使得老年人口占人口的比重不断攀升，2000 年，我国 65 岁及以上人口的比例达到 6.92%，2008 年，我国 65 岁及以上人口有10956 万人，占人口比重的 8.3%，当前，老年人口正以年均 4.3% 的速度增长。根据联合国的规定，一个国家或地区 60 岁以上人口数占到总人口数的 10% 以上，或者 65 岁以上人口数占到总人口数的 7% 以上，即为老年型国家或老龄化社会，这就标志着我国正式进入老龄化社会。长期以来，党和政府十分关心老年群体，不断采取积极措施推动老龄事业发展进步，为老龄事业持续发展奠定了很好的基础。但是，随着我国人口老龄化程度不断加强，老龄事业发展相对滞后的矛盾日益突出，主要表现在：社会养老保障制度尚不完善，公益性老龄服务设施建设滞后，老龄服务市场发育不全、供给不足，老年社会管理工作相对薄弱，侵犯老年人权益的现象时有发生。因此，发展老龄事业，创新社会管理，对促进我国经济社会发展具有重要的现实意义。

第一节　概念界定

一　老年人口

"老年人口"是指达到或超过老年年龄界限的人。在不同时期、不同国家或地区对老年年龄界限的定义是不同的。1900年，桑巴德在其《人口年龄分类和死亡率研究》一书中将50岁作为老年年龄的下限；1956年，联合国发表的《人口老化及其社会经济后果》中将65岁定义为老年年龄的下限；到了80年代初，人口老龄化已经不仅是发达国家的问题，发展中国家同样面临人口老化的问题，而发展中国家的人均预期寿命比发达国家的人均预期寿命低得多，因此，1982年在维也纳召开的"世界老龄问题大会"将老年人口年龄界限定在60岁。中国属于发展中国家，虽然人均预期寿命要高于发展中国家的平均水平，但与发达国家相比，人均预期寿命水平还是比较低。因此，中国老龄委员会将60岁作为我国老年人的年龄起点界限。目前国际通用的划分标准是65岁以上。

然而，笔者认为，传统意义上的按照年龄标准来划分老年群体是不够科学，不够准确的。众所周知，生活在地球上不同区域的人们，受种族、国家、社会、环境、遗传、心理（或精神）、生活方式、疾病、家庭、性别、职业等因素的影响，其平均寿命是不同的。世界卫生组织公布的2011年《世界卫生统计资料》显示，日本人的平均寿命继续保持83岁，与欧洲小国圣马力诺并列世界第一，其次为澳大利亚（82岁），而平均寿命最短的三个国家分别为非洲的马拉维（仅47岁）、阿富汗（48岁）和津巴布韦（49岁）。可见，不同国家的人均寿命相差甚远。同时，随着社会经济发展，人类平均寿命呈现增长趋势，根据第六次全国人口普查资料表明，截至2010年，我国人口平均预期寿命已经达到74.83岁，比2000年提高3.43岁，而1949年之前我国的人均寿命仅40.8岁。由此可见，各国、各地区的平均寿命差异明显。因此老年年龄的界定是相对的、动态的，是随着不同国家、地区、种族，不同历史时期的变化而变化，应当充分考虑一个国家或地区的平均生理、心理、智力等综合因素。

二 老龄化

人口老龄化，广义上主要包括个体的老化和人口群体的老化。个体的老化主要体现在个体年龄的增长变化；人口群体的老化主要体现在一个国家或地区人口年龄结构的变化。

根据联合国人口委员会《多种文字人口学词典》对老龄化的定义："当老年人在人口中的规模比例增大时，称之为人口老龄化。"《人口手册》(*POPULATION HAND BOOK*) 则从动态角度将"人口老龄化"定义为：一个国家或地区老年人口占人口总体的比例不断增加，或青少年人口所占比例逐渐递减的一种渐进过程。

综上可见，老龄化指的是有关人口年龄结构及其变化过程，如果一个社会中的人口结构呈现出青少年人口比重降低，老年人口比重攀升，则说明这个社会的人口正逐渐步入老龄化。

三 老龄化社会的界定标准

当前，世界各国普遍采用 1956 年联合国人口司和 1982 年世界老龄问题大会所制定的老龄化社会划分标准，即如果一国或者地区 60 岁以上人口达到 10% 及以上，或者 65 岁以上人口达到 7% 及以上，那么该国或该地区的人口结构成为老年型，说明该国或该地区已进入人口老龄化社会。

立足国情，我国人口老龄化一般以 60 岁作为老年人口的年龄下限。我国立法规定：男性职工退休年龄为 60 岁，女性为 55 岁。

四 老龄事业与创新社会管理

（一）老龄事业

老龄事业主要是指针对老龄化所带来的诸多问题，围绕"老有所养、老有所医、老有所教、老有所学、老有所为、老有所乐"的发展目标，按市场经济的要求，构建专门服务老年群体的长效发展机制。要制定老龄事业发展规划，加强老龄法律法规政策建设，健全老龄工作体制，鼓励社会广泛参与老龄事业发展，积极开展国际交流与合作，从而进一步推动老龄事业的发展。

（二）创新社会管理

社会管理的主体应当是社会，而不仅仅是政府，因此创新社会管理就应当实现从"管治思维"向"共治思维"转变，进一步完善相关机制，改革传统管理模式，做到以人为本、服务为先，引导各类社会组织加强自身建设、增强服务社会能力，支持人民团体参与社会管理和公共服务，发挥群众参与社会管理的基础作用，推动社会组织健康有序发展，从而有效发挥社会组织在社会管理创新中的作用。

（三）两者之间的关系

1. 老龄事业与经济社会发展相适应。老年群体的稳定是社会稳定的一个重要基础。为此要围绕构建和谐社会宏伟目标，确立老龄事业在改革发展大局中的重要地位，才能促进老龄事业与经济社会协调发展。

2. 老龄事业是社会管理的重要组成部分。老年人因其丰富的社会经验和较高的社会威望，是社会管理的重要载体之一，要充分保障老年组织在创新社会管理中的有效参与，扩大其参与工作的社会影响力，有利于促进社会和谐，在创新社会管理中才能真正发挥作用。

3. 社会管理创新为推动老年事业发展带来新的契机。一个社会要实现稳定与发展，离不开管理，而管理是动态的，随着环境的变化而变化。当前，随着我国老龄化趋势日益明显，社会经济地位和公共服务需求都发生了显著变化，老年人在创新社会管理中的作用日趋重要。因此，要改变思维，创新社会管理，充分发挥老年人自我管理、自我教育、自我服务、自我维权的积极作用，综合运用经济、法律和行政手段，才能不断推动老龄事业向前发展。

第二节　中国老龄化进程与特点

一　中国老龄化进程

1. 1949 年之前

1947 年，国民政府内政部门人口编印的《民国三十六年下半年全国产业统计部分省市人口分年龄数据》，公布了 6 市、12 行省的分年龄数据。当时，全国争取划分为 12 市总人口 15642019 人、35 省总人口 4 亿 5730 万和 1 个地方。公布的 6 市的 60 岁及以上老年人口比例为 5.1%，省为 8.18%。按此比例推算，全国市的老年人口为 79.7743 万人，省的老年人口为 3740.78 万人。

2. 1949 年至 1979 年

新中国成立后，随着人口统计、人口调查工作机制的逐步完善，相关人口数据不断增多、精确程度也明显提高，这使我们对我国老年人口的数量规模及其变动趋势，有了更为清楚的认识。1953 年第一次全国人口普查统计，全国总人口数为 56745 万人，其中≥60 岁老年人口为 4369 万人，比 1947 年增加了 628.22 万人，增长了 16.79%，年增长 2.8%；1964 年第二次全国人口普查，总人口已达到 69458 万人，其中 60 岁及以上老年人口为 4932 万人，比 1953 年增长了 563 万人（见表 1）。

3. 1979 年至今

改革开放至今 30 余年，是我国人口老龄化水平迅速升高的时期。1982 年第三次全国人口普查显示，全国总人口为 101654 万人，60 岁以上老人为 8234 万人，比 1964 年人口普查时增长了 3302 万人，增长了 66.9%，年均增长近 3.7%，远快于第一阶段；1990 年第四次全国人口普查，总人口已达到 114333 万人，60 岁及以上老年人口为 9604 万人；到 2000 年第五次全国人口普查时，全国总人口为 126743 万人，60 岁及以上老年人口为 13014 万人，比 1990 年普查时增加了 3410 万人，增长了近 35.5%，年均增长近 3.6%，60 岁以上老年人口的比例占 10.3%，可见我国已经进入老年型社会；2010 年之后，人口政策的目标由控制人口数量逐步转变为以调整人口结构、提高人口质量为主。据 2010 年第六次全国人口普查显示，全国总人口数达到 133972 万人，其中 60 岁以上老年人口为 17765 万人，占全国人口比例将近 13.3%（见表1），可见老年人口比例仍在以较快的速度增长，从表1也可见，我国老龄化指数更是成倍增长，由 2000 年的 28.7% 提升到 2010 年的 53.4%，增长 24.7%，由此说明我国人口老龄化进程在加快，特点突出。

表1　六次人口普查中国人口老龄化有关统计资料

年份	总人口数（万人）	≥65 岁老年人口总数（万人）	≥65 岁老年人口系数（%）	≥60 岁老年人口总数（万人）	≥60 岁老年人口系数（%）	0~14 岁人口总数（万人）	老龄化指数（%）
1953	56745	2497	4.4	4369	7.7	20587	12.1
1964	69458	2501	3.6	4932	7.1	28262	8.8
1982	101654	4981	4.9	8234	8.1	34146	14.6
1990	114333	6403	5.6	9604	8.4	31659	20.2
2000	126743	8838	7	13014	10.3	30814	28.7
2010	133972	11883	8.9	17765	13.3	22246	53.4

注：①老龄化指数（也称老少人口比）＝（65 岁以上人口数/0~14 岁人口数）×100%
资料来源：http：//www.stats.gov.cn/。

二　中国老龄化特点

1. 数量多，规模大

据第六次全国人口普查的数据显示（见表1），截至 2010 年，我国 60 岁及以上人口达 1.78 亿，占总人口的 13.3%，比 2000 年人口普查上升 3 个百分点，其中 65 岁及以上人口接近 1.2 亿，占总人口的 8.9%，比 2000 年人口普查上升 1.9 个百分点。目前，全世界 60 岁以上老年人口总数达 6 亿，其中中国占近 20%，是亚洲人口的 50%，也就是说，世界上每 5 个老年人中就有 1 个中国老年人；在亚洲，每 2 个老年人中就有 1 个中国老年人。据预测，在今后一个时期，我国 60 岁以上老年人将以每年 3.28% 的速度增长，到 2015 年，老年人口将达到 2.21 亿，占人口总数的 16%，老龄化高峰将于 2030 年前后到来，并持续 20 余年。由此可见，在 21 世纪上半叶，虽然我国还不是人口老龄化程度最深的国家，但始终是老年人口规模最大的国家。

2. 来势猛，速度快

20 世纪中后期，一方面，我国人口的生育率迅速下降并稳定于低水平，0~14 岁低龄人口总量逐步减少；另一方面，随着经济和生活水平的提高，人口死亡率呈下降趋势，人的预期寿命逐渐延长，60 岁以上老年人口总量迅速增加。在人口年龄结构金字塔底部逐渐缩小和顶部不断膨胀的双重作用下，我国的老龄化水平速度迅速提高。纵观我国老龄化的发展历程及趋势，我国的老龄化水平仅用不到 30 年时间就从 10% 提高到了 20%，而同样的进程，西方发达国家用了半个世纪甚至更长的时间才完成（见表 2）。据预测，从 2001 年到 2100 年，我国将经历快速老龄化、加速老龄化和稳定的重度老龄化阶段（见表 3）。可见，我国人口老龄化将呈现加速态势，而这种加速态势将持续到 2050 年。

表 2 中国与部分国家老龄化水平所需时间比较

国 别	10%~20%（60+）	年数	7%~14%（65+）	年数
法 国	1850~1990	140	1865~1980	115
瑞 典	1890~1970	80	1890~1975	85
意大利	1911~1990	79	1921~1988	67
美 国	1937~2015	78	1944~2010	66
荷 兰	1930~2005	75	1940~2005	65
加拿大	1940~2010	70	1944~2008	64
丹 麦	1911~1980	69	1921~1980	59
瑞 士	1930~1995	65	1930~1985	55
西班牙	1950~2000	50	1950~1990	40
中 国	2000~2027	27	2000~2028	28
日 本	1970~1995	25	1970~1995	25
印 度	2015~2040	25	2000~2030	30
韩 国	1997~2020	23	2000~2020	20

资料来源：转引自邬沧萍等著《中国人口老龄化：变化与挑战》，中国人口出版社，2006。

表3 2001～2100年我国老龄化发展趋势预测

阶段	年份	老年人口数量（亿）	老龄化水平（%）
快速老龄化	2001～2020	2.48	17.17
加速老龄化	2021～2050	＞4	＞30
重度老龄化	2051～2100	3～4	31

资料来源：根据2010年《中国统计年鉴》整理。

3. 老龄化超前于现代化，"未富先老"特征明显

西方发达国家随着工业化进程的加快，经济迅速发展，在步入老龄化社会时人均GDP约在5000～10000美元，属于先富后老或富老同步的发展状态，而中国则是在尚未实现现代化，经济还不是很发达的情况下提前进入老龄化社会。在我国，由于生育率和死亡率水平的逐渐降低，从而加速人口结构的转变，老年人口增长迅速，导致我国老年人口发展速度超前于经济发展速度，在2000年步入老龄化社会时，我国人均GDP仅为800美元左右（购买力平价3976美元）（见表4），其收入水平仅处在中等偏低收入的国家行列，即使在当前，人均GDP也只有4000美元左右。由此可见，我国老龄化社会"未富先老"特征明显，应对人口老龄化的经济实力还比较薄弱。

表4 进入老年型社会时人均GDP国际比较

国家（年份）	人均GDP（美元）购买力平价	老龄化速度（%）	
		60岁及以上人口比例	65岁及以上人口比例
世界（2000）	7446	10.0	6.9
中国（2000）	3976	10.3	7
中等收入国家（2000）	5734	10.2	6.6
美国（1950）	10645	12.5	8.3
日本（2000）	11579	10.6	7.1
以色列（2000）	12270	11.8	7.8
韩国（2000）	17380	11.0	7.1
新加坡（2000）	23356	10.5	7.2

资料来源：人均GDP（2000）数据来自《人类发展报告（2002）》，日本数据来自UN System-Wide Earthwatch Website；美国数据来自Indur M. Goklany, Economic Growth and the State of Humanity, PERC, 2001；老龄化数据来自World Population Prospect, 2002。

4. 老龄化发展不平衡，地区差异显著

中国目前已进入老龄化社会，但从区域分布来看，老龄化程度差异明显。在我国，最早步入老龄化的地区是上海，上海早在 1979 年就步入老龄化，在当时，该市 65 岁及以上老年人口占总人口比重已经达到 7.2%，60 岁及以上人口数占总人口比重已经达到 10.07%，其进入老龄化社会时间比全国的平均时间整整提早了近 20 年，而进入老龄化时间最慢的是宁夏地区，该地区到 2012 年才正式进入老龄化。据 2000 年人口普查数据显示，经济发达地区的人口老龄化程度普遍较高，而经济欠发达地区的人口老龄化水平则比较低。据统计，2000 年 65 岁及以上人口占总人口的比重排在前五位的是上海、浙江、江苏、北京和天津，其所占比例分别为 11.53%、8.84%、8.76%、8.36% 和 8.33%。由于我国人口流动频繁，因此，2010 年人口普查的结果显示这一状况已经发生了改变，数据显示，全国流动人口数量超过了 2.2 亿人（不含市辖区内人户分离），在这些流动人口当中，大部分是来自中西部欠发达地区的青壮年劳动力。随着这些青壮年劳动力不断涌入东部经济发达地区，在促进当地经济发展的同时，一定程度上延缓了流入地人口的老龄化进程。相反，中西部欠发达地区由于大量青壮年劳动力的流出，进一步加剧了流出地的人口老龄化程度，加速了农村老龄化进程，城乡之间差异日趋显著。从人口流动分布来看，人口流出大省主要为重庆、四川和安徽，而人口流入大省则主要为上海、浙江、北京和天津，因此，2010 年人口普查显示老龄化水平排在前五位的有所变化，依次分别为重庆、四川、江苏、辽宁和安徽，其 65 岁及以上人口占总人口比重分别为 11.56%、10.95%、10.89%、10.31% 和 10.18%，如果扣除流动人口的影响，从各地区户籍人口中 65 岁及以上人口占总人口的比重来看，人口老龄化程度排在前五位的依然是经济发达省份，分别为上海、北京、江苏、天津和浙江，其 65 岁及以上人口占总人口比重分别为 15.88%、12.88%、11.56%、11.29% 和 10.95%。这种由于流动人口造成的老龄化以及区域分布不平衡，必将对我国和各地区的经济社会发展产生巨大影响，我们应科学研究、统筹考虑、积极应对。

5. 高龄老年人口增长快，比重快速提高

高龄化是老龄化进程发展到一定阶段的必然产物。当前，随着社会经济发展和医疗卫生保健水平的提高，以及国家所采取的一系列助老政策，老年人生活质量逐步提高，老人死亡率逐年下降，高龄老年人口比重逐步提升。随着我国人口老龄化速度的不断加快，高龄老年人口也将持续增长，目前，我国80岁及以上老人数量大约为2000万，高龄人口将是老龄人口中增长速度最快的群体，年平均增长率大约为3.5%，略低于日本（4.1%）、新加坡（5.0%）和韩国（5.5%）等国家（见表5），按此速度预计到2020年将超过3000万，到2050年左右将超过1亿人，约占中国所有老年人总数的23%，占全世界高龄人口总量的25%。[11] 由此可见，高龄老年人口必将是我国人口老龄化的关键群体，也将是我国应对人口老龄化问题的难点和重点所在。

表5　中国与部分国家高龄老人年均增长速度比较

单位:%

年份	中国	西班牙	新加坡	日本	印度	韩国
1950~1974	4.9	2.9	3.2	4.7	3.7	4.3
1975~1999	3.3	3.7	7.4	5.7	3.2	5.1
2000~	3.5	2.0	5.0	4.1	3.2	5.5

资料来源：郑晓瑛、陈立新，《中国人口老龄化特点及政策思考》，《中国全科医学》2006年第23期。

6. "空巢家庭"数量不断增加

"空巢老人"是指独居老人和仅与配偶居住在一起的老年人。人口老龄化的快速发展，以及城市化的加快和人民生活方式的改变，使得家庭结构开始发生变化，从而导致家庭"空巢"时间不断提前，"空巢家庭"数量不断增加。全国老龄办在大中城市进行的老年人居住情况调查结果显示，传统"三代同堂"家庭模式正在逐渐减少，家庭结构正趋向"核心化""小型化"和"高龄化"，取而代之的主要为"四二一"的人口结构（一对中青年夫妇同时赡养4个老人和1个小孩），这就意味着年轻夫妇生活压力大。[12] 根据我国第五次人口普查数据显示，2000年我国65岁及以上的老年

人家庭占全国家庭总数的20.09%，其中，"空巢家庭"占22.83%，而在山东、浙江等地，这个比例超过30%，并呈上升趋势，而城市"空巢"老人占60岁以上老年人口比重约为40.3%，农村亦达37.8%。这种家庭"空巢化"现象带来的一个直接后果就是"空巢老人"的养老需求难以得到家庭的有力支持和帮助，从而导致各种家庭矛盾频发，进而制约我国社会和谐的发展。由此可见，这种家庭结构的变化以及家庭关系的简单化在一定程度上加剧了我国应对老龄化问题的迫切性、复杂性和严重性。

第三节　老龄事业的地位与重要性

一　发展老龄事业的理论基础

1. 权利学说

随着经济的发展，人们的维权意识逐渐提高，西方发达国家在老龄事业发展过程中越来越重视开展各种老年活动，并以此作为实现老年人受教育权、受尊重权、受保护权等在内的老年人人权的重要渠道和手段。我国《教育法》《老年人权益保障法》规定的中国公民、老年人受教育的权利就是权利理论的具体体现。

2. 社会福利理论

当前，法国、英国、加拿大、美国、澳大利亚等大多数西方国家都把发展老龄事业作为一项社会福利事业纳入本国社会经济发展的战略当中，政府通过制定相关社会政策，加大财政支持力度，开展各种形式的老年活动，进一步推动老龄事业向前发展。例如：美国政府制定的相关教育法律规定，凡是老年人进入各类高等教育机构学习或者培训的，采取减免或者奖助等相关优惠措施；英国政府同时鼓励各种非政府组织和相关民间团体开展各种有益于推动老龄事业发展的相关活动，并通过设置专项资金，为老龄事业的发展提供保障；在我国，国家和政府在全国各地创办老年大学，不断改善老年教育的基础设施和师资环境，这也是发展老龄事业的一种途径。

3. 社会参与理论

要推动老龄事业向前发展，只靠政府是永远不够的。社会参与理论指出，任何一个国家的社会活动都是以社会人为载体，一个社会要发展，离不开各年龄组人口的参与。因此，老年人也应发挥自身的作用，保持充分的活力，获得更加积极的自我形象，提高社会参与意识，才能进一步体现出自身的社会价值，才能推动老龄事业有效开展。根据世界卫生组织提出的"积极老龄化"，老年人的社会参与主要包括老年人对自身发展、家庭生活、社区管理、社会服务等相关领域的积极参与。在社会参与理论的指导下，西方大部分国家在发展老龄事业过程中十分注重老年人力资源的开发，以及不断提升老年人的社会参与水平；在我国，《老年人权益保障法》中所提出的"老有所为"的老龄事业发展理念便是社会参与理论的具体体现。

4. 马斯洛需求层次理论

美国心理学家亚伯拉罕·马斯洛于1943年在《人类激励理论》的论文中提出人的需求分为五种，呈阶梯状从低到高，按层次逐级递升，分别为：生理需求，安全需求，归属与爱需求，尊重需求，自我实现需求。在我国老龄事业的发展过程中，形成了"老有所养""老有所医""老有所为""老有所学"及"老有所乐"的五个"老有"理论，不仅对老年人的需求进行了高度概括，而且系统划分了需求的层次性。其中"老有所养"是基础，"老有所医"是保障，"老有所为"是老年人社会价值的体现，"老有所学"是老年人文化素质提高的表现，"老有所乐"是老年人身心健康的需要。由此可见，五个"老有"理论是马斯洛需求层次理论的具体应用，也是我国老龄事业发展的主要目标所在。

5. 以人为本论

老龄事业的发展离不开老年人的广泛参与。然而，由于每个老年人所处地域环境、家庭环境、性格特点等方面的差异性明显，因此，在推动老龄事业工作开展的过程中应本着自主、自愿的原则，充分体现人本关怀，在参与方式、内容及组织方面应尊重老年人的意愿与需求，注重培养老年人的现代社会适应能力。其他社会力量在老龄事业发展过程中起到辅助和支持的作用。

二　老龄事业的地位

21 世纪人口老龄化问题将会是全球性的社会问题，受到各国普遍的关注。随着老龄化进程的加快，各国越来越重视对人口老龄化问题的研究，发展老龄事业，"积极老龄化"已形成了普遍共识。发展老龄事业关系到未来老龄工作的发展方向，政府决策的制定也关系到下个世纪老龄化社会发展的战略问题。因此，老龄事业的发展在各国经济发展战略中的地位越发重要，早在 1956 年联合国就发表了《人口老化及其对社会和经济带来的问题》（*Population Aging And Its Social And Economic Implication*），提出发展老龄事业；此后，在历届"联大"的会议上都探讨老龄化及老龄事业发展问题。1978 年 12 月 14 日"联大"通过三十三届 52 号决议，决定在 1982 年召开世界老年人问题大会，此次大会的目的是"制定出一项国际行动纲领，从而来保证老年人能得到相应的经济和社会保障，同时又能促进老年人有效参与社会，从而为本国的经济发展做出应有的贡献"。我国派出了以于光汉（原中国老龄问题全国委员会主任）为团长的 12 人代表团参加了这次具有历史意义的会议，说明发展老龄事业在我国也逐渐受到重视。

为了积极应对人口老龄化，加快发展老龄事业，把发展老龄事业作为中国人权事业的一项重要内容。近年来，我国陆续出台一系列政策法规，加大资金投入力度，逐步健全机构和设施，推动老龄事业发展。全国人大及其常委会、国务院及国家有关部委相继出台了 200 多款与保障老年人权益有关的法律法规和政策，涉及老年人养老、医疗、服务、精神文化生活和司法保护等多方面内容，为老龄事业的发展奠定了良好的制度环境；同时，我国先后制定了老龄工作七年发展纲要以及"十五"规划和"十一五"规划，老龄事业已逐步纳入经济社会发展总体规划。根据《中华人民共和国国民经济和社会发展第十二个五年规划纲要》《中华人民共和国老年人权益保障法》和《中共中央国务院关于加强老龄工作的决定》（中发〔2000〕13 号），国务院于 2011 年 9 月 23 日发布《中国老龄事业发展"十二五"规划》，规划中明确指出，"十二五"时期，随着第一个老年人口增长高峰到来，我国人口老龄化进程将进一步加快，老龄事业发展任重道远，由此可见，发展老龄事业在我国经济发展战略中的地位越来越突出。

三　发展老龄事业的重要性

1. 人口老龄化所带来的主要问题

随着老龄化进程的加快，人口老龄化将是我国当前和今后一个时期的基本国情，也必将对中国的政治、经济、社会、文化和人民生活等领域带来深刻而广泛的影响。

（1）劳动力供给方面——老有所为问题

伴随着人口老龄化进程的加快，我国劳动力人口年龄结构逐渐发生变化，劳动力中年轻人的比重将逐渐下降，而年长者的比重则会不断上升，从而在一定程度上影响到劳动力的有效供给。西方发达国家在人口老龄化的过程中已经明显出现了劳动力人口比重下降的趋势，在一些高度老龄化的国家和地区，甚至已经出现劳动力资源短缺的现象，并成为制约其经济发展的一个重要原因。在我国，据2010年第六次全国人口普查显示，全国总人口数达到133972万人，其中60岁以上老年人口为17765万人，占全国人口比例将近13.3%，可见随着人口老龄化进程的加快，将严重影响我国劳动力的有效供给，在一定的生产资料和技术条件下，这种劳动力供给不足的现象可能导致部分生产资料技术设备闲置以及资源的浪费，从而严重影响社会生产活动的正常运转，在一定程度上制约了我国生产力和经济的发展。古今中外，大量实践证明，老年阶段是人生中的成熟时期。他们经验丰富，知识渊博，技术能力比较突出，是一支非常宝贵的人力资源，更是社会的财富。尤其是那些刚从工作岗位退下来的老年人群，其中有些是高级专业技术人员，有些是有丰富经验的管理人员，有些是有一技之长的能工巧匠，有些是为社会做出过贡献的老年人、老模范、老干部，他们虽然退出了劳动领域，但仍能为社会承担力所能及的服务工作，创造物质和精神财富。然而，由于我国劳动力市场供给大于需求，难以为老年人提供合适的岗位。政府和社会应尽力挖掘潜力，为老年人的老有所为创造条件。

（2）教育方面——老有所学问题

随着经济的发展和科技的进步，新思想、新理论、新知识、新事物不断涌现。作为社会重要成员之一的老龄人，要适应社会的发展，就必须不断加强学习，扩大知识面，老有所学、老有所乐是老年人的基本需求。另外，在改革开放和市场经济大潮的冲击下，一些老年人迷失了方向，受金钱、享乐所诱惑走上犯罪道路，因此，对老年人进行必要的法制教育、政策教育、精神文明教育，防治和减少老年人犯罪，使老年人树立科学、文明、进步的人生观和价值观，过好晚年生活，也是全民社会教育的重要组成部分。党的十六大就提出构筑终身教育体系，建设全民学习、终身学习的学习型社会的新思想。然而，由于长期以来我国的老年教育还相对滞后，相关基础设施与资源还比较落后、匮乏，在学校场所、师资力量等方面的资源更是严重不足。尤其是农村地区，老年人居住分散，资源不足，老有所学对大多数老年农民来说还是奢谈，难以适应已经到来的老龄化社会的需要。这就要求国家和社会应加大重视老龄教育工作和老龄文化、基础设施的建设，转变思维，改革教育模式，加快资源重组与利用，加大对老龄人教育、文化、体育事业等方面的资金投入力度，从而促进社会经济和教育、文化事业的协调发展。

（3）社会服务管理方面——老有所养问题

在我国，由于在很长一段时间实行计划经济体制，在城市，对老年人的管理服务基本上是由政府包办，让企业、单位独自进行管理，而在农村，则主要以家庭养老为主。有效的社会保障制度还未建立健全，从而导致老年人所享受的服务不均等现象时有发生，还在一定程度上也造成社会管理服务资源的严重浪费。同时，由于人口老龄化进程的不断加快，客观上导致企业、单位的离退休人员大量增加，随着各项改革的深化和政府职能的转换，企业退休人员由"单位人"转为"社会人"，越来越多的退休人员都将进入社区，对其实行社会化管理和服务已成必然。然而，当前仍有一大部分管理服务工作仍由企业、单位来承担，从而导致管理成本加大，负担加重，企业、单位的大量精力和一大部分资金都用在了老年人的服务保障、管理上。这种情况不利于现代企业制度的建立，不利于行政事业单位职能的转变，很难适应人口老龄化的社会发展需要，也不符合当前市场经济发展的客观要求。另外，家庭规模的小型化与人口老龄化所形成的反差，将是一个社会难题。只有不断加快推进老龄人口的社会化管理进程，才能有效应对人口老龄化发展的客观要求。

（4）社会保障方面——老有所医问题

生存权是最基本的人权，在中国老龄化的发展过程中，必须首先解决老有所养、老有所医的问题。由于老年人在疾病医疗和护理方面与年轻人明显不同，加上老年人体力衰弱、自理能力相对较差，甚至行动都有困难，就医对老年人来说成了一个难题。另外，老年人收入低且增长缓慢，甚至一些农村老年人根本没有收入来源，而用于就医和治疗的费用则逐年递增，这给老年人带来巨大的经济负担。可见，老有所医将是我国应对社会老龄化发展的又一难题。老有所医从根本上来说需要进一步完善社会保障工作，需要建立、健全和完善一个与老龄化进程和经济发展相适应的养老、医疗、服务社会保障体系，做到既适应中国老龄化的发展，又不影响社会经济的发展，保持人口、经济与社会的可持续协调发展。

（5）文化需求方面——老有所乐问题

老有所乐主要是针对老年人的文化需求与传承方面。根据马斯洛的需求层次理论，人的需求是有不同层次的。随着经济社会的发展，老年人对精神文化的需求层次也不断提高，老有所乐的形式因人而异。从西方发达国家的实践来看，老有所乐大体上可分为两大类：一类是家庭中的或个人选择的乐事，如"含饴弄孙"的天伦之乐、琴棋书画的休闲之乐、与老伴携手同游、散步、踏青的亲亲之乐，等等；另一类则是社会的或者团体的聚集乐事，如在老干部活动室、俱乐部、舞厅、体育场馆等场所举办的舞蹈、音乐、摄影、画画等活动。然而，由于我国人口老龄化的规模大，速度快，但社区建设却刚刚起步，资源不足，难以满足老年人的需求，这在一定程度上制约了老年文化的发展与传承。

（6）消费、储蓄方面——经济增长问题

一般而言，随着我国老龄化进程的加快，我国的年龄结构将明显发生变化，这种年龄结构的变化将影响消费结构。从当前我国居民的消费水平来看，老年人的家庭用品、保健费、医疗费以及交际费等支出的比例显著提高。但是，老年人的人均消费额却逐渐减少。另一方面，由于老年人的收入来源减少，从而使储蓄能力下降，大量的老年人由于储蓄不足，不得不依靠子女的赡养。可见，消费结构的变化和储蓄水平的降低，不仅减少了资本的有效积累，也影响了社会的需求结构，在某种程度上抑制了经济的发展。

2. 人口老龄化所带来的积极影响

人口老龄化虽然会带来诸多问题，但我们也应该清楚的认识到这也将是我国经济发展的一个机遇。主要体现在两方面：一是有利于推动产业的升级和转移。由于老年人特殊的生理、心理和行为特征，从而产生了不同于其他人口群体的特殊物质需求和精神需求。在未来的半个世纪中，我国老年人口数量将持续增长，而且其中高龄老年人口的增长速度又大大快于低龄老年人口的速度。这就预示着我国老年人口消费、需求在社会市场总消费、总需求中所占的份额和比重越来越大，从而在一定程度上将直接影响中国的市场需求、市场结构、供求关系和整个社会生产结构的变化。这些变化必将推动老年产业的进一步发展，从而形成一些能满足老年人口特殊需求的新型产业和新的行业，为我国经济的发展提供很好的发展机遇。据南开大学李建民教授的预测，目前我国老年人的消费总需求约为 6000 亿元，2010 年达到 10000 亿元，2050 年左右，我国老龄市场的消费需求将达到 50000 亿元左右。可见，老龄产业发展的空间巨大。二是有利于老年人价值的进一步开发与利用。一个国家要发展，只有让一切劳动、知识、技术、管理和资本的活力竞相迸发，国家才能始终充满生机和活力。老年人也是一种人力资源，这些老年人群体蕴藏着丰富技能、经验和渊博的知识。忽视发挥老年群体的作用，必然导致人才资源的极大浪费，从而影响社会经济的可持续发展。随着我国老龄化进程的加快，发展老龄事业已逐渐达成共识，老年价值的进一步开发与利用，有利于加快我国人力资本积累的速度，有利于提高国家核心竞争力，从而确保我国经济社会持续健康发展。

3. 发展老龄事业的现实意义

综上分析可见，人口老龄化问题在对我国政治、经济、社会、文化和人民生活等领域带来深刻而广泛影响的同时，也给我国经济发展带来新的机遇。科学认识老龄化问题，推动老龄事业的不断发展，不仅能缓解老龄化所带来的社会压力，而且对我国经济、社会、文化等领域的可持续发展方面也具有很强的现实意义。

（1）发展老龄事业是我国适应人口老龄化发展的客观要求

人口老龄化是 21 世纪的全球性挑战。我国正处于应对人口老龄化的关键时期，人口快速老龄化与经济体制转变和社会变革相叠加，与利益格局深刻调整和思想观念深刻变化相伴随，老龄事业发展还有许多亟待解决的薄弱环节。积极发展老龄事业是适应人口老龄化发展的客观要求，是社会发展的必然。我们必须立足现实，着眼未来，关注人口老龄化，加强老年人工作，认真解决人口老龄化带来的各种问题，为应对人口老龄化的严峻挑战打下了坚实的基础。

（2）发展老龄事业是社会和谐稳定的基础

老年群体是社会的重要组成部分，任何社会都不可能没有老年人，老年人稳，家庭稳，才能为促进社会和谐稳定奠定基础。目前，随着老龄化进程的加快，其所带来的问题十分突出，老龄化带来的养老保障和老龄服务问题日益凸显，加上我国是在经济还不够发达的情况下进入老龄化社会的，老龄化速度快于我国经济的发展速度决定了我国不能像西方国家那样由政府包办养老护理福利事业。因此，把老龄工作和老龄事业纳入我国经济社会发展的总体规划之中，因地制宜，统筹安排，有效处理好老年群体与其他社会群体之间的利益关系，有效分配经济社会发展成果，不断完善社会保障体系，满足老年人的物质文化需求，不仅是统筹协调各方面利益关系的重要内容，也是实现和维护社会公平正义的重要方面。加强老龄工作，发展老龄事业，我们要按照党的十七大提出的要求，以社会保险、社会救助、社会福利为基础，以基本养老、基本医疗、最低生活保障制度为重点，以慈善事业、商业保险为补充，加快完善社会保障体系，同时进一步推动企业、机关、事业单位基本养老保险制度改革，推进新型农村社会养老保险试点工作的顺利进行，进一步扩大保障制度覆盖面，从而搞好制度衔接与整合，努力实现应保尽保，这对于促进家庭和睦、社会和谐稳定具有重要的现实意义。

（3）发展老龄事业是加强精神文明建设的现实需要

胡锦涛总书记指出："我们要弘扬中华民族尊老敬老的传统美德，大力发展老龄事业，给予老年人更多生活上的帮助和精神上的安慰，让所有老年人都能安享幸福的晚年。"而要提高老年人生活质量，应该包括衣食住行、医疗保健、学习教育、健身娱乐、心理疏导、法律咨询、生活援助、参与社会等方面，而不是单一的养老护理。由此可见，发展老龄事业，不仅要满足和改善老年人对物质生活的特殊要求，更要不断满足和丰富老年人对精神文化生活的特殊需要，为老年人提供全方位的服务，要营造关爱老年人的良好社会风尚，不断提高老年人的生活生命质量，完善社会保障工作，确保他们过上健康、充实、有保障的生活，从而提高他们的幸福感、舒适感及满意程度，是未来我国老龄工作的重要内容，也是我国社会文明进步的重要标志之一，体现出鲜明的人文性和道义性，同时也是我国党和政府坚持以人为本、执政为民的具体体现。

（4）发展老龄事业是推动我国经济社会可持续发展的机遇所在

老龄问题涉及范围广、影响大，既有负面因素，也有积极因素。因此，我们要以科学发展观为指导，坚持因地制宜，突出重点、分步实施的原则，进一步加强应对人口老龄化的战略研究，不断创新和完善中国特色社会主义老龄工作理论体系；要结合我国基本国情，借鉴国际经验，高度重视老龄工作过程中的薄弱环节；要努力把握老龄事业的发展机遇，推动老龄产业的发展，从而加快我国产业结构的转变与升级。同时，加大老年人价值的开发与利用程度，从国家经济社会发展大局出发，制定实施老龄事业发展的中长期规划，积极探索老龄事业发展的途径和方式，扎实推进老龄事业又好又快的发展，从而确保我国经济健康持续发展。

（5）发展老龄事业是解决劳动力资源短缺的现实需求

随着老龄化进程的加快，我国人口结构发生明显变化，而由于老年人社会参与意识薄弱，在一定程度上影响了我国劳动力的有效供给，从而成为制约我国经济发展的主要因素之一。因此，只有积极发展老龄事业，加强宣传与引导，为老年人提供发挥余热的空间，才能进一步提高老年人的社会参与水平。发挥老年人的作用，是减轻社会经济负担和解决社会劳动力缺乏较为有效的措施之一。发展老龄事业，为老年人创造新的就业机会，不仅仅是社会的需要，也是老龄人自身的需要。与其让老年人自发地、无组织地各找门路，不如由政府机关或有关主管部门、工会、民间团体有组织、有计划地统筹安排。如成立注册老年人职业介绍所，为老龄人的重新工作穿针引线。为老年人提供社会参与的平台不仅有利于社会安定，有利于促进科技进步和经济的可持续发展，有利于老龄人身心健康以及经济效益的增加，可谓一举多得。

（6）发展老龄事业是推动我国文化事业发展与传承的重要举措

在中国，无论在农村还是城市，大部分老年人都爱聚众下棋、聊天，举行唱歌、跳舞、摄影、绘画等活动，各地出现的以老年人为主的社区文化体育娱乐现象，是中国式社区独有的一景。然而，由于人口老龄化进程的加快，使老年人规模不断扩大，并且"未富先老"的特征明显，老年人活动的相关资源还比较短缺，基础设施还不够完善，在一定程度上制约了老年文化事业的发展与推广。因此，发展老龄事业，进一步完善相关基础设施建设，为老年人创造良好的学习与交流平台，才能有效推动我国老年文化的发展与传承。

第四节　我国老龄事业的发展趋势

一　指导思想

以邓小平理论和"三个代表"重要思想为指导，坚持以人为本，深入贯彻落实科学发展观和构建社会主义和谐社会的总体要求，按照"党政主导、社会参与、全民关怀"的老龄工作方针，实施积极老龄化战略；完善老龄政策法规体系，健全老年社会保障制度，优先发展社会养老服务，培育壮大老龄服务事业和产业；完善老龄事业管理体制和运行机制，营造良好的老龄社会环境，切实维护老年人合法权益，拓宽老年社会参与渠道，加大对老龄事业基础设施建设的投入；提高老年人的生活品质和生命质量，加快建设"人文中国、科技中国、绿色中国"，基本实现老有所养、老有所医、老有所教、老有所学、老有所为、老有所乐，促进老龄事业和经济社会的协调发展。

二　基本原则

1. 坚持统筹规划、协调发展

紧紧围绕全面建设小康社会和构建社会主义和谐社会宏伟目标，进一步确立老龄事业在经济社会发展大局中的战略地位和战略作用，建立老龄事业投入与经济社会发展和老年人口增长挂钩的调节机制，统筹规划，协调发展。

2. 坚持以人为本、改善民生

按照科学发展观的要求，以满足老年人不断增长的物质文化生活需求作为老龄事业发展的出发点和落脚点，最大限度地实现好、维护好、发展好广大老年人的根本利益。从维护社会公平和正义的高度，合理分配社会养老资源，使社会福利制度由"补缺型"发展到"适度普惠型"，确保城乡老年人共享经济社会发展成果。

3. 坚持突出重点、优先发展

积极应对人口老龄化，注重发挥家庭和社区功能，优先发展社会养老服务，培育壮大老龄服务事业和产业，把养老服务事业放在社会发展的优先位置，推动老龄事业快速发展。要充分考虑城乡、地区之间经济社会发展的差异，发挥各自优势，统筹兼顾、因地制宜、分类指导、突出重点，努力缩小城乡老龄事业发展的差距。

4. 坚持党政主导，社会参与

发挥政府在老龄事业发展中的主导作用，加强政策引导、资金支持、市场培育和监督管理。鼓励和引导社会力量参与老龄事业的发展，培育和壮大养老服务业，构建政府、社会、家庭和个人相结合的老龄事业发展格局。

5. 坚持法律约束与道德规范相结合

加强老龄事业法规政策建设，进一步完善老龄事业法规政策体系。建立法律约束机制，强化法制监督，完善道德规范，重视舆论导向，不断完善老龄事业发展的法律保障机制，建立以财力保障为基础的长效机制，促进老龄事业的可持续发展。

三 发展趋势

1. 发展老龄事业，促进产业结构调整，大力发展老龄产业

随着人口老龄化进程的加快，客观上要求社会产品生产和社会服务与之相适应。因此，加快对社会产业结构调整的步伐，大力发展老龄产业和涉老服务业，是应对人口老龄化、发展老龄事业、促进经济社会的协调和可持续发展的重要内容。

（1）加强重视，完善老龄产业政策

老龄产业和老年服务行业是一项新兴产业，首先要在思想上加以重视，切实加强领导与管理。各级政府应尽快制定发展老龄产业、老龄服务行业的法律法规，使老龄产业和老龄服务行业在发展过程中有一个总的指导方针和遵循准则。在各级发展计划部门制订投资计划、安排投资项目时，要逐渐加大对老龄产业特别是老龄服务业的投入力度，积极推动老龄产业和老龄服务业的不断发展。

（2）探索以"政府主导，市场化与社会化"相结合的老龄产业发展模式

要推动老龄事业向前发展，发展老龄产业，光靠政府力量是永远不够的，因此，应鼓励和引导社会各方面的力量积极参与、共同发展，不断形成政府宏观管理，社会相关力量兴办，企业、机构或相关组织按市场化的要求自主管理的体制和机制。在财政投入、信贷支持、税收、投资、营销和流通等方面给予老龄产业和老龄服务行业一定优惠措施。同时，积极鼓励国外相关机构和个人参与老龄产业和老龄服务行业的发展，由工商管理部门或成立专门

行业协会，制定老龄产业和老年服务行业的专业化标准，并设立老龄产业和老龄服务业发展基金，专门用于老龄产业和老龄服务业的培育和发展。

（3）培育老年消费市场，引导老年消费

由于老年人的需求结构与需求层次与其他年龄群的人存在明显差异，因此，应根据老年人的特殊需求对市场进行合理区分，不断开发简单、方便、富有人性化并能适应老年人需求的新产品和新的服务项目。要不断更新产业观念，引导老年人对产品和服务的消费需求，刺激老龄产业和老龄服务行业市场的不断形成；要进一步加大对老龄产业和老龄服务行业信息化建设，加大舆论宣传力度，提高政府、企业、社会以及消费者参与发展老龄产业和老龄服务行业的积极性和能动性，从而有效促进老龄事业的健康发展。

（4）借鉴国外先进经验，加强国际合作

经济全球化、贸易国际化，要求企业必须融入世界这个大市场，在国际大环境中参与竞争、合作、发展。发展老龄事业，推动老龄产业与老龄服务行业的发展，必须坚持改革开放，不断顺应经济全球化的发展潮流，根据市场经济相关规律和世界贸易组织相关规则，适时推进产业结构的调整，不断加快产业结构升级的步伐。在西方发达国家社会老龄化的发展过程中，老龄产业和老龄服务业已具有相当规模，老龄产品和老龄服务具有很强的竞争实力。因此，我们应进一步加强国际交流与合作，不断引进先进的经验、技术和管理，开发适合中国老年人特点的产品和服务项目，不断加快中国老龄产业和老龄服务业的发展，从而进一步增强我国老龄产品和老龄服务业的国际竞争力。

2. 发展老龄事业，创新老年人社会管理的体制、机制

（1）加强基层老年群众组织建设

加强村（居）委会和党支部对老龄工作的领导。引导基层老年协会等各类老年群众组织规范发展，充分发挥老年组织自我管理、自我教育、自我保护、自我服务和服务社会的作用。

（2）进一步完善老年人力资源管理

建立老年人才档案和信息库，实现老年人力资源开发利用的规范化、有序化、合理化。开发和培育老年人才市场，积极搭建老年人才服务平台，拓宽老年人才参与社会的渠道。在有条件的地方建立老年人才信息服务中心，建立和发展社区老年人志愿者队伍。

（3）重视老年人思想政治工作

要结合老年人思想实际，积极探索老年思想政治工作新形式、新途径。发挥基层党支部、老年协会、老年大学的作用，组织、引导老年人开展时事政治学习，参与民主政治生活和社会活动。

（4）建立新型老年人社会服务管理体制机制

整合社会资源，逐步建立家庭、社区、单位、党委和政府工作部门相结合的老年人社会服务管理体系，根据形势发展和老年群体出现的新特点，探索老年人社会服务管理新形式。

（5）鼓励老年人参与经济社会发展

鼓励和支持专业技术型老年人才参与科学文化知识传播、从事科学研究、开展咨询服务教育培训、医疗卫生等活动。鼓励和支持老年人参与公民道德建设、民主监督、社会治安、社会帮教、公益事业、移风易俗、民事调解、社区文化活动等公共事务和社区工作，发挥老年人在教育下一代中的示范和教育作用。鼓励和支持农村有劳动能力的老年人从事种植、养殖和加工业等经济活动；积极倡导老年人开展自助和互助活动，努力探索实现老有所为的新形式；进一步组织开展"银龄行动"，根据实际需要逐步扩大规模，拓宽领域，加强规范化、制度化建设。

3. 发展老龄事业，共建充满活力的老年社会文化生活

（1）推广与健全老年教育网络体系，不断扩大老年教育覆盖面

发展老年文化教育是提高老年人精神文化生活水平的要求。随着老年人口规模的不断上升，发展老年教育将是我国发展老龄事业的又一必然趋势。国家只有重视发展老年文化教育事业，丰富老年人的精神文化生活，才能不断满足老年人精神文化需求。因此，各地方应坚持统筹规划、因地制宜的原则，根据当地实际，建立老年大学，乡镇（街道）可建立老年学校，社区和行政村可建立老年学校分校（办学点）。要充分利用广播、电视、互联网等现代传媒积极开展老年教育，形成覆盖城乡的多层次、多形式的老年教育

网络体系。同时，要把老年教育与老年人脱贫致富、维护权益、破除迷信和移风易俗结合起来，促进社会主义新农村建设。

（2）加强老年文化体育设施建设

加强老年人活动场所建设和管理，各地方应根据实际情况，采取改造、扩建、新建相结合的方法发展老年文化体育活动场所，并针对老年人活动的特殊性，不断充实和完善相关活动设备设施，开辟和增加室外老年活动场所以及健身场所的建设。

（3）开展各种文化体育活动

要积极鼓励发展各类老年文艺队伍，充分发挥老年文艺团体、民间老艺人和老年文艺骨干活跃基层老年人文化生活的作用。加强对老年文艺队伍的引导和扶持，要把老年文化和体育活动纳入全民文化和发展规划，并制定相关政策法规，鼓励和引导社会力量投入老年文化事业中。

（4）加强老年新闻工作

鼓励支持广播电视媒体积极创造条件开设老龄栏目，通过专题片、新闻报道、公益广告等形式播出老龄节目。积极探索和改进老龄节目的表现形式，提高思想性、艺术性、娱乐性和观赏性，同时要充分发挥网络传媒的作用，及时、生动地反映老年人生活情况。

4. 发展老龄事业，完善社会保障体系建设基础

（1）建立健全老年社会养老保障制度

一方面，加快推进新型农村社会养老保险试点工作，制定城镇职工基本养老保险、做好城镇居民养老保险试点和扩面工作，有序推进居民参保缴费工作；鼓励并扶持商业性老年保险产品开发，使之成为社会养老保险的有力补充。另一方面，引导个人转变传统养老观念，倡导个人积极参加养老储蓄，使老年人基本生活有切实可靠的收入保障，不断提高和改善老年人的生命生活质量。

（2）不断健全和完善老年人医疗保障体系

继续完善覆盖城乡的医疗保障制度并不断提高保障水平，切实保障老年人的基本医疗需求。加快推进医疗保险异地就医联网结算，方便老年人就医；建立城镇职工基本医疗保险门诊统筹制度，提高城镇居民基本医疗保险住院和门诊大病报销比例；完善新型农村合作医疗制度，逐步提高筹资水平和保障水平；适当扩大报销范围，逐步减轻老年人医疗费用负担；建立健全以社区卫生服务为基础的老年医疗保健服务体系，为老年人提供便捷优质的基本医疗和基本公共卫生服务，确保每年为老年人做一次健康检查；健全有关政策法规，落实医保政策与养老政策配套措施，探索失能老年人的长期护理制度。

（3）进一步完善老年社会救助制度

不断完善城乡最低生活保障制度，切实保障困难老年人的基本生活。研究探索支出型贫困的救助办法，加强对贫困老年人的生活救助；健全临时救助制度，确保因各类突发事件导致生活困难的老年人得到及时救助；进一步建立和完善城乡一体化的医疗救助制度，搞好与相关社会保障制度衔接的，能充分保障困难老年人的基本医疗卫生服务；大力倡导社会互助帮困活动，制定鼓励政策，推动慈善助老事业发展。

（4）逐步完善老年人社会福利制度

随着人口老龄化进程的不断加快，应根据经济社会的发展变化，及时出台和调整优待老年人的政策。进一步拓展服务项目，鼓励社会各行各业为老年人提供优质服务，充分体现全社会尊老爱老新风尚。

5. 发展老龄事业，加快养老社会服务体系建设是必然

（1）进一步完善居家养老服务模式

坚持政府引导与市场化运作相结合，大力推进居家养老服务社会化、市场化、产业化发展进程。一是要进一步加大政策扶持力度，把居家养老服务作为服务业发展的重点项目，充分利用服务业发展专项资金，引导鼓励社会组织、家政服务企业等参与居家养老服务。二是要整合社区服务资源和设施，加快推进居家养老服务网络建设，普遍建立县级居家养老服务指导中心、街道居家养老服务中心和社区居家养老服务站的三级网络系统。三是要创新居家养老服务模式，健全服务队伍，丰富服务内容，提升服务水平，为居家老年人提供生活照料、家政服务、康复护理、医疗保健、精神慰藉、法律援助等服务。

（2）加快养老服务机构建设步伐

继续加大投入，调整结构，完善服务功能，切实提高服务水平，推进公办福利机构改革。抓好公办养老机构建设，加强和完善运营管理，扩大服务面，完善服务功能，提高服务质量，满足老年人多样化服务需求。同时要加大政府对民办福利机构的扶持力度，鼓励社会力量兴办养老服务机构。根据国家和省有关规定，各地可采取土地出让价格优惠、规费减免、贷款贴息、以奖代补、购买服务等方式吸引和鼓励社会资本投入养老服务设施建设。

（3）加快老年社会服务信息系统建设

依托人口计生信息系统的全员个案信息库，建立老年人基本状况、求助热线和为老社会服务网络。形成市（地）、县（市、区）、乡镇（街道）三级联网的基本养老服务信息系统，为老年人提供便捷、实用的养老社会化信息服务。同时，要建立老龄事业发展监测数据库和监测指标体系，建立老龄事业发展决策分析系统，初步形成完整统一、功能完善、安全可靠的老龄信息化建设体系，为老龄政策制定和业务工作高效运转提供有力支撑。

（4）进一步提升养老服务水平

积极培育和发展老年服务中介组织和志愿者队伍，推进养老服务工作的专业化、社会化。加强岗位培训和规范化管理，提高养老服务业人员的职业道德、服务意识和业务技术水平；加快培养老年服务业所需的各类人才，特别要加快培养急需的养老服务业管理人员、服务人员；有计划地在普通高校和中等职业学校增设老年学、老年心理和护理服务专业，拓宽人才培养途径；建立健全养老服务业规范管理制度，逐步实行准入制、持证上岗制、培训制、等级资质评估制、行业协会介入制等。

6. 发展老龄事业，老年人合法权益保障建设是关键

（1）认真贯彻落实《中华人民共和国老年人权益保障法》等法律、法规，进一步加大执法检查力度。市、区老龄部门积极协调各级人大和有关部门，适时对老年法律、法规执行情况进行全面或专项检查，及时查处侵害老年人合法权益的行为。

（2）要重视和解决好经济转轨和社会转型过程中老年人权益保障工作出现的新情况、新问题，因地制宜，修改完善老年人优待办法，适当增加优待项目，提高优待标准，扩大优待范围，确保老年人共享经济社会发展成果。

（3）进一步建立健全老年法律服务与援助体系。相关部门要安排适当的资金用于老年法律援助和法律服务组织建设，各级各类法律服务机构要优先为老年人提供及时、便利、高效的法律服务。

（4）认真做好老年维权工作。各级司法部门对侵害老年人合法权益的案件要做到及时受理、及时立案、及时审理。对案情突出的要及时回访，对交纳诉讼费用有困难的老年人应酌情减免。

7. 发展老龄事业，加强老龄组织机构建设是保障

当前，为适应经济社会发展和人口老龄化形势发展要求，应不断加强和完善职能明确、协调高效的老龄工作体系，为服务好数量日益庞大的老年群体、应对日益严峻的人口老龄化形势打好基础。因此，根据人口老龄化发展趋势，不断强化老龄工作机构。要按照所服务的老年人口数量，配齐配强工作人员，并把老龄工作干部的培训、交流和使用纳入组织部门工作计划。

8. 发展老龄事业，重视老龄科研工作的开展

（1）抓好重点科研项目。开展应对人口老龄化战略研究，制定国家老龄事业中长期发展规划；做好老年人生活状况跟踪调查，开展区域性应对人口老龄化战略研究工作，为制定老龄政策提供依据。

（2）加强老龄学科教育和专业人才培养。按照老龄事业发展规划和重点发展领域，统筹部署职业教育、高等教育学科专业设置，培养技能型、应用型、复合型人才，做好人力资源支撑，服务老龄事业发展。

（3）重视老龄工作的理论研究。各有关职能部门要加强与高等院校、研究机构的合作，成立老龄工作研究中心，针对人口老龄化发展趋势和老年人实际需求开展老龄科学理论与政策研究，为各级党委政府的决策提供理论、信息和科学依据。

参考文献

[1] 杨翠迎、冯广刚、任丹凤：《人口"双龄化"背景下对我国养老保障制度建设方向调整的思考》，《西北人口》2010 年第 3 期。

[2] 朱旭红：《人口老龄化是当今世界一个普遍性的现象和趋势》，《古今谈》2009 年第 3 期。

[3] 罗淳：《从老龄化到高龄化：基于人口学视角的一项探索性研究》，中国社会科学出版社，2001，第 41 页。

[4] 李树苗、果臻：《中国人口动态、挑战与国际影响》，《西安交通大学学报》（社会科学版）2011 年第 5 期。

[5] 中国人口与发展研究中心课题组：《中国人口老龄化战略研究》，《经济参考》2011 年第 34 期。

[6] 《中国信息报》，《人口老龄化进程加快地区分布发生改变》2012 年 4 月 24 日。

[7] 刘士杰、原新：《中国人口老龄化：进程、问题与政策》，《中州学刊》2011 年第 6 期。

[8] 国家统计局：《中国 2000 年人口普查资料》（上），中国统计出版社，2002。

[9] 郑晓瑛等：《中国人口老龄化特点及政策思考》，《中国全科医学》2006 年第 23 期。

[10] 杜鹏、翟振武、陈卫：《中国人口老龄化百年发展趋势》，《人口研究》2005 年第 29 期。

[11] 何海珊：《我国人口老龄化趋势与制度回应》，《法制与社会》2011 年第 9 期。

第一章 老年社会保障体系建设

第一节 老年社会保障体系建设的背景及其内容

一 老年社会保障体系建设的背景及其意义

改革开放以来，随着中国经济社会的发展，人口和家庭结构的变化，老年人问题出现了以下特点：一是中国已进入人口老龄化快速发展期。1999年，中国60周岁以上老年人口占总人口的10%。按照国际标准，中国已经成为老年型国家。据第六次人口普查数据显示，至2010年年底，中国60周岁以上老年人达到1.78亿，占总人口的13.26%。据预测，至"十二五"期末，老年人口将达到2.21亿，平均每年增加860万，老龄化水平将提高到16%。到2025年将突破3亿，2033年突破4亿。中国老龄科研中心副主任党俊武指出："未来我国人口老龄化进程将加快。老龄化、高龄化、空巢化带来的社会问题将更加凸显。"可见，老龄问题不仅仅是个人和家庭的问题，而是涉及政治、经济、文化、社会等领域的问题。因此，积极应对中国人口老龄化所带来的问题将关系到国计民生、民族兴衰和国家的长治久安。二是困难老人、失能老人数量增多。目前，中国80岁以上的老人超过2000万，失能、半失能老人约3300多万，对家庭和社会养老造成巨大压力。三是家庭养老功能不断弱化。目前，中国平均每个家庭只有3.1人，家庭结构核心化、小型化及人口流动性的增强，使城乡"空巢"家庭大幅增加，目前已接近50%。在这样的背景下，建立全面而完善的老年社会保障体系尤为重要。《中华人民共和国老年人权益保障法（修订草案）》第四条指出："积极应对人口老龄化是国家的一项长期战略任务。国家和社会应当采取措施，健全保障老年人权益的各项制度，逐步改善保障老年人生活、健康、安全以及参与社会发展的条件，实现老有所养、老有所医、老有所为、老有所学、老有所乐。"可见，养老保障的内容不仅包括经济生活保障、疾病医疗保障，而且还包括受教育权利、文化娱乐权利和社会参与权利的保障。我国社会经济发展水平总体不高，老年人口基数大、增长快的特点决定了老年社会保障应该遵循适度保障的原则。其中，保障每个老年公民的健康生存权利是首要的目标和基本任务。

2000 年 8 月 19 日，《中共中央、国务院关于加强老龄工作的决定》指出："完善社会保障制度，逐步建立国家、社会、家庭和个人相结合的养老保障机制，确保老年人生活、医疗等方面的基本需求。"在城镇，要建立起以基本养老保险、基本医疗保险、商业保险、社会救济、社会福利和社会互助为主要内容的比较完善的养老保障体系。逐步建立起独立于企事业单位之外、资金来源多渠道、管理服务社会化的基本养老保险制度。要进一步完善城市居民最低生活保障制度，对实际收入低于所在城市最低生活保障线的老年人，要纳入最低生活保障范围，发放最低生活保障金。积极推进医疗保险制度改革，建立覆盖城镇所有用人单位及其职工的基本医疗保险制度，落实离休和退休人员的医疗保障政策，发展各种类型的补充医疗保险，满足老年人的基本医疗需求。在农村，要倡导村民互助坚持以家庭养老为主，进一步完善社会救济和"五保"① 供养制度。有条件的地区可探索多种社会养老的路子。要不断完善农村合作医疗制度，积极探索多种形式的农村医疗保障制度，加快农村医疗卫生组织建设。完善农村基层卫生服务网络，切实解决贫困地区老年人缺医少药的问题。

二　老年社会保障体系建设的主要内容

老年社会保障体系主要由老年社会救助、老年社会保险和老年社会福利

---

① 以保吃、保穿、保住、保医、保葬为内容的。

三部分内容构成的有机体。其中，老年社会救助是基于生存保障对特别困难的城乡老年人进行最低生活保障。而老年社会保险，本书主要指养老保险。养老保险是一种动态的、积极的老年人保障。所谓动态保障是指年轻的在职劳动者对未来年老的自己进行基本生活的保障。养老保险是基于老年人发展权而进行基本生活的保障，体现了权利与义务的一致性的保障。老年社会福利是基于老年人的尊重、自我实现的需要而进行的高品质的社会保障。我国老年社会保障制度基本上遵循了由低到高、由一般到特殊的社会救助——社会保险——社会福利——社会优待所构成的体系（见图1-1）。

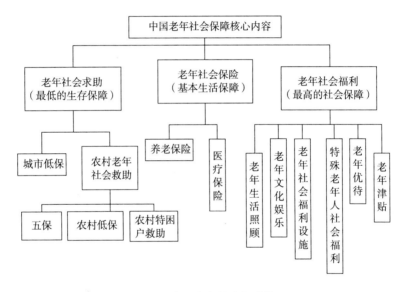

图1-1 中国老年社会保障体系

关于老年社会救助制度建设，《老年人权益保障法（修订草案）》（下以简称《修订草案》）指出："各级人民政府对经济困难的老年人给予生活、医疗、居住或者其他救助。对无劳动能力、无生活来源、无赡养人和扶养人，或者其赡养人和扶养人确无赡养能力或者扶养能力的老年人，依照有关规定予以供养或者其他救助。对流浪乞讨、遭受遗弃等生活无着落的老年人，由地方各级人民政府依照有关规定予以救助。"关于老年社会福利制度建设，《修订草案》指出："国家建立和完善老年人福利制度，根据经济社会发展水平和老年人的实际需要，增加老年人的社会福利。国家鼓励地方建立80周岁以上低收入老年人高龄津贴制度。农村可以将未承包的集体所有的部分土地、山林、水面、滩涂等作为养老基地，收益供老年人养老。""国家建立和完善以居家为基础、社区为依托、机构为支撑的社会养老服务体系。""地方各级人民政府和有关部门应当采取措施，鼓励、支持专业服务机构及其他组织和个人，为居住在家中的老年人提供生活照料、紧急救援、医疗护理、精神慰藉、心理咨询等多种形式的服务。有条件的地方可以为家庭经济困难的老年人提供养老服务补贴。""各级人民政府在实施廉租房、公租房等住房保障制度或者进行危旧房屋改造时，应当优先照顾符合条件的老年人。"关于老年社会优待制度建设，《修订草案》指出："县级以上人民政府及其有关部门根据经济社会发展情况和老年人的特殊需要，制定优待老年人的办法，逐步提高优待水平。对常住在本行政区域内的外埠老年人给予同等优待。倡导全社会优待老年人。""各级人民政府和有关部门应当为老年人及时、便利地领取养老金、结算医疗费和享受其他物质帮助提供条件。""医疗机构应当为老年人就医提供方便，对老年人就医予以优先。有条件的地方，可以为老年人设立家庭病床，开展巡回医疗、护理和康复、免费体检等服务。提倡为老年人义诊。""提倡与老年人日常生活密切相关的服务行业为老年人提供优先、优惠服务。城市公共交通、公路、铁路、水路和航空客运，应当为老年人提供优待和照顾。"

第二节　老年社会救助概况

老年社会救助是社会救助的重要组成部分。社会求助是历史上最悠久的社会保障制度，可追溯到古代的救灾、济贫等救济事业。但是，古代的救济行为是基于同情和怜悯而对贫困者进行施舍，是一种消极的、临时的救贫济穷措施。而社会救助是在工业化背景下产生的，是基于国家责任而对低于平均生活水平的社会成员实施的一种长期性的制度性的保障，并且受助对象是有权利享受国家对他们的保障。社会救助是社会保障体系的重要组成部分，起着保障社会成员的生存权的作用，是"最后的安全网"及底线公平的重要保证。老年人由于生理等原因导致其劳动能力减弱或丧失，由社会中心群体向边缘的脆弱群体转变。因此，在现代工业社会中，政府有责任、有义务为老年人提供物质和服务帮助，从而帮助他们摆脱生存危机。

一　老年社会救助的含义

关于老年社会救助的概念，学术界没有对其进行专门的界定。社会救助（social assistance），"又称为社会救济、社会援助，是当社会成员难以维持最低生活水平时，由国家和社会按照法定的标准和程序向其提供保证其最低生活需求的物资、资金或服务援助的社会保障制度"。[①] 老年社会救助是社会救助体系的重要部分，我们可借鉴社会救助概念来对老年社会救助进行界定。老年社会救助是指在老年人由于各种原因导致其生存难以维持的情况下，通过立法并由政府向其提供物资或其他服务来保持其最低生活水平的一种社会救助。

二　老年社会救助的发展历程

1. 西方老年社会救助的形成与发展

老年社会救助的发展历程同整个社会救助的发展基本上是同步的。在农业社会，老年社会救助主要由家庭或个人、家族来承担。而在工业社会里，老年人的社会地位下降，面对日新月异激烈竞争的市场环境却无能为力，无法适应快速变化的现代社会，导致一些老年人不得不依赖于他人才有可能生存。正是在这样的背景下，基于国家政府的责任，而非家庭的责任，现代的老年社会救助应运而生。1601年英国伊丽莎白女王颁布了世界上第一部社会求助法令——《济贫法》，第一次明确规定了政府对穷人有实施求助的责任。

19世纪末，西方各国的工业化快速发展，出现了大量的贫困问题，原有的济贫制度无以应对，社会保险应运而生。但是，在社会保险未能覆盖的

---

① 杨莲秀：《社会保障法学》，北京大学出版社，2011，第177页。

领域，社会救助仍然发挥着重要的作用。20 世纪后，人们认识到，造成贫困的主要原因并非个人因素而是社会因素。因此，给贫困者提供救助是政府和社会的义务和责任。贫困者有权利享受这一切。20 世纪 30 年代，世界经济危机使大量人口陷入贫困。为此，西方各国通过建立社会救助来弥补社会保险的不足。其中，美国政府于 1935 年颁布了《社会保障法》，对老年人、失业者等群体的救助问题作了详尽规定。1946 年英国颁布的《国民救助法》取代了 300 多年的《济贫法》，对政府社会救助责任的落实作了具体规定。1966 年第 21 届联合国大会通过的《经济、社会、文化权利国际公约》与《公民权利和政治权利国际公约》确立了公民的生存权。第 24 届联合国大会通过的《社会进步及发展宣言》指出："保障儿童、老人及残疾者的权利，并保证其福利，设法保护身体及精神上处于不利地位的人民。"这些国际公约体现了国际社会对老年人等贫困者生存权的重视。尽管西方各国并没有专门为老年社会救助作出特别规定，但是老年人作为传统的救助群体，因此，西方各国的老年社会救助与一般的社会救助基本上是同步的。

2. 中国老年社会救助的形成与发展

中国老年社会救助思想在古代就已出现。近代以来，社会救济借鉴西方社会救助制度的一些理念和方法，出台了一些法律以规范济贫行为的活动。如 1943 年颁布了《社会救济法》。特别是 1947 年 1 月国民政府《中华民国宪法》规定："人民之生存权、工作权及财产权应予保障。"老年人等弱势群体作为国民，他们的生存权在法律上得以保证。但是，由于战争及经济社会落后等因素，导致这些法规无法实现。中国老年社会救助真正形成是在新中国成立之后。1950 年 5 月，中国人民救济总会成立，在全国范围内动员各方面力量及时、高效地进行救济，开创了当代中国社会救济工作的新局面。1956 年 6 月，一届人大三次会议通过了《高级农业生产合作社示范章程》，其中"五保制度"，即保吃、保穿、保住、保医、保葬，成为当时农村老年社会救助的主要形式。20 世纪 50 年代后期，与计划经济配套的社会救助框架基本确立。但是，救助对象仅限于在国家保障和集体保障外的极少数人，如无依无靠、无生活来源、无劳动能力的"三无"老人。"文化大革命"期间，虽然社会救助受到巨大冲击，但是农村"五保"等老年社会救助仍发挥着作用。改革开放后，家庭联产承包责任制的推广使农村集体经济力量弱化，农村集体无力承担救助工作。1984年9月，国家发布了《关于帮助贫困地区尽快改变贫困面貌的通知》，将扶持老、少、边、穷地区摆脱经济文化落后状况。1994年1月，《农村五保供养工作条例》规范了"五保供养"的对象、内容、财产处理和监督管理，为"三无"老人等农村贫困群体提供救助，以保障其基本生活。

1993年6月，上海市率先实行城市居民最低生活保障制度。1997年8月21日，国务院下发了《关于在全国建立城市居民最低生活保障制度的通知》，决定在全国推广城市居民最低生活保障制度。1999年9月，国务院颁布的《城市居民最低生活保障条例》是中国关于城市居民最低生活保障的第一部法规，并于同年10月实施。在城市居民最低生活保障制度推进的过程中，农村最低生活保障制度改革也得以进行。1996年，民政部印发了《关于加快农村社会保障体系建设的意见》和《农村社会保障体系建设指导方案》，将完善农村最低生活保障制度作为农村社会保障体系建设的重点。2007年，国务院下发了《关于在全国建立农村最低生活保障制度的通知》，要求在全国建立农村最低生活保障制度，将符合条件的农村贫困老年人群体全部纳入保障范畴，以稳定、持久、有效地解决农村贫困老年人口的温饱问题。

三 老年社会求助的特征

1. 老年社会救助的责任主体是政府

在社会保障形成初期，包括老年人在内的社会救助主要由民间承担，并没有体现出政府是社会救助的责任主体。随着社会经济的发展，特别是经过了改革开放政府的财政实力逐渐雄厚，由政府承担老年社会救助的主要责任成为中国老年社会救助的必然要求。

2. 老年社会救助是老年人体面而有尊严的生活的最后保障

世界上许多国家，无论是福利型国家还是市场取向的国家，均将社会救助看成是国家责任，每个公民的基本权利。我国《宪法》第45条明确规定："中华人民共和国公民在年老、疾病或者丧失劳动能力的情况下，有从国家和社会获得物质帮助的权利。"这样，当老年人处于生存边缘时，有权利要求国家社会向他们提供救助，而不是被动地消极地接受他人的施舍，因而他们虽然物质上处于贫困状况，但是他们可以过着相对体面而有尊严的生活。

3. 权利义务的非对称性、单向性

权利义务一致性是法律的一般原则。如社会保险要求，国家、社会和个人责任的共担性，受保者要事先参加特定的保险，并缴纳一定的保险费，并且有的保险险种待遇水平享有还和保险费的缴纳数额相关联，如养老保险、医疗保险。但是，上述情况在社会救助制度中是例外的，其中老年社会救助更是这样。因为社会救助是基于保障公民生存权的思想，是以保障他们最低生活水平为目的。因此，当受助者没有能力缴纳社会保障相关费用的情况下，国家有义务向他们提供维持最低生活水平的救助。这体现了社会救助的权利义务的单向性，即强调国家和社会对受益者的责任和义务，受益者不用缴纳任何费用。这对于处于生存困境的老年人来说尤为重要。

第三节　城市居民最低生活保障制度

当城市老年人不能享受养老保险情况下，最低生活保障制度是他们的"最后安全网"。可以说，为了维护城市特困老年人的生存权，国家有义务承担此责任，并通过立法使政府帮助城市特困老年人群体成为制度化的，长期的积极的行为。

一　中国城市居民最低生活保障制度的现状

自 1993 年上海，率先创立城市居民最低生活保障制度（简称"城市低保"）后，城市低保得到一定的发展。1996 年全国享受"低保"的城市居民为 84.9 万人。1999 年 9 月 28 日国务院发布《城市居民最低生活保障条例》，此后，享受城市"低保"待遇的人数逐年增加。至 2008 年，全国城市"低保"人口总数基本维持在 2000 万人左右。但是，这样的覆盖面与发达国家相比还有很大差距。"美国是发达国家中相对福利水平较低的国家，但其官方贫困线下的贫困人口约占美国总人口的14%。"① 与此相比，中国的城市"低保"覆盖率较低。

据《2009年民政事业发展统计报告》，2009年年底，全国共有1141.1万户、2345.6万城市低保对象，其中：在职人员79万人，占总人数的3.4%；灵活就业人员432.2万人，占总人数的18.4%；老年人333.5万人，占总人数的14.2%；登记失业人员510.2万人，占总人数的21.8%；未登记失业人员410.9万人，占总人数的17.5%；在校生369.1万人，占总人数的15.7%；其他未成年人210.7万人，占总人数的9.0%。由上可知，城市低保在老年社会救助中的作用偏小，如2009年享受城市低保的老年人333.5万人，仅占总人数的14.2%。

二 中国城市低保救助对象的认定标准

《城市居民最低生活保障条例》（以下简称《条例》）第二条规定："持有非农业户口的城市居民，凡共同生活的家庭成员人均收入低于当地城市居民最低生活保障标准的，均有从当地人民政府获得基本生活物质帮助的权利。"② 可见，城市低保对象是指持有本地非农业户口、家庭人均收入低于当地城市最低生活保障标准的城市居民。当前主要有四类对象：一是无生活来源、无劳动能力、无法定赡养人或抚养人的居民；二是失业保险期满未能重新就业、家庭人均收入低于最低生活保障标准的居民；三是家庭中有在职人员，但在领取工资或最低工资、退休金后，家庭人均收入仍低于当地最低生活保障标准的居民；四是因天灾人祸造成暂时生活困难的居民。此外，还有一些国家政策规定的特殊保障对象。其中，贫困老年人、"三无"老年人、病残老年人是城市低保第一类救助对象。但目前最低生活保障制度是统

---

① 姚建平：《我国城市贫困线与政策目标定位的思考》，《社会科学》2009年第10期，第68~76页。

② 见《城市居民最低生活保障条例》，中国政府门户网站，http：//www.gov.cn/banshi/2005 - 08/04/content_20243.htm。

一按照人均发放低保金，没有区分不同家庭的保障需求，忽略了家庭的人口数量和结构特征，忽略了家庭人口类型和人口规模对于家庭消费的影响。对于一些家中有重病、重残者，有老年人或未成年人者不公平。

三　城市低保制度实施中存在的问题

（一）存在的问题

1. 申请城市低保的对象资格难以界定

对低保申请对象的界定是通过家庭财产调查来完成的。调查的内容如下：首先，要认定被调查户是否有拥有价值超过3000元以上的非生活必需的高档消费品；其次，要调查该对象金银首饰折合现金和有价证券、银行存款、现金累计是否达到1200元以上；最后，还要看其日常生活消费是否明显高于本市居民基本生活水平。调查方法有入户调查、邻里访问以及信函索证。这些规定在实践中难以操作，如"非生活必需的高档消费品"和"明显高于本市居民基本生活消费水平的消费"概念难以界定，而且未设定实物财产的价值折算标准，致使该调查缺乏可操作性。

2. 城市低保资金来源单一和地区之间的不平衡

城市低保资金来源于财政拨款和社会捐赠。由于城市低保性质和我国财政管理的特性，低保资金主要由地方财政拨付，而自发性民间捐赠比例很少，因此造成低保资金来源单一、对政府财政投入过度依赖。《条例》第五条规定："城市最低生活保障所需资金，由地方人民政府列入财政预算，纳入社会救济专项资金支出项目，专项管理，专款专用。"2009年，城市低保财政支出中，中央财政约占75%，但另外约25%的筹资额由地方政府承担，这给一些地方政府带来了较大的财政负担。尤其在财政状况较差的欠发达地区，这些地区往往贫困人口较多、对低保资金需求较大，而地方政府通常难以满足低保运行的资金需求，资金不足严重阻碍了当地低保工作的顺利开展。

3. 城市低保制度运行的监督机制不健全

城市低保制度实行动态管理，当家庭收入低于当地最低生活保障线时，将其纳入低保，提供相应待遇；当家庭收入发生变化时，相应调整补贴额；

当家庭收入高于当地最低生活保障线时，令其退出低保。在认定收入状况时，主要采取由申请人出示收入证明、民政工作人员入户调查和向邻居取证等方式。但是，在城市低保运行过程中，经常出现低保对象瞒报、少报个人和家庭收入的情况。如对不易核实的隐性就业、隐性收入和隐性财产隐瞒不报；利用人户分离逃避入户调查；某些单位为了维护员工利益故意隐瞒实情等现象，都损害了低保制度的良性运行。为杜绝这些现象，《条例》第十五条规定："由民政部门给予批评教育或者警告，追回其冒领的城市居民最低生活保障款物；情节恶劣的，处冒领金额 1 倍以上 3 倍以下的罚款。"但是，因为监督机制不健全，处罚力度不够，无法对骗保者产生震慑作用，难以有效抑制骗保行为。

（二）对策建议

1. 科学制定保障标准，合理界定救助对象

相关部门应在调查研究的基础上，用科学方法制定出一个指导性的标准，统一工作的框架和程序。指导性标准可以是"绝对标准"或"相对标准"。

2. 特殊困难群体是低保的重点对象

逐步建立完善配套的医疗保障、教育保障、住房保障等配套措施，完善社会保障与社会救助体系，针对"低保"家庭中有特殊需要的成员，如重病人、老年人、残疾人、未成年人等群体要有特别措施。国际上一般有劳动能力救助对象的救助标准相当于没有劳动能力对象的 2/3 或 3/4。对于一些特殊情况的低保对象，如孤寡老人和孤儿以及单亲家庭，则适当提高标准 10%～20%。对已成年的重度残疾人尤其是法定监护人已达退休年龄的，可以考虑将重残者单独立户计算收入。

3. 资金筹集渠道多元化

加大财政投入与社会力量积极调动相结合，可以通过民间组织募捐和社会各界捐献等方式，努力实现资金来源的多元化、多样化。首先，建立中央财政与地方各级财政合理分摊低保资金的筹资机制。根据不同地区的低保负担、财政状况等因素，合理划分各级财政的筹资比例。对经济相对落后、财政比较困难的地区，中央应酌情增加低保资金投入，同时，省级政府也要加大资金调剂力度，向这些地区适当倾斜。其次，目前我国的个人所得税全额列入地方财政，而且其征缴额远远超过了低保资金的支出额，因此，可以考虑将个人所得税收入的一部分作为低保资金来源。最后，要充分发挥民间慈善组织的作用和扩大社会捐助等。

4. 完善低保监督机制

首先，加强对低保对象和低保申请者的审核，使有限低保资源用于帮助最需要帮助的社会成员。以社区为单位进行定期家访，对低保对象的经济收入、家庭生活状况、就业和再就业情况进行摸底，定期组织有劳动能力却未就业的低保对象参加社区公益活动。其次，增加低保对象和低保申请者的话语权，为他们提供监督低保工作、维护自身权利的多种渠道。比如，建立投诉热线、接受行政复议和行政诉讼以及提供必要的法律援助等。最后，要建立 NGO 低保制度社会监督委员会，以群众团体和社会团体、社会知名人士和学术专家为主，负责接受与低保相关的各种投诉，并进行调查，根据调查结果，对民政部门提出相关改进意见。

第四节　农村社会救助制度

农村社会救助制度主要是指对农村贫困居民的生活救助和对贫困地区的扶贫。我国农村贫困居民的生活救助主要包括五保供养制度、农村居民最低生活保障制度、农村特困户救助制度。

一　五保供养制度在老年社会救助中的作用

（一）农村五保供养的形成与演变

我国的五保供养制度形成于 20 世纪 50 年代中期。1956 年 1 月《1956年至 1967 年全国农业发展纲要》和 6 月《高级农业生产合作社示范章程》的颁布标志着农村"五保"供养工作的形成。文件规定："社内缺乏劳动能力或完全缺乏劳动能力的老、弱、孤、寡、残疾社员，除了在生产上给以能胜任的安排"外，还特别规定要"保证他们的吃、穿和柴火供应，保证年幼的教育和年老的死后安葬"①，这就是"五保"的起源。"农村五保供养是指对农村村民中无法定赡（扶）养人、无劳动能力、无生活来源的老人、残疾人和未成年人在吃、穿、住、医、葬和未成年人义务教育等方面给予生活照料和物质帮助。在中国农村社会救助制度中，五保供养被认为是唯一具有相对连续性的农村社会救助项目。"②

1. 1956~1978 年：依靠集体公益金运行，由生产队实施供养。《1956年到1967年全国农业发展纲要》规定："农业合作社对于社内缺乏劳动力、生活无依靠的鳏寡孤独农户和残废军人，应当在生产上和生活上给以适当的安排，做到保吃、保穿、保烧（燃料）、保教（儿童和少年）、保葬，使这些人的生养死葬都有指靠。"这阶段的五保供养是农村集体化的产物，五保供养资金来源于集体分配或公益金补助，并非来源于国家财政投入。

2. 1978~2002 年：依靠村提留和乡统筹进行供养。人民公社瓦解后，村级公益金的提取面临着巨大困难，影响五保供养的资金来源。为解决此问题，1991 年 12 月，国务院颁布了《农村承担费用和劳务管理条例》，在第二章第八条规定："乡统筹费可以用于五保户供养，五保户供养从乡统筹中列支的，不得在村提留中重复列支。"1994 年 1 月，国务院发布的《农村五保供养工作条例》规定："五保供养所需经费和实物，应当从村提留或者乡统筹费中列支，不得重复列支；在有集体经营项目的地方，可以从集体经营的收入、集体企业上交的利润中列支。"这是我国第一部关于"五保"的法规，标志着五保供养立法进入新阶段。1997 年民政部颁布的《农村敬老院管理暂行办法》进一步明确五保资金来源，并规定："敬老院所需经费实行乡镇统筹，并通过发展院办经济和社会捐赠逐步改善供养人员的生活条件。村办敬老院所需经费由村公益金解决。"

---

① 新华网：《高级农业生产合作社示范章程》，http://news. Xinhuanet. com/zi/iao/2004 - 12/30/content_2393677. htm。
② 高鉴国、黄智雄：《中国农村五保救助制度的特征》，《社会科学》2008 年第 6 期。

3. 2002～2006 年：国家救助对五保供养的辅助。2002 年，在全国农村税费改革中，"村提留、乡统筹"被取消。为确保五保的资金来源，2004 年 8 月，民政部、财政部、国家发展和改革委员会颁布了《关于进一步做好农村五保供养工作的通知》，并规定："除保留原有集体经营收入开支的以外，从农业税附加收入中列支；村级开支确有困难的，乡镇财政给予适当补助。免征减征农业税及其附加后，原从农业税附加中列支的五保供养资金，列入县乡财政预算。地方在安排使用农村税费改革转移支付资金时，应当确保五保供养资金的落实，不得截留、挪用。"可见，五保供养的"集体福利事业"性质被弱化，强调的是县乡财政转移支付的责任。"2005 年年底，全国已纳入五保供养的有 328.5 万人，年人均供养水平为 989.7 元，全国建有农村敬老院 32572 所，集中供养五保对象 63.2 万人。"[①] 但是，在实践中，税费改革使五保供养经费在乡村公共财政中并未能得到制度性保障，使五保供养标准落实难、敬老院集中供养落实难。

4. 2006～2012 年：国家供养为主，集体供养为辅。2006 年 1 月起农业税全面废除。同月，国务院新修订了《农村五保供养工作条例》，将农村五保供养纳入了公共财政的范畴，并创造了与之相配套的管理制度和措施办法，资金标准、权益保护等条款更加合理，更加规范。"新条例实现了农村五保供养从农民集体内部互助共济体制向国家财政供养为主的现代社会保障体制的历史性转变，成为我国第一部规范农村社会保障工作的行政法规。"[②]"2005 年全国接受救助的五保人数为 349.7 万人，2006 年跃升至 503.3 万人。2007 年年底，全国农村五保供养人数为 531.3 万人，比上年同期增长 5.5%。"[③]"截至 2009 年年底，全国农村五保供养人数达到 556 万人，基本实现了应保尽保。"[④]

---

① 苏大鹏：《农村五保供养体制实现历史性转变》，《经济日报》2006 年 3 月 2 日。
② 王亦君：《五保户从由村民供养到吃皇粮》，《中国青年报》2006 年 3 月 2 日。
③ 肖林生：《农村五保供养变迁的制度嵌入性分析》，《南京人口管理干部学院学报》2009 年第 7 期。
④ 卫敏丽、余晓洁：《救助让困难群众心里越来越有底》，《中国社会报》2010 年 1 月 15 日。

（二）五保供养制度的作用

在我国，农村五保供养的对象，五保老人居多，五保供养制度的主体是五保养老制度。五保供养是我国政府对农村弱势群体（包括弱势老人）扶助的典型制度，该制度经过50年的发展，现已形成以集中供养为主、分散供养相结合的供养体制。

针对五保老人的供养主要有三种方式：自养、分散供养和集中供养。自养是通过自己力所能及的劳动、邻里救助、旧年积蓄等度过晚年。目前，靠自养方式养老的五保户不在少数。"安徽有21.3%符合条件的五保老人未纳入供养范围。"[1] "全国应五保供养的人数为571万人，应保未保为274万人。"[2] 应保未保的老人由于自身孤苦无依、社会救助无力，生活十分窘迫，是当前我国最脆弱、最无助、生活最凄惨的一个群体。

分散供养是指纳入五保供养范围的老人却自行居家养老的方式，这部分老人的数量较多。"以山西省为例，2003年5月止分散供养27373人，占五保总数的51.6%。"[3] 养老标准较低，"以四川省绵阳市为例，散居五保老人的供给标准为900元/人/年，集中供养的标准则为1200元/人/年，而且供养标准自2001年开始下降，到2002年呈陡降态势。"[4] 这样的标准远远不能满足老人的基本生活需求。

集中供养是指纳入五保供养范围的老人在敬老院、五保村等集中场地养老，这部分老人是目前五保老人中生活质量最高的群体，但是数量甚少。"山西省集中供养8922人，占总数的18.8%，青海省集中供养的五保户仅占五保总人数的5%，全国集中供养的水平则为15.6%；在供养标准上，安徽省在税改费前集中供养标准为1498元/人/年，同期分散养老标准为1080元/人/年，税改后，标准分别降为1404元/人/年和833.6元/人/年，不论

---

① 民政部五保工作调研组《中国五保大调查》，《中国减灾》2004年第1期。
② 徐富海：《五保供养难在哪里》，《中国减灾》2003年第3期。
③ 杨根来等：《构建农村新型社会救助制度势在必行》，《社会福利》2004年第2期。
④ 顾昕、降薇：《税费改革与农村五保户供养融资体系的制度化》，《江苏社会科学》2004年第3期。

在何时期，集中供养的老人供养标准一般比较高。"①

二 农村居民最低生活保障制度在老年社会救助中的作用

（一）农村居民最低生活保障制度的形成与演变

1. 1949～1977年：1953年，内务部增设救济司，主管农村救灾和社会救助事务。这时期救济内容有：一是向农村困难群众发放救济物资。救助费用主要由生产队承担。二是通过慈善募捐筹集救济资金和物资，组织广大群众互帮互助互济。合作化、人民公社化后，几乎所有的农民可以无条件地享受集体保障。特别是孤寡老人和孤儿都可以享受集体供养，可以吃"五保"。

2. 1978～2000年：改革开放初期，农村社会救济最有成效的就是农村扶贫。国家对农村的救济主要有：一是农村五保供养制度，上文有论述，不再赘述。二是最低生活保障制度。20世纪90年代初，农村低保开始试点。1996年民政部颁布的《关于加快农村社会保障体系建设的意见》提出在全国范围内探索建立农村居民最低生活保障制度，确定了山东烟台、河北平泉、四川彭州和甘肃永昌为试点地区。这时期农村低保地区间发展极不平衡，经济发达地区相对完善，而欠发达地区则相对落后，并存在以下问题：一是农村低保资金与国民经济的发展脱节。1979年，社会救助费用为10.2亿元，占国民收入比重的0.28%，1991年，社会救助经费总额有所增加，但仅占国民收入比重的0.12%。二是救助标准偏低。"1991年，以实得救助的人来计算，孤寡病残平均每人约344.83元，城乡贫困户平均每人约24.43元。除了孤寡病残，救助尚能勉强维持救助对象的温饱之外，其余各项都仅仅是象征性的道义上的支持。"②

3. 2001～2007年：2002年年底，城市低保制度已经实现"应保尽保"，但广大的农民排除在低保的覆盖范围之外。在2007年"两会"中，温家宝

---

① 吴晓林、彭忠益：《农村"五保"养老问题的研究综述》，《市场与人口分析》2007年第2期。
② 刘峰：《国内外农村最低生活保障制度变迁及其启示》，《中南林业科技大学学报》（社会科学版）2011年第6期。

总理在政府工作报告中指出要在全国农村范围内建立低保制度。低保工作的重心由城市转向农村，成为我国低保制度发展的一个重大转折点。在全国范围建立农村低保制度，将生活困难的农民纳入农村低保范围，解决农村贫困人口的温饱问题，是农村低保制度的主要目标。

4. 2007～2012 年：十届人大五次会议上，温家宝总理在政府工作报告和《中共中央国务院关于积极发展现代农业扎实推进社会主义新农村建设的若干意见》中指出，要在全国建立农村最低生活保障制度。到 2007 年 3 月底，我国总共有 26 个省、自治区、直辖市初步建立了比较全面的农村最低生活保障制度，其他省市也已经开始或准备建立农村最低生活保障制度。与城市低保制度相比，农村低保制度的特点有：一是农村低保线的制定没有城市低保线的标准严格，大多是以"实际收入"为标准，主要是以农产品等实物收入折算而来的。二是在确定低保对象的方式上，农村低保对象的确定，更注重的是村民的基层民主决议，包括投票、集体评议等。三是农村对低保对象的动态变化较弱。农村低保对象相对城市的而言更加稳定①。

(二) 我国农村最低生活保障制度存在的问题

1. 农村低保地区发展极不平衡。全国农村低保水平呈现的是"东高西低"状态，但是，农村低保的数量则"东少西多"。据国家民政部对全国县以上农村低保情况的统计，2010 年 3 月，全国农村居民最低生活保障水平平均为每人每月 61 元，而东部地区的北京、天津和浙江等省市分别为每人每月 146 元、138 元和 134 元，均远高于全国的平均水平。但在中西部地区的甘肃、内蒙古和山西等省区分别为每人每月 48 元、59 元和 61 元，均低于或等于全国平均水平。从保障人数上看，2010 年 3 月，全国农村居民最低生活保障人数为 49286569 人，而东部地区的北京、天津和浙江等省市分别为 79950 人、75114 人和 569800 人，分别占全国农村居民最低生活保障人数的 0.16%、0.15% 和 1.15%；但中西部地区的甘肃、内蒙古和山西等省

---

① 刘峰：《国内外农村最低生活保障制度变迁及其启示》，《中南林业科技大学学报》（社会科学版）2011 年第 6 期。

区分别为 2933728 人、1210762 人和 1220864 人，分别占全国农村居民最低生活保障人数的 5.95%、2.46% 和 2.48%，可见，中西部省区的保障人数远远多于东部地区。[①]

2. 农村低保覆盖率低。从理论上看，属于农业户口，家庭年人均收入低于户籍所在区县当年农村低保标准的农村居民都应纳入保障范围。但是，实际上，除东部个别省市外，全国大多数的省、直辖市、自治区都不同程度地存在应保人群不能完全覆盖的现象。2010 年 9 月 10 日，《中国的人力资源状况》白皮书表明，我国农村贫困人口为 3597 万人，贫困发生率为 3.6%。可以看出，目前我国农村最低生活保障制度并没有覆盖所有贫困人口，仍有很大一部分农村贫困群体得不到应有的救济和补助。

3. 农村低保对象难以确定，监督管理机制不健全。我国农村最低生活保障的对象是收入低于贫困线的农民，但要准确识别农村的低保对象比较困难。由于受低保指标的限制，部分乡村干部受利益驱动，将自己的亲戚或关系户纳入低保范围，造成了群众的不满情绪，损害了党和政府的形象。

4. 资金困难，低保标准低，静态管理。农村低保采取地方各级财政安排相应资金、中央财政对困难地区给予专项补助的资金供给模式。这种筹资方式虽然可以有效防止出现地方定标准、中央出资金的问题，但加大了地方财政的负担。特别是对于中西部欠发达或贫困落后的地区，地方财力主要集中在省、地（市）两级，县、乡两级财政总体上属于"吃饭财政"，而这些地区需要最低生活保障的农民人数众多，财政要安排大量的农村低保资金支出，困难大，保障水平也较低。再者，农村低保是一项动态的管理，应根据低保对象家庭收入变化的实际情况适时进行调整。但在实践中，低保工作的静态管理造成低保对象该进的进不来，该出的出不去。

5. 服务体系落后，法制建设相对滞后。目前，我国农村低保的服务体系较为落后，一是农村低保机构不健全；二是基层工作人员少，管理手段落

---

① 高凡变：《进一步完善农村最低生活保障制度的对策思考》，《农业经济》2012 年第 2 期。

后。目前，我国的农村低保制度没有中央政府颁布的专门的规范性文件、法律和法规。各省、市（直辖市）、自治区的地方政府只能出台相应的政策组织实施。

（三）解决我国农村最低生活保障制度存在的问题的对策

1. 扩大低保资金来源和配置"东西平衡"。除依靠财政力量之外，还可借助社会力量，多渠道筹集农村最低生活保障资金。中央财政对农村低保资金转移支付应向中西部欠发达地区倾斜，以保障中西部地区农村贫困人口的生存权，而对东部经济发达地区可以不予补助或少量给予补助，最终达到"东西平衡"。

2. 科学界定低保对象，扩大低保覆盖面。基于符合收入条件，经过村级评议，乡镇审核，县（市）民政部门审批、省级监督的程序来界定低保对象。国家应加大财力支持，持续扩大农村低保的覆盖面，使农村低保对象逐步实现由"指标式"向"应保尽保"过渡，以保证农村最贫困群体的最低生活需求。

3. 动态化、法制化、规范化管理。对农村低保对象实施严格的动态管理，做到有进有出。各级政府加强对农村低保工作的组织和领导，建立党政领导、民政主管、财政保障、部门协助、社会参与的农村低保工作机制，保障农村低保工作健康有序运行。加强农村低保的法制建设，做到有法可依，依法行政，实现农村低保工作的法制化、规范化管理。

第五节　养老保险制度建设

一　中国养老保险概况

养老保险是政府主办，通过国家立法，保障劳动者在老年丧失劳动能力、退出劳动力队伍后，退休老人基本生活的社会保险制度。我国的养老保险制度主要由三个部分组成：一是享受条件，主要包括年龄条件，工龄（缴费年限或视同缴费年限）条件以及是否完全丧失劳动能力等；二是离休、退休、退职待遇标准，主要是针对不同的离退休条件，而区别不同的保障水平；三是退休养老金的筹措、基金管理办法以及监督检查等制度。中国的养老保险制度改革遵循的是城乡有别、企业先行的原则分层次进行。目前，城镇企业已经建立了统一的基本养老保险制度，并正在积极发展企业补充保险（企业年金）；机关事业单位养老保险尚未出台统一的办法；而农村养老保险还在探索之中。

二　中国养老保险制度的形成与演变

1. 1949～1983 年：初步形成养老保险制度。1951 年国务院公布的《中华人民共和国劳动保险条例》，标志中国企业职工养老保险制度的建立。在这个时期，中国实行现收现付制的养老保险制度。

2. 1984～1992 年：改革传统的养老保险制度。1984 年，城市经济体制改革全面启动，传统的养老社会保险制度已不能适应国有企业的市场化改革。1986 年国务院颁发 77 号文件，确立建立市一级以上的国有企业养老金的社会统筹机制。1990 年，劳动部开始养老社会保险养老金发放办法改革的试点工作。随后，地方各级政府建立了专职的社会保险管理机构，归属劳动部监管。1991 年国务院颁布了《关于企业职工养老保险制度改革的决定》，确立养老社会保险由国家、企业、个人三个层面构成的基本模式，确定企业职工养老保险制度的基本框架：逐步建立国家基本养老保险、企业补充养老保险和职工个人储蓄性养老保险相结合的制度。

3. 1993～1999 年：构建新型养老社会保险制度。1993 年十四届三中全会《关于建立社会主义市场经济若干问题的决定》首次肯定了个人账户机制在改革方向上的地位与作用。1995 年 3 月，国务院发布了《关于深化企业职工养老保险制度改革的通知》，进一步明确了我国养老社会保险制度改革的目标、原则和主要任务。基本建立了适应社会主义市场经济体制要求，适应城镇各类企业职工和个体劳动者，资金来源多渠道、保障方式多层次、社会统筹与个人账户相结合、权利与义务相对应、管理服务社会化的养老保险体系。首次提出社会统筹与个人账户相结合的养老保险模式。1997 年国务院颁布的《关于建立统一的职工基本养老保险制度的决定》明确了养老社会保险的统一制度，即统一缴费比例；建立统一的个人账户；统一个人养老金发放办法。

4. 2000～2012年：进一步完善新型养老社会保险制度。2000年，中央政府着力完善养老社会保险制度，于2001年7月起在辽宁省进行试点，并将试点扩至吉林省和黑龙江省。由于从1998年起，养老社会保险制度面临两个问题：首先，养老基金收不抵支，养老金拖欠十分严重；其次，个人账户"有账无钱"，是"空账"。因此，2000年12月25日国务院颁布了《关于完善城镇社会保障体系试点方案》，坚持社会统筹与个人账户相结合的制度模式，缩小个人账户规模，企业缴费不再划入个人养老账户，个人缴费比例一步到位提高到8%，并全部记入个人账户；并且个人账户实账运营。社会统筹基金与个人账户基金实行分账管理，后者由省级社会保险经办机构统一管理，在一定时期内只能购买国债；提高基础养老金水平。缴费超过15年的，每满一年增加一定比例的基础养老金，但最终控制在当地职工上年度平均工资的30%。

三 养老保险的个体作用及社会意义

（一）养老保险的个体作用

养老保险的个体作用是相对于每一个成员而言的，具有养老功能。养老保险是当社会劳动者还具有劳动能力的时候，国家、社会及自身为因年老失去劳动能力退出劳动岗位后提供的基本生活而建立的一种社会保险制度。它的个体作用可表现为以下几个方面：

1. 预防的积极功能。增强劳动者抵御老年风险的能力。年老是人不可避免的自然规律，这决定了任何人都要面对养老的问题。在工业社会中，养老问题不仅是个体或家庭的问题，而且是一个社会问题。因为每个人应对自然、社会、工业化、市场化的能力各不相同，加上市场风险和社会风险的集中化和多样化，任何人都不能保证自己的老年没有风险，因此养老保险成为社会成员的普遍需求。养老保险使劳动者对将来养老有明确的预期从而积极愉快地工作，为社会创造更多财富。

2. 使老年人的养老更加有保障。随着工业化、市场化的推进，个体养老和家庭养老已经力不从心。特别是在中国急速转型时期，加上计划生育制度的实施，中国的养老问题已经不是个体或家庭能解决的了。因此，制度化的社会养老保险不以子女个人或家庭的道德和个人能力为基础，而是以法律为基础，由国家的社会保障机构来保障老年人的养老问题。

3. 稳定离退休职工队伍。保障了离退休人员的基本生活，使老年人"老有所为、老有所乐、老有所学"，为社会奉献余热，维护社会安定团结，创造和谐稳定的社会环境，有助于促进社会经济发展。

4. 保证了老年人的尊严。家庭养老是代际交换的，即老人先付出，子女后回报。但是，在工业社会中，由于多种原因，子女不一定有能力回报老人。而养老保险不是代际交换，而是年轻的自己为年老的自己储蓄，从而实现依靠自己年轻时创造的社会价值为年老的自己养老。这体现了命运掌握在自己手里，老年生活也更加体面而有尊严。

（二）养老保险的社会意义

1. 社会公平的体现。调剂社会的分配，缩小收入分配的差距，促进社会和谐。由于不同单位的效益差别，不同劳动者的劳动能力和家庭负担等各不相同。养老保险在一定程度上调节了社会成员收入差别上的过分悬殊，促进整个社会实现比较公平的分配。

2. 有利于社会安定。养老保险为老年人提供了基本生活保障，使他们老有所养。从静态上看，人口老龄化的到来意味着老年人口的比重越来越大，若这部分老人的基本生活得不到保障，就有可能成为社会不稳定的因素。从动态上看，当年轻的劳动者意识到自己年老时基本生活有可能没有保障时，消极面对工作和生活给社会带来不稳定因素。因此，在职劳动者参加了养老保险后，他们对年老后的基本生活保障有了预期，免除了后顾之忧。从社会心理上看，人们会少了些浮躁，多了些安全感，这些均有利于社会安定。

3. 有利于社会经济的发展。养老保险坚持的是公平与效率相结合的原则，尤其是部分积累和完全积累的模式。劳动者退休后领取养老金的数额与其在职劳动时社会贡献是直接联系的，这能够激励在职劳动者积极工作，提高劳动效率，从而促进社会经济的发展。

4. 减少家庭矛盾，促进社会和谐。家庭是社会的细胞，家庭和睦是社会和谐的重要的基础。养老保险的实施意味着家庭养老功能的弱化和社会养老功能的强化，减轻了子女的经济负担，从而减少了老年人与年轻人之间的代际矛盾，为家庭和睦创造了条件。

四　新型农村社会养老保险制度

新型农村社会养老保险制度（简称"新农保"）是相对于20世纪90年代的传统农村社会养老保险制度（简称"老农保"）而言的。新农保基础养老金全部由政府财政补贴，而老农保主要是由农民个人缴费来承担的。2009年9月，国务院发布《关于开展新型农村社会养老保险试点的指导意见》，新农保进入试点和推广阶段，迄今已3年有余。"到2010年年底，新农保已覆盖全国24%的县，参加新农保的人数达到10277万人。"[①]

（一）新型农村社会养老保险制度建立的背景

我国老龄化社会的一个突出特点是家庭养老功能不断弱化。在农村，没有完备的社会保障的情况下，农村养老问题显得更为突出。

1. 家庭养老保障功能持续弱化

在传统农业社会里，家庭是生产和生活的基本单位，也是养老保障的基本单位，即养老主要由家庭来承担，而政府和社会基本上没有介入养老领域。但是，在现代工业社会里，家庭的生产功能和生活功能开始出现分离，加上城市化所导致的子女远离老年人，以及中国的计划生育制度共同导致了家庭结构的核心化。当前，我国平均每个家庭只有3.1人，家庭小型化加上人口流动性的增强，使城乡"空巢"家庭大幅增加，城乡老年人的养老成为一个突出的社会问题。这些因素导致了家庭养老功能不断弱化，因此，农

[①] 新华网：《2010年度人力资源和社会保障事业发展统计公报》，http：//news.xinhuanet.com/Soliety/2011 - 08/16/c - 121867860.htm。

村社会养老保障制度的建立势在必行。

2. 农村青壮年人口外出务工（迁移）加速农村人口老龄化

在传统农业社会里，人们遵行着"父母在不远游"的祖训，老年人具有较高的社会地位，他们的养老基本上能得到家庭和家族的保护。但是在今天工业化、城市化的背景下，农村青壮年或外出务工，或永久迁居城市，从而导致农村人口急速老龄化，空巢老人、留守老人人数急剧上升。农村青壮年向城市迁移，导致农村人口年龄结构失衡，老年抚养系数急剧增大。

3. 城乡社会养老保障待遇差距不断拉大

改革开放以来，社会转型与体制转轨交织在一起，城乡差距不但没有缩小，反而在加大。"如城乡居民人均收入比从 1990 年的 2.2 扩大到 2009 年的 3.3，城乡相对收入差距的基尼系数由改革前的 0.16 左右上升到 2007 年的 0.45 左右。"① 同时，城乡社会养老保障待遇也在不断拉大。城镇的社会保障体系较为健全，而农村的社会保障体系并不健全，甚至农村养老保险制度在"社会经济条件不成熟"的理由下于 1999 年被停止，导致农村社会养老保险制度的缺位。

（二）新型农村社会养老保险制度的基本内容

2009 年 9 月 1 日，《国务院关于开展新型农村社会养老保险试点的指导意见》指出：

1. **基本原则**：新农保遵循的是"保基本、广覆盖、有弹性、可持续"的基本原则。一是从农村实际出发，低水平起步，筹资标准和待遇标准要与经济发展及各方面承受能力相适应；二是个人（家庭）、集体、政府合理分担责任，权利与义务相对应；三是政府主导和农民自愿相结合，引导农村居民普遍参保；四是中央确定基本原则和主要政策，地方制定具体办法，对参保居民实行属地管理。

2. **任务目标**：探索建立个人缴费、集体补助、政府补贴相结合的新农

---

① 邹红、喻开志：《劳动收入份额、城乡收入差距和中国居民消费》，《经济理论与经济管理》2011 年第 3 期。

保制度，实行社会统筹与个人账户相结合，与家庭养老、土地保障、社会救助等其他社会保障政策措施相配套，保障农村居民老年基本生活。2009年试点覆盖面为全国10%的县（市、区、旗），以后逐步扩大试点，在全国普遍实施，2020年之前基本实现对农村适龄居民的全覆盖。

3. 新农保对象：年满16周岁（不含在校学生）、未参加城镇职工基本养老保险的农村居民，可以在户籍地自愿参加新农保。

4. 新农保基金的来源：由个人缴费、集体补助、政府补贴构成。个人缴费：缴费标准目前设为每年100元、200元、300元、400元、500元五个档次，地方可以根据实际情况增设缴费档次。参保人自主选择档次缴费，多缴多得。国家依据农村居民人均纯收入增长等情况适时调整缴费档次。集体补助：有条件的村集体应对参保人缴费给予补助，补助标准由村民委员会召开村民会议民主确定。鼓励其他经济组织、社会公益组织、个人为参保人缴费提供资助。政府补贴：政府对符合领取条件的参保人全额支付新农保基础养老金，其中中央财政对中西部地区按中央确定的基础养老金标准给予全额补助，对东部地区给予50%的补助。地方政府应当对参保人缴费给予补贴，补贴标准不低于每人每年30元；对选择较高档次标准缴费的，可给予适当鼓励，具体标准和办法由省（区、市）人民政府确定。对农村重度残疾人等缴费困难群体，地方政府为其代缴部分或全部最低标准的养老保险费。

5. 个人账户的建立：国家为每个新农保参保人建立终身记录的养老保险个人账户。个人缴费，集体补助及其他经济组织、社会公益组织、个人对参保人缴费的资助，地方政府对参保人的缴费补贴，全部记入个人账户。个人账户储存额目前每年参考中国人民银行公布的金融机构人民币一年期存款利率计息。

6. 养老金待遇：养老金待遇由基础养老金和个人账户养老金组成，支付终身。中央确定的基础养老金标准为每人每月55元。地方政府可以根据实际情况提高基础养老金标准，对于长期缴费的农村居民，可适当加发基础养老金，提高和加发部分的资金由地方政府支出。个人账户养老金的月计发标准为个人账户全部储存额除以139（与现行城镇职工基本养老保险个人账户养老金计发系数相同）。参保人死亡，个人账户中的资金余额，除政府补贴外，可以依法继承；政府补贴余额用于继续支付其他参保人的养老金。

7. 养老金待遇领取条件：年满 60 周岁、未享受城镇职工基本养老保险待遇的农村有户籍的老年人，可以按月领取养老金。新农保制度实施时，已年满 60 周岁、未享受城镇职工基本养老保险待遇的，不用缴费，可以按月领取基础养老金，但其符合参保条件的子女应当参保缴费。

8. 养老金待遇的动态管理：根据经济发展和物价变动，应适时调整全国新农保基础养老金的最低标准。

9. 基金管理：建立健全新农保基金财务会计制度。新农保基金纳入社会保障基金财政专户，实行收支两条线管理，单独记账、核算，按有关规定实现保值增值。试点阶段，新农保基金暂实行县级管理，随着试点扩大和推开，逐步提高管理层次；有条件的地方也可直接实行省级管理。

10. 基金监督：各级人力资源社会保障部门要切实履行新农保基金的监管职责，制定完善新农保各项业务管理规章制度，规范业务程序，建立健全内控制度和基金稽核制度，对基金的筹集、上解、划拨、发放进行监控和定期检查，并定期披露新农保基金筹集和支付信息，做到公开透明，加强社会监督。财政、监察、审计部门按各自职责实施监督，严禁挤占挪用，确保基金安全。试点地区新农保经办机构和村民委员会每年在行政村范围内对村内参保人缴费和待遇领取资格进行公示，接受群众监督。

（三）新型农村社会养老保险制度的意义

1. 经济学意义：扩大内需

在国内外经济不景气的情况下，由国家财政全额支付的最低标准基础养老金的新农保，使亿万农民老有所养，这使农民无后顾之忧，就会敢于消费，从而可开拓国内的农村市场、扩大国内消费需求。

2. 社会学意义：推进城乡的一体化

新农保制度的建立实现了城乡居民在社会养老保险方面的制度平等。随着经济发展、国力增强，就可以逐步缩小乃至最终消除城乡居民在养老保险方面的差距，从而为改变城乡二元结构、逐步做到基本公共服务均等化做出巨大的贡献。

3. 政治学意义：减少社会矛盾

新农保制度的建立有利于减少农村社会的矛盾。新农保提高了农村老年人的经济自立能力和生活质量，提高了农村老年人的社会适应能力；新农保还减轻了家庭子女的经济负担，为家庭矛盾的减少创造了条件，有利于家庭和睦；新农保将改善农村集体与农民个人之间的关系。如新农保有效化解了一些农村集体组织无钱办事的困境，使它们能够集中有限财力更好地为老年人提供服务，从而形成文明的乡村风气与和睦的邻里、干群关系，有利于扎实推进社会主义新农村建设。

第六节 老年社会福利

一 老年社会福利的含义

老年社会福利有广义和狭义之分，广义的是指国家提供社会化的福利设施和有关福利津贴等，满足老年人生活服务需要，并促进老年人生活质量提升的一种社会政策，包括老人社会救助、养老保险和社会福利等。狭义的老年社会福利是指："根据老年人的特殊需求及其自身特点，由社会提供给老年人的特殊的、照顾性的物质和社会服务，包括满足生存与安全需求的福利，满足老年人尊重与享受需要的福利，满足老年人发展需求的福利，等等。"① 本书是指狭义的老年社会福利。

二 中国老年社会福利的主要内容

1. 老年生活照顾

老年生活照顾是根据老年人的生活需求而提供的有关照料和服务。包括：
（1）居家养老和社区照顾服务，是由政府和社会主导的并依托社区，为居家

---

① 潘锦棠：《社会保障学概论》，北京师范大学出版社，2012，第212页。

老人提供生活照料、家政服务和心理疏导等服务。（2）机构养老，是由城市的老年社会福利机构和农村"五保"供养服务机构为老年人提供生活照顾。

2. 老年文化娱乐

如果说老年社会救助是为了解决老年人的生存问题的话，那么老年社会福利是为解决老年人的发展、享受的问题。而老年文化娱乐方面的福利正是为了满足老年人精神文化方面的需求。通过建立老年文化站、老年人活动中心、老年人协会等组织来丰富老年人文化精神生活。

3. 老年社会福利设施

老年社会福利设施是老年社会福利实现的物质条件之一。以2001年由民政部启动的"社区老年福利服务星光计划"为例，截至2004年6月，全国城乡共新建和改建社区"星光老年之家"3.2万个，总投入134.85亿元。在城市社区居委会和农村乡镇，建立了一批老年人福利服务设施和活动场所。

4. 老年津贴

我国城乡部分失能和完全失能老年人约3300万人，是世界上失能老人最多的国家，这给家庭和社会养老、护理、照顾带来巨大的压力。2012年6月首次提请全国人大常委会审议的《中华人民共和国老年人权益保障法（修订草案）》规定，国家鼓励地方建立80周岁以上低收入老年人高龄津贴制度。在我国要实现全民养老的目标，应该引入非缴费型的养老保障计划，建立老年津贴制度，对那些不能从现有各种养老保障制度得到津贴的老年群体给予适当补贴，让他们共同分享经济发展成果。

5. 老年优待

老年优待是一个国家、政府为了完善社会保障制度，按照规定给予老人的一种特别待遇。优待服务的对象为60岁及以上的老年人。在此基础上，各地可以根据不同老年群体的需求和本地实际，对各优待项目的服务对象进行细分。原则上，各省（自治区、直辖市）都应有覆盖本地老年人的统一优待办法，提倡地（市）、县（市、区）为老年人提供更多、更优惠的优待项目，鼓励把优待对象的范围扩展至外埠老年人。优待服务的内容要兼顾老年人的物质生活、精神文化生活、医疗保健以及维护权益等多方面的需要，注意照顾贫困、高龄、鳏寡孤独老年人以及病残老年人等特殊群体的需求。①

6. 特殊老年人社会福利

如针对老年残疾人提供优待服务，除了给予老年人养老津贴之外，还提供额外的养老服务补贴。

三　老年津贴制度建设

（一）西方国家的老年人津贴制度发展简介

从世界上各国的养老保障制度发展历程上看，政府解决养老问题，不仅有社会保险、社会救助，而且有老年津贴等老年社会福利；不仅有缴费型养老保障计划，而且有非缴费型养老保障计划。非缴费型养老金保障计划主要指的是老年津贴制度。老年津贴制度以各种形式存在，如国民年金制度、国民基本养老金、老年福利制度、高龄津贴制度等。

丹麦，1891年颁布《老年援助法》，引入了由地方政府管理的收入测试计划，其适用对象为60岁以上的贫困老年人。丹麦是由国家为老年群体提供非缴费型养老金计划的第一个国家。到1897年，60岁以上的老年群体有四分之一接受了非缴费型的老年津贴给付，较好地解决了当时的老年贫困问题。

英国，1908年建立了以老年补助为内容的老年津贴制度。1908年8月1日，英国议会正式批准老年补助金法，标志着非缴费型的老年津贴制度在英国开始建立。该制度实行普遍原则和免费原则，英国人只要符合条件，都可以领取养老金。英国的老年津贴制度由高龄补助、补充养老金、老年服务、住房补贴、圣诞节补贴、交通优惠等内容组成。

瑞典，1905年成立了养老问题委员会。1913年，颁布了《国民普遍年金保险法》，开始实施老年的普遍老年津贴制度。1935年颁布了《国民年金保险法》，老年津贴标准根据各地生活水平不断提高。1976年瑞典对灵活就业的老年人开始实行"部分年金"制度。目前瑞典的国民基本年金制度规

---

① 全国老龄办发〔2005〕46号《关于加强老年人优待工作的意见》（2005年12月26日）。

定凡符合法律规定条件的一切退休人员，无论其退休前的工作、职位和收入水平如何，都可以领取国家统一规定数额的基本年金。

中国香港，1973 年实施高龄津贴，为香港永久性居民的长者提供福利金。高龄津贴分为普通高龄津贴及高额高龄津贴两种。两种高龄津贴于 2009 年起统一增加至每月 1000 港元，增幅为 60% 和 42%。普通高龄津贴的对象为 65～69 岁人士，申领人需要经过资产及入息审查。高额高龄津贴的对象为 70 岁及以上人士，申领人不用经过资产及入息审查。

西方国家老年津贴制度基于国情及政治经济环境不同，在具体的制度设置上并不相同：有的国家单独设立老年津贴制度；有的国家将老年津贴制度和养老保险制度共同使用；有的国家将老年津贴制度整合到社会保障制度之中。在模式选择上，西方国家的老年津贴制度一般采用普遍保障型，体现了国家保障老年人基本生活的责任，关注的是平等、公平。老年津贴制度的建立和发展，实现了西方国家的全民养老，并由最初对贫困老年人的社会救助发展到保障老年人基本生活、不断提高老年人福利水平的社会福利阶段。

（二）中国老年津贴和老年优待的类型

1. 中国老年津贴制度

相关调查显示，我国城乡部分失能和完全失能老年人约 3300 万人。作为世界上失能老人人口最多的国家，我国面临巨大的照护服务压力。2012 年 6 月 26 日，《中华人民共和国老年人权益保障法（修订草案）》将失能护理补贴和高龄津贴制度入法，对生活长期不能自理、经济困难的老年人，地方各级人民政府应当根据其失能程度等情况给予护理补贴。法律还规定，国家鼓励地方建立 80 周岁以上低收入老年人高龄津贴制度。养老问题专家杜鹏博士在接受记者采访时表示，逐步建立长期照护保险制度，是应对照护服务压力的有效途径。同时，应考虑给予失能老人护理津贴。规定老龄津贴制度，有助于进一步保障高龄老人的基本生活。具体而言，中国老年津贴的类型主要有以下几个方面：

（1）高龄津贴

高龄津贴是一项"普惠"政策，无论老人有无收入，健康与否，都应该发放，是政府对老年人的福利。高龄津贴不是低保，并不能解决老年人生活经济上所有的需求，但它是社会福利的补充，应该做到惠及所有符合条件的老年人。据中国老龄办测算，中国 80 周岁以上老年人正在快速增长，约为老年人口增速的 2 倍，预计到 2050 年 5 个老年人中就有 1 个是 80 周岁以上老人。全国各地除青海、新疆、西藏等地外，均已进入老龄化社会。因此，必须健全高龄津贴制度，使高龄老年人能过上体面的幸福生活。"2011 年 1 月，陕西省出台的《陕西省高龄老人补贴发放管理暂行办法》规定，给全省 80 周岁以上老人每月发放保健津贴。具体标准是：年满 80～89 周岁的，每人每月发放 50 元；年满 90～99 周岁的，每人每月发放 100 元；年满 100 周岁及以上的，每人每月发放 200 元。2012 年 2 月 13 日，陕西省政府第三次常务会议研究确定，全省享受高龄补贴老人的年龄由原来的 80 岁以上下延到 70 岁以上。陕西省享受政府保健津贴的老年人将直接从 60 万人增加到 200 万人，增加了 140 万人。"①

（2）老年服务补贴

老年服务补贴是政府向特殊老年人发放服务券而提供的福利。目前，老年服务补贴没有在全国范围推广，只在一些发达省市实行。如 2008 年 9 月《北京市特殊老年人养老服务补贴办法（试行）实施细则》规定补贴对象是属于试点区内正式户口、年满 60 周岁且符合条件的老年人，可申请享受养老服务补贴：（1）年满 90 周岁的老年人；（2）生活不能完全自理的以下几类老年人，分散供养的城镇"三无"老年人、分散供养的农村"五保"老年人、享受城乡居民最低生活保障的老年人、其他城乡低收入家庭中的老年人、纯老年户及仅与残疾子女居住的老年人、80～89 周岁的老年人。享受政府护理费补贴的人员除外。补贴方式：补贴资金以服务券形式发给符合条件的老年人，只能用于购买经区民政局确认的养老服务单位的指定服务项目。服务券可以印制为代金票券样式，也可以印制为载明补贴金额的服务卡样式。

---

① 《高龄老人津贴门槛降至 70 岁，外地敬老证在陕也管用》，商洛日报 . http://www.slrbs.com/news/gwonei/2012－03－30/47549.html，2012 年 3 月 30 日。

（3）非缴费型养老金

非缴费型养老保障制度最早于 1891 年在丹麦建立，政府为 60 岁以上的贫困老人提供养老金，至 1897 年，全国 60 岁以上老人有四分之一获得养老金。随后，法国、爱尔兰、澳大利亚、新西兰等国家也相继建立了非缴费型养老保障制度。20 世纪 80 年代后，一些发展中国家如尼泊尔、斯里兰卡、孟加拉国、印度、南非、毛里求斯、纳米比亚、博茨瓦纳、阿根廷、巴西、智利、哥斯达黎加、毛里塔利亚等国也相继建立起针对农村老人的非缴费型养老金制度。

中国养老保险是以身份制和劳动就业为前提的，以个人和单位的缴费为基础的社会养老保险制度。而目前城乡有许多老年人没有享受以缴费为前提的养老保险，尤其是在农村，老年人的养老问题特别严重。因此，为了解决城乡老年人的养老问题，中央和地方政府积极探索建立由政府资助的老年津贴制度。如 2006 年 8 月，《上海市人民政府关于将本市城镇高龄无保障老人纳入社会保障的通知》第一条规定高龄无保障老人有：（1）年满 70 周岁；（2）在上海居住、生活满 30 年，具体情况以原始户籍记载为准；（3）新中国成立后建立户籍制度以来，为本市城镇户籍（期间办理"农转非"手续的除外）；（4）未享受本市规定的城镇基本养老保险和医疗保险、小城镇社会保险、征地养老等待遇以及外省市规定的养老保险和医疗保险待遇。高龄无保障老人可以到本人户籍所在街道（乡、镇）的社区事务受理服务中心提出申请，具体相关事务由街道（乡、镇）劳动保障事务所负责办理。若所在地社区事务受理服务中心尚未建立的，可暂由街道（乡、镇）劳动保障事务所负责办理相关事务。

2. 中国老年优待

2012 年 6 月 26 日，《中华人民共和国老年人权益保障法（修订草案）》参考了近年来国家出台的相关规定和各地优待老年人的做法，进一步充实了有关老年优待的内容。《修订草案》规定，县级以上人民政府及其有关部门根据经济社会发展情况和老年人的特殊需要，制定优待老年人的办法，逐步提高优待水平。对常住在本行政区域内的外埠老年人给予同等优待。倡导全社会优待老年人。北京师范大学法学院崔文星副教授认为，增加"对常住在本行政区域内的外埠老年人给予同等优待"，有望使外埠老人在免费乘坐公交车、优惠购买公园门票、享受老年人养老服务券等方面的限制得到改变。同时，《修订草案》还丰富了现行法有关司法救助、法律援助、医疗服务、参观游览、乘坐公共交通等方面对老年人给予优待和照顾的内容。根据《修订草案》，提倡与老年人日常生活密切相关的服务行业为老年人提供优先、优惠服务。城市公共交通、公路、铁路、水路和航空客运，应当为老年人提供优待和照顾。同时，博物馆、美术馆、科技馆、纪念馆、公共图书馆、文化馆、影剧院、体育场馆、公园、旅游景点等场所，应当对老年人实行免费或者优惠开放。具体而言，中国老年优待主要类型有：

（1）医疗保健优待：将城市"三无"老人（无劳动能力、无生活来源、无法定赡养人和扶养人）、农村"五保"老人和城乡低保、低收入家庭成员中的老年人作为重点，纳入城乡医疗救助范围。民政部门对符合救助条件的农村"五保"老人和农村低保、低收入家庭成员中的老年人，参加新型农村合作医疗制度，应帮助其缴纳个人应负担的全部或部分资金。公立医院对老年人就诊，应免收普通门诊挂号费（包括急诊、复诊挂号费），减半收取专家门诊挂号费，挂号、就诊、取药、住院等，实行就诊优先。各区县每年组织医护人员为百岁老人进行一次免费体检。

（2）养老优待：百岁老人长寿补贴金和90周岁以上的高龄补贴金不计入老人家庭成员收入中，不影响其享有符合条件的其他优惠和优待政策，特别是对符合最低生活保障条件的，应纳入低保应保尽保。如四川省宜宾市将全市百岁老人长寿补贴金由每人每月200元提高到每人每月400元，所需经费由各区县财政解决，按时足额发放。年满90周岁以上的老年人，从年满90周岁、95周岁、100周岁的次月起分段享受相应的老年人高龄补贴金。高龄补贴金共设两个档次，即：年满90～94周岁的老人每人每月50元；95～99周岁的老人每人每月100元，所需经费由各区县列入同级财政预算。

（3）生活服务优待：如四川省宜宾市年满70周岁以上的老年人，免费乘坐市内公共汽车。长途客运、铁路、水路和航空客运等应为老年人提供优先购买车票、船票、飞机票，优先上车、上船等服务。城市道路、车站、机场、商场、公交站点、住宅居住区和其他公共建筑物的无障碍设施建设，为老年人居住和出行创造无障碍环境。对身边无子女的老人在住房拆迁安置中，在"安置房"的楼层安排上优先给予照顾。对居住公房、身边无子女的老人，在房屋维修等方面优先提供服务。

（4）维权服务优待：对城市"三无"老人、农村"五保"老人和城乡低保、低收入家庭成员中的老年人提出的法律援助申请，各级法律援助机构要简化程序，优先受理、优先审核和指派。缴纳诉讼费确有困难的可缓交、减交或免交。老年人因合法权益受到侵害提起诉讼，缴纳诉讼费确有困难的，可以依法申请司法救助，缓交、减免有关收费。律师事务所、公证处、基层法律服务所和其他社会法律服务机构，应积极为老年人提供免费法律咨询和有关服务，并积极承办法律援助机构指派的法律援助案件，让老年人享受及时、便利、优质、高效的法律援助和法律服务。

（5）文体休闲优待：政府投资主办的旅游景点、各类博物馆、美术馆、纪念馆、展览馆、公共图书馆等公益性文化设施，要对 60～69 周岁老年人实行半价优惠，向 70 周岁以上老年人免费开放。影剧院、体育馆应为老年人实行票价优惠，为老年文艺团体演出提供场地。提倡对外埠老年人实行同等优待。每年的重阳节和 10 月 1 日的"国际老人节"，各旅游景点、公共场所，对老年人实行免费开放。

总之，国家和社会要通过各种途径来优待老年人，积极为老年人提供各种形式的经济补贴、照顾和优先、优惠服务，从而促进老年人共享经济社会发展成果。

参考文献

［1］邓大松、刘昌平：《2011 中国社会保障改革与发展报告》，人民出版社，2011。

［2］潘锦棠：《社会保障学概论》，北京师范大学出版社，2012。

［3］杨莲秀：《社会保障法学》，北京大学出版社，2011。

［4］ 赵万水：《社会保障学》，清华大学出版社，2011。

［5］ 段家喜：《养老保险制度中的政府行为》，社会科学文献出版社，2007。

［6］ 姚建平：《我国城市贫困线与政策目标定位的思考》，《社会科学》2009 年第 10 期。

［7］ 肖林生：《农村五保供养变迁的制度嵌入性分析》，《南京人口管理干部学院学报》2009 年第 7 期。

［8］ 顾昕、降薇：《税费改革与农村五保户供养融资体系的制度化》，《江苏社会科学》2004 年第 3 期。

［9］ 刘峰：《国内外农村最低生活保障制度变迁及其启示》，《中南林业科技大学学报》（社会科学版）2011 年第 6 期。

［10］ 邹红、喻开志：《劳动收入份额、城乡收入差距和中国居民消费》，《经济理论与经济管理》2011 年第 3 期。

第二章　老年社会照顾体系建设

老年社会照顾又称为长期照料，是针对生活不能自理的老年人提供的康复护理和生活照顾服务，它在一定程度上使生活不能自理的老年人能够维持自己的生活质量。1991 年，联合国把照顾作为老年人六大原则之一，凸显了老年照顾问题的严重性和紧迫性。我国第六次全国人口普查显示，我国 60 岁及以上老年人口已达 1.78 亿，占总人口的 13.26%，其中需要照料的高龄老人和失能老人数量剧增，老年照顾的需求和任务十分繁重。

第一节　西方国家老年社会照顾

在福利主义思想发展过程中，社会照顾是社会福利的重要内容。西方国家在实行福利主义过程中建立了自己的社会照顾体系，老年照顾是其中的一个重要内容。埃斯平·安德森根据政府、市场和家庭三者所承担的责任，划分了三种福利模式。第一种模式是自由主义，该模式中政府仅对真正需要救济的人承担有限责任，它强调市场的作用，鼓励人们通过市场解决问题，美国是这种模式的典型代表。第二种模式是保守主义，它主张以市场为基础，要求参与劳动并缴纳社会保险，同时强调家庭的责任，德国是该模式的典型代表。第三种模式是社会民主主义，它主张不论公民的贫富皆有资格享有社会福利，体现机会平等，行政操作简单易行。实施这种福利模式的主要是瑞典等北欧国家，这些国家一般自然资源丰富，人口不多，国家的财政能够提供足够的福利保障。西方国家是最早进入老龄化社会的国家，人口老龄化所引发的长期照料问题是导致福利国家削减福利的重要原因之一。

一 英国社会的老年照顾

英国是除北欧国家之外福利国家的一个典型代表，它是最接近社会民主主义福利模式的西方大国。在《贝弗里奇报告书》的构想下，《国民健康服务法案》和《国民救助法案》等一系列社会保障法案实行，英国政府全面承担了照顾国民的任务，被称为"从摇篮到坟墓"都建立了福利制度的国家。在这段时期，社会福利的实施与国民经济的发展相得益彰，国家的财政税收有足够的能力支付国民的福利需求，老年人的生活和服务需求获得了国家的保障。

20 世纪 70 年代末开始的经济不景气以及老年人口的逐年增加，英国社会不断出现削减福利的呼声。80 年代，英国保守党政府上台，开始尝试福利制度改革。从 90 年代开始，英国政府开始了社区照顾的实践，1989 年颁布了《社区照顾白皮书》，成为最早正式开启社区照顾的国家。社区照顾在20 世纪 60 年代作为一种非制度性方式就已经出现。在经济紧缩和"反院舍化"运动的背景下，英国政府正式推行社区照顾。

这种为了控制财政支出而由政府制度性安排的社区照顾被赋予了新的含义："社区照顾是指提供适当程度的干预和支持，以使老人们能获得最大的自主性，且掌握自己的生活，为给老人提供服务的老人家庭成员提供暂托、喘息照顾和日间照顾，通过团体之家和临时收容场所，增加照顾范围，直至提供居家护理照料。"[①] 这是英国政府 1989 年发布的《社区照顾白皮书》对社区照顾的定义，既包括在自己居住的社区或者家庭中接受机构照顾和专业工作人员的服务，也包括自己被社区内的个人和组织所照顾，是一种制度性的社区照顾模式。

制度性的社区照顾模式没有降低人们福利保障的水平，又弥补了政府统

---

① 雷雯：《社区照顾框架下的老年人服务——从制度分析层面看社区照顾及其制度构建》，《经济与社会发展》2006 年第 9 期。

筹福利的缺陷，而且更加人性化的解决老年照顾问题，是一种新型的社会福利方式。目的是为了促成需要照顾的人士留在社区、家庭中养老，尽可能保障其过正常人的生活。

英国老年社会照顾政策目前的主要特点是在国家干预下，注重社会和市场的参与。政府出资在社区建立老年服务设施，社区中的志愿者和各种营利性组织与非营利性组织承担具体的服务项目。服务主体既有政府工作人员，也有专业社会工作者和志愿服务人员，形成了政府主导下的老年照顾体系。

随着全球化和都市化的深入发展，社会人口流动加快，需要照顾的老年人口不断增多，英国以政府为主导的老年照顾体系也开始出现资金投入不足问题，老年照顾的问题依然存在，改革还在继续。提出第三条道路的吉登斯认为，贝弗里奇时代建立的福利观是消极的，导致了制度异化和官僚主义等现象的发生，不能够适应时代和环境的要求。应该培养个人对自己生活负责的精神和独立意识，发挥各种社会组织和机构的积极功能，根据"没有责任就没有权利"的原则建立新的福利制度，改革的方向是由个人和集体共同承担风险。

二　德国社会的老年照顾

按照埃斯平·安德森的划分，德国政府在社会照顾上实行保守主义政策。德国的社会福利制度是围绕社会保险体系确立起来的，政府在社会福利体系中处于次要的辅助地位。在 1988 年公共医疗服务法案改革之前，德国还是依照 19 世纪确立社会保险体系实施社会照顾。1994 年制定了全民长期照料社会保险法律，新的保险法案在普遍性医疗制度的基础上增加了社会照顾的内容，要求对生活无法自理的人提供其所需要的医疗护理和家政服务。德国的社会照顾模式非常重视社会保险的作用，政府提供法律保障和适度的资金支持。

首先，对人们接受社会照顾有着严格的限制。德国的全民长期照料社会保险法案不仅对谁能接受照顾有进行资格审查的严格规定，而且根据照顾者的时间需要提供不同等级的照顾标准。德国长期照料服务的指导原则是："预防与康复优先于长期照料服务，家庭照料优先于机构照料。长期护理保险可选择的支付形式有：机构照料、居家服务、现金补助或者居家服务和现金补助的结合。现金补助这一形式持续成为参保人的首要选择，这有益于维持家庭照顾。"[①] 社会保险等法律制度规定了家庭照顾的基础地位，采用现金补助的方式不仅有利于维持家庭照顾，而且让需要机构照顾的人可以选择营利性养老机构的服务。

其次，对照顾者进行了明确的责任分工。"照顾的职责先由家庭负责，然后是正规机构，如果必要的话，还会有非营利性的福利组织提供服务。"[②] 家庭在承担社会照顾责任的时候受到了社区和非营利性组织的支持，社区和非营利性组织在提供服务时又会受到政府机构的支持。政府和家庭、社会组织之间有着明确的责任分工，同时还建立起紧密合作的支持链。

最后，德国的老年社会照顾还注重老年人之间的互助与合作。德国有政府支持的老年人互助团体参与社会照顾，"德国许多社会服务团体和老年人自己，逐渐开始通过各种渠道积极克服这一障碍。其中一项十分行之有效的办法，就是通过各种社会服务部门及老年人自己成立的组织，加强老年人之间的互助，并加强老年人对社会其他成分的服务……各种老年人互助团体一般以公益社团形式注册，受到政府通过部分拨款和民间通过捐款的赞助和支持。"[③] 老年人互助团体中的年轻老人为需要照顾的老人提供生活照料、精神安慰等上门服务活动。

德国的老年社会照顾模式的突出特点是"覆盖广，负担小"。全民长期照料社会保险法案要求退休者与在职人员都要参加，大约90%的人口的社会照顾问题因此受到了保护，老年人是其中最主要的收益群体。在保守主义

---

① 李兵、张恺悌：《中外老龄政策与实践》，中国社会出版社，2010，第107页。
② 郅玉玲：《和谐社会语境下的老龄问题研究》，浙江大学出版社，2011，第73页。
③ 邹静：《德国老年人的"上门服务"》，http://www.women.org.cn/allnews/1003/736.htm/。

思想指导下的德国社会照顾模式，个人和社会对老年生活照顾负主要责任，政府负担相对较小，政府借助社会保险体系用相对较少的资金支撑了广大国民社会照顾的需求。

三　美国社会的老年照顾

美国的老年社会照顾是从基本医疗服务开始，1935 年《社会保障法》法颁布之前，美国政府和公共部门基本不涉足社会福利事业。《社会保障法》对因患病需要照料的老人，规定可以通过卫生福利服务办法，申请医疗救助及其他各方面的服务。1936 年的《心理卫生及低能法》和 1960 年的《老年医疗协助法》等一系列法律，规定了对老年人提供公共医疗补助和国家医疗照顾。

1965 年颁布的《老人法》对社区服务和老年行政机构作出了专门的规定。政府的福利责任在 20 世纪 70 年代中后期出现了短暂的扩张，出台了《国内志愿服务法》和《禁止歧视老人法》等多部法律加强老人福利。美国老龄管理局（The U.S. Administration on Aging）和地方老龄局是执行有关老年人法律的主要管理机构。老龄管理局在全国范围内建立了相应的组织网络，计算机和网络技术的发展让老龄局能够为老年人和社会提供及时的供求信息。

美国的社会照顾尤其注重老年人自己的作用。"夫妇双方都活着的时候，常常是继续独立生活，相互照顾……如果配偶一方去世，留下的人不能独自生活，可能退而求其次，跟一个孩子生活在一起。"[①] 美国老年人的生活照顾大多数时候不是依靠子女，而是依靠自己承担，父母在自己无力承担时才要求子女提供必要的照顾支持。

大部分美国老年人选择社区照顾模式。偏好居家养老的美国老年人促进了社区照顾的发展，有专门为老年人建立的居住社区，独立居住型、护理居

---

① 〔美〕法利、史密斯、博伊尔：《社会工作概论》，隋玉杰等译，中国人民大学出版社，2010，第 309 页。

住型和持续照顾型等老年社区得到了政府、开发商和老年人的青睐，称之为"国家—社区型老年福利模式"。[1] 社区照顾模式注重发挥社区自身的作用，社区居民、志愿团体、营利性组织和专业社会工作者通过各种项目安排和"个案管理"[2] 参与老年社区照顾，美国绝大多数的老年人社区照顾采取典型的社区自理模式，即政府不直接干预或只提供协助，由社区主导、居民主动参与、由下而上实施的社区发展模式。不同的机构和设施与具体的居住模式有机配合，形成一个完善的老年人居住服务体系。

家庭无法提供照顾而自己又无法自理的老人可以由护理院进行照顾。护理院一方面由政府公共基金资助，另一方面由市场经营，护理院是作为昂贵的医院的备选而设立的，而且基本上是由联邦政府通过医疗补助和医疗保健而资助的……这使得护理院成为一个财源滚滚的产业。政府通过制定一些强制性标准和监督措施对护理院的护理质量进行管理。

美国老年生活照顾发展的方向也是重新重视市场的力量。在老年社会照顾服务领域，私人机构占主导地位。"美国社会福利事业的特点是市场化水平高，在许多其他国家由政府提供的服务，在美国却由非营利组织和私人提供。"[3]

美国老年照顾的主要特点是照顾体系复杂，政府的作用在于立法制定服务标准并予以监督。美国是个多民族、多宗教信仰的国家，老年社会照顾受到各方利益集团的影响，联邦政府权力又受到宪法制约，社会公共机构只有在个人无能为力时发挥有限的作用，"对老人的关怀服务主要是通过老年保健医疗制度和医疗补助制度等医疗代理机构和基金会，而不是通过社会公共机构。美国缺乏国家性的长期项目或资金系提供统一的社区照顾服务。"[4]市场力量的广泛参与，一方面促使了老年照顾方式的创新；另一方面又导致照顾水平等级分化，富人相比穷人有更多的选择和自由。

---

① 李迎生：《当代中国社会政策》，复旦大学出版社，2012，第200页。
② 个案管理是编排和协调用于传输急需救助的多种服务，使其适合个人的需要。它把家政服务人员、公共和私立机构以及志愿者这些不相干的服务元素组合到了一起。
③ 李兵、张恺悌：《中外老龄政策与实践》，中国社会出版社，2010，第272页。
④ 郅玉玲：《和谐社会语境下的老龄问题研究》，浙江大学出版社，2011，第67页。

四　日本社会的老年照顾

日本自 1970 年就开始进入老龄化社会，是世界上老龄化问题最为严重的发达国家，在老年照顾方面积累了比较丰富的经验。1963 年，日本颁布了《老人福利法》，对养老院的收容对象和老人家庭服务员的职责等社会养老服务内容作出了规定，对相应的服务设施的设定做了进一步的细化，同时规定了政府对营利性养老机构的监管责任。随后推出的《老人保健法》专门针对老年人的医疗保健服务作了详细的规定。

传统的日本社会深受儒家文化的影响，把老年照顾看成家庭的责任。目前的日本家庭结构依然是几代同堂，据了解，日本 60 岁以上的老人大多数与他们的成年子女住在一起。为了维持家庭照顾老人的功能，日本政府的税收和住房贷款政策支持几代人共同居住。这种政策的副作用是造成大量"单身寄生族"现象的出现，"单身寄生族"类似于我国的"啃老族"，他们不承担照顾老年人的责任，反而加重了老年人的生活负担，因此受到了社会的质疑。

1989 年制定《高龄老人保健福利推进 10 年战略计划》，并于 1994 年做了全面修订，完善了养老机构的相关制度，提出社区在老年照顾中的主体地位。日本有庞大的家庭主妇队伍。日本男性年轻时以单位为主，社区仅仅是个回家休息的地方，退休后在社区很难找到自己的真正朋友，在日本办公室内开展的一项调查显示，"65 岁以上独自生活的男性 5 个人当中有 2 个说他们根本没有知心朋友，4 个人当中有 1 个说他们从来没见过自己的邻居。"[①]

日本老年人接受照顾的水平与在职时缴纳养老金有很强的关联。实力强大的公司会为员工缴纳更多的养老金，以便需要照顾时会购买更好的服务，个体户和弱小公司缴纳的养老金往往捉襟见肘。养老金不足的老人普遍通过返聘的方式继续工作，日本规定正式退休的年龄是 60 岁，而 60～65 岁的人

---

① 〔美〕泰德·C. 费晓闻（Teb C. Fishman）：《揭秘老龄化》，吴礼敬等译，机械工业出版社，2011，第 175 页。

却有40%依然坚持工作。[①] 2000年4月实施的《介户保险法》强制规定，年满40岁的日本公民都要缴纳看护保险费，保险费由当地政府充当承保人，公民需要社会照顾时可以向政府申请，这从法律上确立了全体公民都能获得社会的照顾和帮助。

日本的老年社区照顾发展迅速。社区照顾发展得益于两个传统，一个传统是日本老年人对家庭养老的坚持，家庭承担不了的服务就转向了社区。另一个传统是社区有大量的专职家庭妇女的存在，家庭主妇、在校学生和社区的健康老人是社区照顾的主体，尤其是女性承担了大量的上门服务和日间照料工作。

日本的老年照顾的主要特点：一是相关法律健全、政府监管有力；二是公司和企业提供资金支持；三是志愿者及其他非营利性组织广泛参与，形成了比较完整的老年社会照顾体系。

五 西方国家老年社会照顾发展的特点

老年社会照顾模式的发展体现了各个国家的历史文化和政治特点，西方国家的照顾模式无论在组织体系还是具体内容上，都有很大的差异，但在以下几个方面则出现了相同的趋势。

（一）政府责任削减

福利主义的兴起，给老年社会照顾带来希望的同时，又给老年社会照顾布下了陷阱。一些西方国家在是否要削减福利的问题上发生争议，另一些国家已经开始了削减福利的行动。

国家的财政支付能力不断减弱，政府有削减社会福利的现实要求。西方福利国家的兴起与其经济的快速发展和繁荣密切相关。目前西方大国（美国除外）正处在人口出生率的持续下降和老年人口的不断增长阶段，这在带来更多的社会保障和照顾需求的同时，国家的税收却不断萎缩，福利主义

---

① 〔美〕泰德·C.费晓闻（Teb C. Fishman）：《揭秘老龄化》，吴礼敬等译，机械工业出版社，2011，第177页。

举步维艰。除了频繁的经济危机之外，全球化和跨国公司也导致不少西方福利国家税收流失。"它们尽可能地向税率较低的地方纳税，这是非常容易的，因为大约世界贸易的三分之一在这些康采恩内部进行。如果子公司之间彼此提供预防资金，那么财会人员就会通过价格结算把利润随便转移到哪个地方，而受损失的是通过高额征税为本国社会福利网络筹集资金的国家。"[①]

保守主义重新崛起，给政府削减社会福利提供了理论支撑。新右派和新保守主义认为福利国家是专横的，不是每一个公民都需要社会福利体系的支持，但他必须维持向国家缴纳高额的税收，福利体系下个人自我保障意识薄弱，对国家产生依赖性。传统福利主义强调公民身份和公民权利，国家需要为公民承担责任，新保守主义强调公民的义务，强调个人与家庭的责任。新保守主义得到了美国里根总统和英国撒切尔首相的支持。

技术和市场的变迁，导致政府削减社会福利的阻力降低。现代科学技术的进一步发展，西方大国超越了大规模的工厂生产模式，资本密集型的公司和企业规模更小，人们的职业差异更加明显，利益分化越来越大，这影响了工会与政府谈判的力量，降低了政府减少福利可能带来的政治风险。新右派把社会福利需求看作一个新兴的市场，是一个值得国家投资的领域，"原来的福利国家将被改革为社会投资国家，社会上也会建立起良性的风险——安全关系和个人责任——集体责任关系"。[②] 保守主义学者认为，老龄化带来的老年社会照顾需求孕育了庞大的医疗市场和护理市场机会。从经济繁荣走过来的大多数老年人的积蓄和养老金有足够的支付能力，国家的干预反而减少了市场投资的机会，使老年人失去了选择符合自己照顾需求的自由。

政府责任最小化并不意味着政府放弃责任。变老是每一个人的必然命运，西方国家的政府不论是为了手中选票，还是为了某种理念或宗教信仰，不可能完全忽视老年人的利益和需求，各国政府的改革还在继续，老年人社

---

①　张世鹏、殷叙彝：《全球化时代的资本主义》，中央编译出版社，1998，第77页。

②　〔英〕安东尼·吉登斯：《左派瘫痪之后》，杨雪冬译，《马克思主义与现实》1999年第1期。

会照顾的路依然漫长。

（二）社区作用上升

社区照顾已经成为西方国家福利改革的常用概念而被广泛运用，社区照顾最大的优势是能够与家庭照顾结合，能够与被照顾人所积累的社会资本相结合。社区照顾成本低，而且更容易为老年人所接受，目前已经成为老年社会照顾的主要形式。

苏珊·特斯特在总结美、英、德、法等西方国家的实践经验后认为，社区照顾在不同的国家含义不同，即使在同一个国家也是一个发展的概念，其内涵随实践的发展而更加丰富。因此她给了社区照顾一个广泛的定义，"包括室内保健、居住地保健和福利机构服务、家庭外医疗服务、日间照顾服务，以及有助于保证老人生活质量的社交的、休闲的和教育的设施等等"。[①] 社区照顾服务主要由政府组织和非政府组织共同组成的多元系统提供。社区照顾服务主要有两种模式：

一种模式是社区照顾立足于社区，以社区为主导。这种模式需要社区提供全方位支持，需要社区公共服务的发展。例如，美国的社区照顾将养老公寓、护理机构和公共设施等集中在一起，老年人根据自身的需求和经济条件，可以选择入住不同的居住形态（包括独立居住、协助居住和护理居住等），只要每月支付一定的服务费用后，不必再担忧护理、家政之类的问题。这种模式能为老年人提供从退休享乐到最后临终关怀的"一站式"养老服务。

另一种模式是立足家庭，社区承担辅助照顾作用。这种模式下的社区照顾尽可能是老年人在家庭中过上独立的生活，让他们在自己家或"像家似的"环境中受到帮助。社区照顾的资源既可以来自专业社会工作人员，也可以由家人、朋友、邻居及社区志愿者提供的照顾，政府提供适度的支持。这种模式老年人不用脱离他们所熟悉的生活环境，不会增添老年人的孤独感

---

① 〔英〕苏珊·特斯特：《老年人社区照顾的跨国比较》，周向红、张小明译，中国社会出版社，2002，第9页。

和无助感。

政府希望通过减免税收或资金补贴等形式支持各种营利性和非营利性组织进行的社区照顾，使资金减轻负担的同时也使更多的老年人受益。但目前的问题是社区照顾的标准和质量还难以确定，管理机制还不完善。

（三）社会保险的作用突出

医疗服务和社会照顾的资金来源在早期有着严格的区分，随着社会照顾方式的发展，一些国家在社会医疗保险基础上，开始增加护理照顾的内容，或者直接出台有关照顾保险的法律。

德国全民长期照料社会保险法案要求退休者与在职人员都要参加，大约90％的人口的医疗照顾问题因此受到了保护，老年人是其中最主要的受益群体。1994年颁布了《护理保险法》，1995年和1996年引进强制性社会照顾保险，规定家庭护理和住院护理的照顾费用纳入保险系统。德国的社会照顾保险注意到受益人个体的差异，"那些可以通过自己或家庭提供保障的人将得到自己应得的主流服务，而那些不能进行自我照顾的人不得不通过国家社会救助体系寻求不断增加的后备性的针对性的服务"。[1]

美国的社会照顾领域更多的是商业保险参与。由个人和雇主缴纳保险费主要支付医疗服务，"老年保健医疗保障方案承担主要的医疗服务费用，但不包括长期的家庭护理和日常居家服务"。[2] 如果需要家庭护理服务，可以购买健康维持组织的保险，也可以由个人资源购买私营保险公司的服务。

在英国虽然政府承担了国民医疗照顾义务，提供免费的住院服务和家庭护理，但日常的生活照顾可以由个人通过地方社会服务部门向公共机构或独立部门购买，社会服务行政部门承担了类似保险机构的工作内容。

日本1997年通过的《介护保险法》规定，护理保险的范围包括居家护理和机构护理两部分。该法强制规定年满40岁的日本公民都要缴纳看护保

---

① 郅玉玲：《和谐社会语境下的老龄问题研究》，浙江大学出版社，2011，第85页。

② 〔英〕苏珊·特斯特：《老年人社区照顾的跨国比较》，周向红、张小明译，中国社会出版社，2002，第55页。

险费，保险费由当地政府充当承保人，公民需要社会照顾时可以向政府申请，从法律上确立了全体公民都能获得社会的照顾和帮助。

第二节　我国老年社会照顾概况

尊敬和照顾老年人是我国的优良传统，宪法也规定照顾和赡养老年人是家庭必须承担的义务。老年人口的快速增加和家庭结构的变迁使得传统和法律义务在许多家庭受到了执行主体匮乏的挑战，需要寻找其他的社会照顾方式予以弥补。

一　需要社会照顾的老年人口快速增长

第六次全国人口普查显示，2010 年我国 60 岁及以上老年人口已达 1.78 亿，占总人口的 13.26%；而全国老龄办在《2011 年度中国老龄事业发展统计公报》中显示，全国 60 岁以上老年人约 1.85 亿，占总人口的比重达 13.7%，总人口比重相比上一年增长 4.4%。其中需要照料的高龄老人、空巢老人和失能老人数量急剧增加，老年照顾的任务十分繁重。

（一）高龄老年人口增长快

众所周知，人的年纪越大，遭受疾病痛苦的可能性就越高。许多老年人遭受高血压、糖尿病、冠心病、恶性肿瘤等多种疾病的困扰，需要长期陪护和照顾。

全国老龄工作委员会研究表明，21 世纪中国人口老龄化发展趋势可以划分为三个阶段："第一阶段是快速老龄化阶段，到 2020 年，老年人口将达到 2.48 亿人，老龄化水平达到 17.17%。其中，80 岁及以上老年人口将达到 3067 万人，占老年人口的 12.37%。第二阶段为加速老龄化阶段，到 2050 年，老年人口总量将超过 4 亿人，老龄化水平推进到 30% 以上。其中 80 岁及以上老年人口将达 9448 万人，占老年人口的 21.78%。第三阶段是稳定的重度老龄化阶段，到 2051 年老年人口达到峰值——4.37 亿人，老龄化水平基本稳定在 31% 左右，80 岁及以上高龄老人占老年总人口的比重将保持在 25% ~ 30%。"①

　　调查显示（见表 2 - 1），80 岁以上的城市老年人认为自己需要照料的比例是 43.69%，不到 80 岁的城市老年人只有 11.91%，前者是后者的 3.67 倍。80 岁以上的农村老年人认为自己需要照料的比例是 33.87%，不到 80 岁的农村老年人只有 6.73%，前者更是后者的 5.03 倍。由此可见，年龄的增加必然带来照顾需求的成倍增加。

表 2 - 1　80 岁及以上老年人需要照顾情况（n = 882）

单位:%

	城市老人		农村老人	
	60 ~ 79 岁	80 岁及以上	60 ~ 79 岁	80 岁及以上
需　要	11.91	43.69	6.73	33.87
不需要	88.09	56.31	93.27	66.13
小计	（596 人）	（103 人）	（223 人）	（62 人）

注：数据来源于 2012 年 3 月的问卷调查。

　　表 2 - 1 数据也表明，城市老年人在照顾需求方面高于农村老年人，这说明农村老年人的生活自理能力更强，同时也反映城市生活更需要依赖他人。这也告诉我们，随着城市化的社会发展趋势，生活在城市需要照顾的老年人口比例会随之上升。

　　另外，一个年过 80 岁的老人，她的子女也很快要步入老年阶段。老年子女照顾老年父母的现象已经出现，并且将会越来越普遍。如果没有社会提供支持，很难想象照顾者能够独自完成好照顾的任务。

　　（二）　"空巢" 老年人比例高

　　老年人独自居住的 "空巢" 家庭是现代社会不得不面对的现实问题。全国老龄办发布 2010 年我国城乡老年人口状况追踪调查显示，第一代独生子女的父母在 2015 年左右大批进入老龄阶段。城乡合计空巢老年人占 49.3%，城镇空巢老年人占 54.0%，农村空巢老年人占 45.6%。该调查

──────────

　　①　张恺悌：《中国老龄事业五年回顾》，中国社会出版社，2009，第 8 ~ 9 页。

还统计了全国老年人平均子女数，2010年为每对老年夫妇3.2个。这份调查告诉我们，目前我国每户老年人平均还有3.2个子女，还有选择与子女同住的自由。不过这种情况即将发生根本的变化，当第一代独生子女的父母在2015年左右大批进入老龄阶段，几千年来通过"生儿养老"的方式生活着的老年人，将会发现自己已经失去了选择子女照顾的自由。

如果说有配偶的空巢老年人还可以相互照顾，那么独居的空巢老年人则无依无靠。根据吴玉韶的研究，我国目前独居的老年人占老年人口总数的9.7%，80岁及以上人口中独居的比例更高。我们知道男女在平均寿命上存在差异，再加上我国社会婚姻的传统有"男大女小"的习俗，造成独居老人中女性居多。经济状况不佳的女性独居老人，自我照顾能力有限。

农村空巢家庭引发的照料危机更为严重。农村的住房结构一般都是单门独院的，老人遇到突发问题很难及时被发现。另外，农村老人的乡土意识强，很多老年人即使独居也不愿离开自己的家庭和村庄去敬老院养老。

（三）失能老年人大量存在

目前国际上采用日常生活活动能力量表（ADLs）来测量失能状态和程度，ADLs量表由吃饭、穿衣、上下床、上厕所、室内走动和洗澡六项指标组成。ADLs的测量结果显示，2010年末全国城乡部分失能和完全失能老年人约3300万，占总体老年人口的19.0%。其中完全失能老年人1080万，占总体老年人口的6.23%。到2015年，即"十二五"期末，我国部分失能和完全失能老年人将达4000万人，比2010年增加700万人，占总体老年人口的19.5%，失能老年人占总人口的比重进一步提高。其中完全失能老年人达1240万人左右，占总体老年人口的6.05%。[①]

庞大的失能老年群体，从日常生活到康复护理都需要有人照顾，这是仅凭家庭无法承担的负担。除了提供日常生活护理服务，失能老年人还需要提供情感支持和心理安慰，满足物质生活和精神生活的各种需求。在进行生活照顾的同时，还需要用大量的时间耐心陪伴老人，与老年人沟通、交流等。

---

① 张恺悌：《全国城乡失能老年人状况研究》，《人民日报》2011年3月1日。

二 家庭照料现状不容乐观

我国传统的养老模式是家庭养老，配偶是生活的伴侣，儿子是养老的主要依靠。如果没有儿子，变通的办法通常有两个，一个是把女儿留在家中，而要女婿"倒插门"；另一个是从宗族当中过继一个人当自己的儿子。由此可见，传统的家庭养老完全是一种自助模式，照顾者和被照顾者基本是一家人。费孝通把这种模式称为"反馈模式"，即父母抚养年幼的子女，子女在父母年老时承担赡养功能。在当今中国，计划生育政策导致家庭人口减少，很多家庭没有生养儿子，养儿防老的传统反馈模式难以为继。

（一）老年人医疗康复照料的现状

老年人生病时由谁来照顾体现了老年人所处的医疗康复照顾的现状。对老年人生病时选择的照顾自己的人选调查分析见表2-2。

表2-2 生病时选择谁来照顾（$n=882$）

	主要照顾者		次要照顾者	
	人数	%	人数	%
配偶	655	74.26	89	10.09
子女	146	16.55	475	53.85
其他亲属	9	1.02	91	10.32
邻居（社区志愿者）	16	2.00	15	1.70
护工（保姆）	29	3.29	178	20.18
其他	27	3.06	34	3.85
合计	882	100.00	882	100.00

表2-2显示，当身患疾病时，占被调查总数的74.26%的老年人主要由配偶来照顾自己，子女处于次要照顾者的位置。配偶是生活的伴侣，相互照顾是很自然的现象。失去配偶或配偶缺乏照顾的能力时，按照传统模式子女就要扮演主要照顾者的角色。这也与我国老龄化演变所带来的空巢家庭增多有着密不可分的关系。子女成年并参加工作可独自承担生活后一般很少在父母身边居住、工作，到了老年，只有夫妻二人共同居住、互相照顾，往往老年人生病之后，子女也较少能有足够的时间与精力投入到照顾父母的事情中来。而外请服务机

构人员（商业性）来照顾自己的话还需考虑经济方面的因素，老年人由于勤俭节约的生活习惯一般较少会第一时间想到外聘人员来照顾自己。受我国传统人情观念的影响，老年人一般都还没有适应接受公益性服务机构的帮助的方式，所以从主观与客观因素分析，配偶是老年人生病时照顾自己的首要人选。

关于自己生病时承担次要照顾工作的主体，过半数的老年人选择了子女，选择寻求公益性服务机构人员与商业性家政服务的老年人也占有一定的比例。当老年人已经丧偶或离婚或在其他没有配偶照顾的情况下，老人们还是希望能由自己的子女来照顾自己，子女是自己的亲人，由子女照顾自己既放心又不担心经济或社会人情等方面的因素，对于老年人来讲，思想负担较轻。虽然我国的公益性服务机构与商业性家政机构已经在逐步发展，但受传统观念的影响使得老人不会在生病时第一时间想要求助于"外人"，还是由自己的家人来照顾自己安心些。

（二）老年人日常生活照料的现状

日常生活照料既包括饮食起居、交通出行的照顾，也包括聊天等精神安慰，它对老年人的生活质量有着重要的作用。即使是一个正常的健康老人，他在生活的过程中也需要家电、通信等现代技术工具的服务。

表 2 - 3 显示，配偶承担日常生活主要照顾者的比例与承担疾病照顾的比例相同，即占被调查总数的 74.26%。"其他"选项在"日常生活主要照顾者"中排在第二位，深入调查发现选择该选项的老年人都是自己照顾自己。

表 2 - 3　日常生活中选择谁来照顾（$n = 882$）

	主要照顾者		次要照顾者	
	人数	%	人数	%
配偶	655	74.26	65	7.40
子女	101	11.45	491	55.67
其他亲属	5	0.57	79	8.96
邻居（社区志愿者）	0	0	20	2.27
护工（家政服务员）	11	1.65	212	24.04
其他	110	12.47	15	1.70
合计	882	100.00	882	100.00

子女处于"日常生活主要照顾者"的第三位，与疾病照顾相比下降了5.10%。邻居在"日常生活主要照顾者"选项中为零，显示老年人在日常生活中不愿意去麻烦邻居。在次要照顾者方面，子女排在第一位，占调查总数的55.67%，护工和家政服务员排在第二位。

（三）家庭照顾功能弱化

家庭照顾的前提是家庭结构的完整性，但现实是老年人空巢现象和独居现象十分突出，传统养老方式受到观念上及现实上的双重冲击。

家庭照顾需要有子女，而且子女必须住得离他们近。我国65岁以上的老年人子女平均数2010年是每户3.2个，目前较多的子女可以分担照顾负担，老年人照顾问题并不突出。但是，一个无法忽视的事实是第一代独生子女父母在2015年左右大批进入老龄阶段，家庭照顾即将受到更为严重的挑战。一对独生子女需要承担照顾4个老人的压力，在以独生子女家庭为主的社会中，养儿防老的传统将难以延续。另外，现代社会人口流动模式已经对传统家庭带来了巨大的冲击，子女通过升学和外出就业发展等来到城市，父母独守家门的现象非常普遍。虽然有许多子女把父母从家乡接到自己身边进行照顾，但迁居的老年人仍会遭遇许多适应性困难。

案例2-1：刘冬妹今年73岁，有两个儿子，现一个人住在古田县的乡下。五年前丈夫去世，她的大儿子在美国工作成家，二儿子在厦门工作。丈夫去世那年，二儿子怕她寂寞，把她接到厦门。但到了厦门，她说不习惯那里的生活，厦门人讲的闽南话自己听不懂，车多路又不熟，自己不敢一个人出门，儿子儿媳都在公司上班，还要送上小学的孙子参加各种培训班。自己只好一个人在家，实在闷得慌，住了两年还是吵着回家了。

城市家庭中也有很多子女与父母不在同一个城市工作和生活，即使在同一个城市，也有很多子女喜欢与父母分开居住。根据我们的调查，很多老人与子女住在一起，一方面自己受到了子女的照料，另一方面自己也在帮助子女照看孙辈。计划生育政策的实施和生育观念的变化，孙辈数量减少，失去了代际交互照顾的关联。一些老人因此认为自己不能帮助子女，认为自己是子女的累赘而不愿意与子女居住在一起。事实上，一些研究表明许多独生子女不会也没有意愿照顾父母，即使独生子女会与父母共同生活，那也仅仅是其中一方父母获得子女照顾，另一方父母只有接受失去照顾的结果。

现代社会家庭照顾成本高也会影响家庭生活的质量。老年照顾成本主要由直接成本、间接成本和无形成本三部分组成。一个生活不能自理的老年人如果在家接受照顾，其家人要么自己照顾，要么请护工进行专人护理。有研究证明，需要照料的老人会限制他们的子女在市场上的劳动参与，"照料老人的负担将会显著降低子女的周工作时间和劳动参与率，这个影响对于与老人合住的女性照料者来说更为显著。照料父母将使子女的每周工作时间平均减少 1.4 小时，而与父母同住的女性照料者每周将减少 7 小时的工作时间"。①

三　老年机构照顾发展缓慢

我国社会养老机构建设还存在诸多不足，一是数量偏少，服务质量参差不齐；二是地区间、城乡间发展差异大，布局不合理；三是有的机构供不应求，有的机构则出现床位闲置现象；四是政府投入不足，缺乏有效的支持和监管措施。表 2－4 显示了我国近几年养老机构的发展情况。

表 2－4　养老机构的基本情况

	年份	床位数（万张）	同比增长（％）	收养人数（万人）	同比增长（％）	床位利用率（％）
城市	2007	33.0	—	22.6	—	68.48
	2008	41.5	25.76	29.0	28.32	69.88
	2009	49.3	18.80	32.3	11.34	65.52
	2010	56.7	15.01	36.0	11.46	63.49

---

① 曾毅：《老年人口家庭、健康与照料需求成本研究》，科学出版社，2010，第 207 页。

续表

	年份	床位数 （万张）	同比增长 （%）	收养人数 （万人）	同比增长 （%）	床位利用率 （%）
农村	2007	179.8	—	149.3	—	83.04
	2008	193.0	7.34	160.6	7.57	83.21
	2009	208.8	8.19	173.0	7.72	82.85
	2010	224.93	7.73	182.5	5.49	81.14

　　表 2 - 4 显示，城市养老机构的床位数和收养人数增长快，但有三成多的床位没有利用。农村养老机构的床位数和收养人数增长平稳，床位利用较高。城市养老机构床位闲置并不意味着养老机构发展过快，事实上，我国目前养老床位总数仅占全国老年人口的 1.59%，不仅低于发达国家 7% 的比例，也低于一些发展中国家 2% ~ 3% 的水平。养老机构在发展过程中主要受到下列因素的影响。

　　（1）养老院建设脱离了老年人的实际需求。一些养老院目标定位太窄，把自己的收养对象定位为富裕人士，脱离了真正需要照顾服务的大多数老年人。"中国老人的根本需求不是向往宾馆的星级服务，而是享受儿孙绕膝，有老伙伴、老邻居聊天的快乐，多数老人入住养老院是迫于健康问题。'家门口的养老院'方便儿女探望和亲友往来，因此备受青睐。以前老龄化问题不突出时，城区养老院建得少，条件较简陋。现在受土地限制，新建的养老院多在风景宜人的郊区，但是城区老人不愿意去一个与亲人相距遥远的环境里'隐居'。北京 60% 的老年人居住在城区，但 60% 的养老床位分布在郊区，这种偏差导致郊区养老床位大量闲置。"① 一些养老机构忽视了老年人对家属和朋友探视和交往的需求。

　　（2）老年人对服务的了解和接受程度不足。我们在调查中发现，由于交往关系的有限和社会知识的缺乏，许多老年人对养老机构提供的服务不甚了解，导致他们得不到相应的机构服务。他们认为民营的养老院纯粹是个赚

---

　　① 《13 亿人如何养老　养老机构陷入高需求低入住怪圈》，《人民日报》2010 年 6 月 10 日。

钱的商业机构，而公益性养老机构门槛又过高，这种说法在一定程度上符合事实。由于缺乏相应的服务规范和稳定的专业工作队伍，民营养老院的服务质量参差不齐，一定程度上影响了其进一步发展。

受传统文化的影响，老年人一般不愿意离开生养自己的家乡，尤其在养老机构远离自己社区附近时更是如此。另外，许多老年人习惯于过自力更生的艰苦生活，不愿意把自己的生活交给他人处理。根据调查数据分析可知，不论是在城市还是在农村，70%～80%的老年人都不愿意入住养老院，只有约10%的老年人表示愿意，其余的持无所谓态度（见图2-1）。

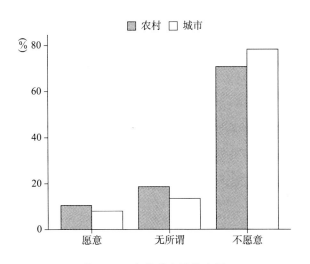

图 2-1　入住养老院的意愿

注：根据 2012 年 3 月笔者对福建省各地区 882 个老年人对"入住养老院的意愿"的调查数据整理。

（3）公办养老机构制度建设滞后。公益性养老机构发展受政府财政投入机制的限制，比如许多县市只有 1～2 家公益性养老机构，床位有限，公益性养老机构明显不足，导致目前公益性养老机构供不应求。尤其是农村的敬老院属于集体性质，它受制于集体经济的发展水平，许多农村敬老院的覆盖范围非常有限，在农村，五保供养的主要责任人是村委会和村民小组。可在日益空心的农村，集体没有足够的钱供养贫困老人。有限的床位，再加上收费低廉，地理位置优越，想去公益性养老机构的人往往需要寻找各种"关系"，这导致真正需要照顾的老人的需求无法满足。公益性养老机构的管理体制僵化，在人员招聘上受到体制的限制，无法根据收养老人的实际人数的变化和护理的实际要求自主决定工作人员的数量。一些养老院虽然进行了绩效工作改革，但缺乏科学的评价标准，无法充分调动工作人员的工作积极性。公益性养老机构的管理岗位和高级专业岗位有严格限制，工作人员的发展空间受到影响，一些工作人员与医院等单位进行比较时，产生相对剥夺感，导致人员流失，这给公益性养老机构的发展带来不利影响。

（4）民办养老机构缺乏足够的支持。养老服务市场化程度低，盈利低、风险大是其固有的特点，因此自身的竞争能力不强。

案例2-2：福州市金秋老人护理院于2000年12月由离休干部、护理学专家顾志萍教授创办，是一所专业护理高血压、中风瘫痪、糖尿病、老年痴呆、植物人、心血管疾病、术后康复等病残老人的护理院。护理院租用的双安花园位于西湖湖畔，那里风景秀美、环境幽静、空气清新宜人，处于福州城市中心地带。2007年房地产市场大热，业主以护理院租用的住房需要出售为由，强行要求护理院退租搬走。在福建省发展和改革委员会、省民政厅专项资金的支助下，护理院迁到仓山区后巷路浦上生活配套公寓。虽然存在交通和停车等不利因素，公寓里的200张床位依然供不应求。护理院计划在交通更为方便的南江滨公园边新建一座大型护理院，政府也同意在用地方面按照"福利用地"的方式给予审批，但1亿多元的预算让护理院无法承受。经多方协商决定，护理院的房屋建设费用由政府负责，具体经营由金秋老人护理院承担，即采取公办民营的方式进行。

国内许多养老机构在发展的过程当中，都像福州市金秋老人护理院一样，经历了从城市中心到边缘地带的过程。

四 社区照顾还处于起步阶段

"社区照顾"是从西方引进的一个概念，学者们对西方各国关于社区照顾实践的理解广泛。主要可归纳为两种代表性观点。一是从社区支持角度定义社区照顾，认为社区照顾需要动员社区资源，运用社区志愿网络，联合社区社会组织所提供的服务与设施，让有需要照顾的人士在家里或社区中的家庭环境下得到照顾，过着正常的生活，加强老年人在社区内的生活能力。二是指居住在自己社区接受社会的照顾，服务主体既可以来自社区内，也可以来自社区外，政府和非政府组织以及其他机构在老人所属社区建立养老中心，为社区老年人提供日常生活服务和医疗卫生服务。我们认为，第一种观点含义明确，第二种观点范围宽泛。作为一个社区照顾刚刚起步的国家，我们应该接受宽泛的定义。社区照顾是以居家老人照料为主，社区志愿者、营利性和非营利性组织为居家老人提供照料，服务内容以上门服务为主，托老所服务为辅。

如果社区照顾体系完备，绝大多数老人可以在社区照顾的协助下在自己家里生活。社区照顾要依托社区，需要社区居民的参与。目前，我国的社区建设还处于起步阶段，社区照顾的居民参与率不高，积极性不足。主要原因如下：

首先，现代社区文化意识还没有树立。社区是聚集在一定地域中人群的生活共同体，社区是其所有居民的大家庭。传统的家庭本位文化心理使人们很难真正打破狭隘的家庭壁垒，在思想意识和价值观念上没有把自己的"小家"和社区"大家"沟通融合起来，从而严重影响居民的社区参与的热情。

其次，居民的社区归属感不强。单位体制对我国社会的影响根深蒂固，至今人们还是习惯于说自己是什么单位的人，而不是哪个社区的人。在这种以单位为中心和中介的社会管理体制中，成员与社区之间也就难以建立起积极的互动和耦合关系，居民的社区认同感和归属感便难以产生。

再次，缺乏有效的社会组织。社区居民因其年龄、性别、民族、职业、教育程度、兴趣爱好、专业特长的不同，所面临的问题、感兴趣的事物、关注的对象也各不相同。另外，城市重建和社会流动也破坏着原来的共同体关系，原来相熟识的邻里关系被陌生的关系所代替，城市居民的私人领域意识不断强化。因此需要有不同的社会组织，才能适应不同类型社区居民的多元化参与需求，激发他们的参与兴趣和热情。

最后，我国的社区照顾还存在整个工作队伍素质偏低，工作方法老化，服务设施不足，服务内容单调等问题，有些人甚至把社区照顾等同于便民便利的社区服务，这都在一定程度上制约了社区照顾事业的发展。

表 2 - 5 显示，社区医院在福建省基本普及，其服务已经被大多数老年人所接受。上门服务是大多数老年人的需求，老年服务中心对于单身老人具有重要的意义。老年康复中心和托老所的建设和利用都有待加强。

表 2 - 5　城市社区老年服务情况 （ n = 597 人 ）

单位 : %

		社区服务存在情况		自己使用情况	
		有	没有	使用	没有使用
单身独住（91 人）	社区医院	85.71	14.29	82.42	17.58
	老年保健所(康复中心)	23.08	72.92	19.78	80.22
	上门服务	72.23	27.77	69.23	30.77
	托老所(日间照料中心)	16.48	83.52	5.50	94.50
	老年服务中心(餐饮、娱乐)	87.91	12.19	78.02	21.98
夫妇同住（364 人）	社区医院	90.11	9.89	81.59	18.41
	老年康复中心	31.32	68.68	21.70	78.30
	上门服务	74.45	25.55	51.10	48.90
	托老所(日间照料中心)	11.54	88.46	0	100.00
	老年服务中心(餐饮、娱乐)	86.53	13.47	37.09	62.91
与子女住（142 人）	社区医院	90.85	9.15	84.51	15.49
	老年康复中心	24.65	75.35	14.78	85.22
	上门服务	72.54	27.46	56.34	43.66
	托老所(日间照料中心)	10.56	89.44	9.15	90.85
	老年服务中心(餐饮、娱乐)	86.62	13.38	40.85	59.15

注：根据 2012 年 3 月对福建省各地区的城市社区老年服务的调查。

第三节　老年社会照顾体系建设

　　老年社会照顾体系建设是一个长期的过程，从福利主义下的社会照顾到以社区和家庭为中心的社会照顾是西方国家走过的道路，因此在设计我国社会照顾体系的时候要有前瞻性。国务院《社会养老服务体系建设规划（2011—2015）》提出，"十二五"时期，社会养老服务体系建设要以满足老年人的养老服务需求为目标，从我国基本国情出发，坚持政府主导、政策扶持、统筹规划，基本建立与人口老龄化进程相适应、与经济社会发展水平相协调，以居家为基础、社区为依托、机构为支撑的社会养老服务体系，让老年人安享晚年，共享经济社会发展成果。[①] 我们认为，国务院的这一规划不仅仅是"十二五"时期老年社会照顾的指导纲领，而且是一个应该长期坚持的目标。

一　居家养老是老年社会照顾的基础

　　家庭养老功能的弱化并不意味着要放弃家庭养老的作用，中国文化认为家庭是个可以放大的弹性概念，老年夫妇相互之间的照顾，由子女和近亲进行照顾，都体现了家庭的作用。因此，加强家庭养老功能的发挥是目前解决人口老龄化必不可少的办法，居家养老就是在发挥家庭功能基础上建立的养老服务模式。

　　居家养老是传统的家庭养老和社区照顾相结合的养老模式。居家养老是指社会对居住在家的老年人提供医疗康复护理和生活照顾，是一种以家庭照顾为基础，社会照顾为补充的社会化养老服务模式。它不同于传统的家庭养老的地方在于需要社会提供服务支持，它也不完全符合西方国家所倡导的以社区照顾为主导的养老模式。居家养老是在借鉴其他国家和地区的养老服务经验的基础上，结合我国传统而形成的具有中国特色的养老服务模式，它在我国老年福利服务体系中处于基础地位。

　　[①] 《社会养老服务体系建设规划（2011—2015）》，《人民日报》2011 年 12 月 28 日。

（一）居家养老最符合老年人的意愿

家庭是人的归宿，让老年人留在自己家中生活可以避免机构养老模式因环境改变所带来的适应问题，是最符合老年人意愿的社会照顾模式。

表2-6显示，在有配偶的老年人中，有758位最愿意住在自己家，占被调查总数的94.87%，即绝大多数老年人选择居家养老。在无配偶的老年人中，也有42位最愿意住在自己家，占被调查总数的50.6%，还有30.12%的老年人愿意在自己子女家养老。也就是说，即使配偶一方去世，老年人一般也不愿意跟自己的孩子生活。统计表明，单身老年人也和有配偶的老年人一样最愿意居家养老。

表2-6　老年人最愿意住居的地方选择情况（一）

单位:%

	有配偶	无配偶
自己家	94.87	50.60
子女家	3.50	30.12
养老机构	1.63	19.28
小计	（799人）	（83人）

数据来源：根据笔者2012年3月的调查问卷。

表2-7显示，城市老年人中有543位最愿意住在自己家，还有24位愿意住在子女家，两者占被调查总数的94.97%；农村老年人中有251位最愿意住在自己家，还有20人愿意住在子女家，两者占被调查总数的95.09%。

表2-7　老年人最愿意住居的地方选择情况（二）

单位:%

	城市老人	农村老人
自己家	90.95	88.07
子女家	4.02	7.02
养老机构	5.03	4.91
小计	（597人）	（285人）

数据来源：笔者2012年3月的调查问卷。

（二）居家养老发展的空间大

居家养老是建立在家庭养老传统上的养老服务模式，它把社会化的服务方式与家庭照顾相结合，发展空间很大。

第一，服务主体具有多元性。根据福利多元主义的分权理论，社会福利提供的主体不仅仅是自己的家人，而且包括政府组织、社区志愿者、各种营利性和非营利性组织。居家养老服务的主体既有家庭成员，也有邻里亲朋；既可以是社区志愿者和非营利性组织，也可以是个体商户和营利性组织，只要是有志参与居家养老服务的社会人士和组织，都可以从中找到自己的位置，发挥自己的作用。

第二，服务客体具有普遍性。居家养老为每一个在家里居住的老年人提供服务，从年轻的健康老人到不能自理的老人都可以找到自己所需要的服务。老年服务领域是一个庞大的工作领域，蕴涵了巨大的市场潜力。居家养老需要付出的社会成本最低，服务的对象最广，是社会效益最佳的养老服务模式。

第三，服务内容丰富。老年照顾的服务需求广泛，不同年龄阶段和身体状况具有不同的需求，因此需要提供门类众多、丰富多彩的服务内容，除了大家熟悉的康复护理之外，还包括交通出行、陪同购物、餐饮卫生、上门探视、心理咨询、精神安慰、谈话聊天等内容，从日常生活到精神世界无所不包。

第四，服务方式灵活多样。居家养老的服务形式既可以在社区内进行，由社区居民、组织承担，也可以由社区外的个体或组织承担。既可以是非营利性的，也可以是营利性，还可以是两者相结合的服务形式。既有为老年人提供上门服务的，也有老年人自己到服务点接受服务的。

居家养老在我国还处于探索阶段，相关服务设施还相当缺乏，各种社会组织和社区志愿者参与率不高，服务内容单一，质量不高，费用无法保障，专业工作人员缺乏。其主要原因是政府财政投入不足，管理体制混乱，社区服务资源缺少有效整合，法律机制不健全，没有相关的约束和激励机制等。政府除了要在法律上明确子女赡养父母的责任和具体义务之外，还应该在社会政策上针对就业和住房问题给予子女和父母共同生活的支持。

二 围绕居家养老建立社区照顾体系

社区照顾就是使需要照顾的老年人在社区获得相应服务，这样老年人便不需要脱离他们所熟悉的社区，过正常人的生活。也就是说，居家养老成功的关键在于社区照顾体系的建立和完善。

（一）社区照顾要有利于家庭照顾功能的发挥

虽然大多数老年人依靠自己和家人就可以照顾自己，但任何一个居家的老年人都有可能遇到需要他人照顾的时候。社区照顾就是针对家庭无力承担的那些服务内容，及时提供补充服务，让老年人能够继续留在家里生活，继续发挥家庭照顾的功能。

1. 家政劳务服务。这是针对部分有生活能力的老年人提供的日常生活服务。在衣食住行这些日常生活过程中，饮食卫生是老年人最需要的服务内容。

案例 2-3："我们通过走访调查发现，周边社区的老年人很多倾向选择居家养老，但对于高龄和孤寡老人来说，每天买菜做饭成了一件难事。于是我们在传统养老模式的基础上，又创新了居家养老服务，老年人到这里既可以选择日间照料，又可以选择单纯配餐服务，这样老人们既可享受养老机构的服务，又能充分享受到不离家的天伦之乐。"[1]

2. 社区医疗康复照顾。这部分服务主要是针对患有疾病的老年人和行动不便的老年人。相比医院看护，社区看护的成本更低，环境更优越。社区如果能够提供照顾服务，既可以免除医院的床位费用和部分护工工资，又可以回到熟悉的生活环境。

3. 社区日间看护。大多数家庭可以承担夜间看护工作。白天的服务可

---

[1] 吴薇、郑妍：《天津市南开区望园老人院创新居家养老模式老人可"走读"养老院》，人民网，2011 年 11 月 16 日。

以由托老所、日间照护中心等机构承担。对于那些白天需要工作的家庭照顾提供者来说，这种服务的提供有利于他们安心工作。

（二）社区照顾要依靠社区的力量进行

居家养老服务模式中政府不直接提供福利服务，而是通过非营利性组织和公益团体转移至社区，在社区构建养老服务支持网，建立一个支持家庭养老的社会化服务体系。社区照顾要立足社区资源的开发和利用，需要处理好服务提供者和需求者之间的供求关系。

第一，要培育能够进行社区照顾的团体和组织，鼓励非营利性组织的发展。我国社区建设的结构背景是过度组织化，通过人员的单位所有制和单位的行政归属制，政府将社会生活尤其是城市生活都纳入单位体制之下，即使有遗留空间，也会由街道这一地区性行政机构来管理。在这样一种高度行政化的体制框架内，民间团体也就必然地、合乎逻辑地变成了政府的附属物，其主要职责就在于执行政府的行政命令，完成政府交办的任务。社区非营利性组织的形成和发育便无从谈起，社区居民参与养老服务体系也就缺少了应有的发展空间和制度平台。

第二，政府不仅要对营利性组织提供土地、税收等政策支持，促进民营资本进入居家养老服务市场，而且还要制定相应的服务标准，提高服务质量。尤其是服务标准的制定与管理刻不容缓，比如我们调查护工、保姆市场管理状况，发现比较满意与很满意的老年人仅仅分别占调查总数的13%和7.6%。可见我国政府对于护工、保姆市场的管理还有待提高与改进，需要完善有关护工、保姆市场管理的法律制度体系，完善护工、保姆等护理人员的从业前培训与考核机制，严格准入机制，进而提高护工、保姆等护理人员的专业技能与服务质量，保障服务对象（特别是老年人）能够接受高质量的服务。要加大对护工、保姆市场上的不良行为的打击处罚力度，以有效保护服务对象（特别是老年人）的合法权益，避免再出现引起强烈社会反应的老年人受虐待等不良事件。

第三，社区要建设相应的服务设施。政府不直接负责服务功能的提供，而是对服务项目规划、设计和运营提供质量标准。政府要加大社区建设的投入，资助相应的服务设施建设。在这方面，我们可以借鉴英国的经验，为帮助老年人能在家独立生活，地方政府负责为他们安装楼梯、浴室、厕所等处的扶手，设置无台阶通道和电器、暖气设备等设施，改建厨房和房门。

第四，要建立社区照顾信息中心。一方面，建立社区志愿者档案，在社区挖掘可以提供老年服务的人力资源。另一方面，建立社区服务组织档案，在社区内由专业工作人员和非专业的志愿者进行照顾。社区照顾信息中心的建立，使社区真正形成自我管理、自我服务的居家养老服务网络，这也是建立快捷、有效的居家养老公共服务体系的关键问题。

三 机构养老要对居家养老起补充作用

机构养老和居家养老并不是毫无关联的养老服务模式，发展比较好的养老机构都是考虑到了老年人的实际需求，院舍建立在老年人家庭的周边，针对家庭照顾功能的缺失开发服务内容和形式。一个成功的养老机构，应该是一个能够让人感觉像家的地方，一个老年人认可的归宿。

（一）机构养老对 "无家可居" 的老年人提供支撑

对于那些不可能自己照顾自己，而亲人又去世或远走他乡离群索居的老年人，机构养老可以提供最好的支撑，让这部分老年人能够维持最起码的尊严和生活水平。机构养老目前有以下几种常见形式：

1. 养老院。我国有公办的养老院，民办的养老院，公建民营的养老院。民办的养老院既有营利性的，也有非营利性的。属于政府拨款的公办养老院应该是救济型养老院，对于需要长期医疗帮助、想进养老院的失能老人，政府应制定严格的评估标准，只有经济困难家庭的老人才能入住公办养老机构。要允许宗教等民间社会团体开设非营利性的养老院，通过低价有偿服务帮助政府照顾确实有需要的老年人。要通过制度化的优惠和扶持政策鼓励营利性养老院的发展，满足不同层次老年人的照顾需求。

2. 护理院。护理院的收养对象是长期卧床的病患者，患有抑郁等精神疾患的老人。这些老人长时间给家庭和亲属带来无尽的麻烦，甚至对家庭关系造成损害。

案例2-4：王某琴老人，身患多种疾病，大小便经常失禁，平时怕冷、出汗，全身臭烘烘的，她的大儿子因为要护理她影响了工作，三儿子与儿媳因为她吵着要离婚。

护理院具有特殊的照顾作用，它照顾其他任何地方都照顾不了的老年人。当务之急是政府需要确立相应的法律和规范，建立专业化的工作队伍，提高护理质量。目前的护理院都属于民营性质，政府应给予相应的建设补贴和床位补贴，对于属于政府应该救济的对象政府因该承担相应的支出。

3. 敬老院。从表2-4可以发现，农村的敬老院入住率都比较高，反映了农村老年人的需求大。敬老院受制于村庄集体经济的发展，村庄集体经济落后的地区许多本应该进敬老院的五保老年人被排除在外，"农村现有五保供养对象350万人，平均集中供养率仅为22%，'十一五'末期供养对象将达到580万人，五保供养能力严重不足，更难以向其他老龄人口提供服务，特别是中西部地区农村敬老院多建于20世纪70~80年代，年久失修，设施普遍较差，服务水平不高。"[1] 因此，对于不富裕地区的农村敬老院，政府要有足够的资金投入和财政补助，并可以向社会融资，鼓励民间资本的进入。

（二）居家养老可以促进机构照顾的发展

社区内的养老床位供不应求状况显示，机构养老如果建在社区，会有很大的发展空间。把养老机构的地点放在社区，让老年人不需要离开自己熟悉的生活环境，一方面可以吸引真正需要机构照顾的老年人；另一方面还可以分享居家养老服务的便利，丰富机构养老的服务内容。

案例2-3表明，机构养老可以与居家养老相结合，如果加强资源的整合，在社区建设养老机构并不是不可实现的事情，例如：福州市丹桂社区是

---

① 寿璐等：《老年人照料的真正难点》，《中国社会导刊》2007年第2期。

20 世纪 70 年代兴建的居民小区，居民当中老年人最多，小区旁边有白马河公园，环境不错。因为没有养老院，不少行动不便的老年人只好请护工上门护理，但好的护工难找，工资也高。另外，该社区小孩偏少，幼儿园却过多，一墙之隔就有两所街道办的实验幼儿园，幼儿园一个班的小朋友才 9 个人，这两所幼儿园都属于公办性质，可以合并，空出一所用于建养老机构。许多老的社区都有废弃的工厂厂房，过剩的学校场地等资源，如果利用好就可以作为养老机构用地。对于新建立的社区，在规划的时候就应该考虑好养老机构的建设。

参考文献

［1］邬沧萍等：《社会老年学》，中国人民大学出版社，1999。

［2］张健、陈一筠：《家庭与社会保障》，社会科学文献出版社，2000。

［3］姚远：《中国家庭养老研究》，中国人口出版社，2001。

［4］刘芳：《香港养老》，中国社会出版社，2010。

［5］夏建中：《社区工作》，中国人民大学出版社，2009。

［6］闫坤：《中国养老保障制度研究》，中国社会科学出版社，2000。

［7］易松国：《社会福利社会化的理论与实践》，中国社会科学出版社，2006。

［8］郭志刚：《中国高龄老人的居住方式及其影响因素》，《人口研究》2002 年第 1 期。

［9］姚远：《对家庭养老概念的再认识》，《人口研究》2000 年第 5 期。

［10］窦玉沛：《加快建立社会养老服务体系》，《社会保障制度》2011 年第 2 期。

［11］彭华明、黄叶青：《福利多元主义：福利提供从国家到多元部门的转型》，《南开学报》（哲学社会科学版）2006 年第 6 期。

［12］黄源协：《台湾社区照顾的实施与冲击》，《台大社工学刊》2001 年第 5 期。

［13］王伟：《日本家庭养老模式的转变》，《日本学刊》2004 年第 3 期。

［14］Chow，Nelson（1993），The changing responsibilities of the state and family toward elders in Hong Kong，In Journal of Aging & Social Policy. Vol. 5，1/2，111 ~ 126.

第三章　发展老年健身运动

我国当今社会的一大特点是人们平均预期寿命大幅增长，高龄老年群体数量急剧增加。预期寿命不等于健康寿命，老年人身体机能下降是一个不可逆转的客观规律，他们在生理功能上一般都会有视力老花、听力衰退、神经衰弱、失眠、食欲减少、行动不便等现象出现，抵御各种疾病的能力也会有所降低。预期寿命增长一方面反映了我国社会发展水平的提高，另一方面又带来了更多的疾病风险。为此，世界卫生组织特别强调："生命已经增加了岁月，现在我们必须给岁月以生命。"这就需要走健康老龄化之路，关注老年人的身心健康，在提高老年人预期寿命的同时保证生命的质量。

健身运动是把预期寿命转化为健康寿命的关键途径。西方国家有一个流行观念，认为花1元钱健身可以减少8元钱的医疗费支出。法国医生蒂素有一句名言："运动的作用可以替代药物，但任何药物都不能替代运动。"在运动健身与医疗保健两种维持老年人身心健康的方式当中，健身运动是一种更积极、更经济的手段。"从祖国医学的观点看，健康运动之所以能延缓衰老，使人延年益寿，是因为通过健康运动能使人的'肾气'保持充沛，避免出现肾虚、肾亏等现象的产生。同时，通过健身运动能够有效地增强心脏的功能，预防高血压、心绞痛、冠心病等老年人易患疾病的发生。由此可见，科学的健身运动确实是实现健康老龄化的有效手段。"[1]

---

① 刘明辉、刘淑丽：《人口老龄化与中国老年健身体育》，《体育科学研究》2001年第3期。

第一节　老年健身运动的现状

老年健身在我国源远流长，我国传统文化主张运动养生，《吕氏春秋·季春纪·尽数》中记载："流水不腐，户枢不蠹。动也，形气亦然。形不动则精不流，精不流则气郁。"[1] 健身运动作为老年人活动类型之一，兴起于20世纪70年代初，当时的城市公园、空地出现了零散和小规模的中老年晨练活动，后来受到广大老年朋友的喜爱。它已经演进成为我国社会的一种独具特色的文化形态，渗透并影响着老年人的社会生活。

为了了解老年健身活动的具体情况，我们对福建省老年人的健身事业发展进行了抽样调查样本的选定，见表3-1。2012年以福建省为调查范围，通过分层随机抽样，在10个城市社区和8个村庄进行了调查，共发放问卷900份，收回882份。

表3-1　样本的基本情况（n=882）

性别	男性	430人	48.75%
	女性	452人	51.25%
年龄	60~69岁	407人	46.14%
	70~79岁	310人	35.15%
	80岁及以上	165人	18.71%
居住地	农村	285人	32.31%
	中小城市	362人	41.04%
	大城市	235人	26.64%
健身锻炼	经常锻炼	539人	61.10%
	偶尔锻炼	205人	23.24%
	从不锻炼	138人	15.65%

一　老年健身的主要内容

为了了解老年人参与健身的具体内容，我们调查了"近一年来您经常参加

---

[1]　吕不韦:《吕氏春秋》，青海人民出版社，2002，第41页。

的健身活动是哪项?"统计显示,老年健身活动的内容十分广泛,有打球、跑步等运动式健身活动,也有娱乐性质的健身操、健身舞,还有传统的武术和一些民间的健身活动。

图3－1显示,有61%的老年人经常参与健身活动,其中参加健身操、健身舞的最多,有180人,占被调查总数的20.41%,在539位经常坚持健身锻炼的老人中占33.40%,可见带有娱乐性质的健身球操、健身秧歌、柔力球操、健身操舞等受到了老年朋友的广泛欢迎。太极拳等传统武术仍然是老年健身活动的主要形式之一,有118人经常参与太极拳等武术健身活动,占被调查总数的13.38%。有109人经常参与打球运动,占被调查总数的12.36%,主要是门球等运动强度不大的项目。经常跑步的有74人,占被调查总数的8.39%。

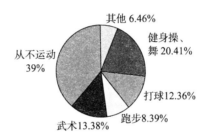

图3－1　老年健身的具体情况

（一）老年健身活动项目差异大

我们对老年人每周平均参加三次及以上的健身活动(或每周平均花费2小时及以上的健身活动)进行统计,发现这些老年人的健身活动存在城乡差异、性别差异和年龄差异三大特点(见表3－2)。

表3－2　日常参加的健身活动百分比（n=882）

单位:%

	城市女性	城市男性	农村男性	农村女性	60～69岁	70～79岁	80岁及以上
打球	3.63	7.37	1.36	0	9.98	2.38	0
武术	3.17	7.71	2.04	0.42	5.33	7.03	1.02
跑步	3.17	5.22	0	0	5.44	2.95	0
健身操、舞	17.12	1.02	0	2.27	11.45	7.71	1.25
其他	1.25	2.83	1.36	1.13	3.74	2.27	0.57
小计	28.34	24.15	4.76	3.82	35.94	22.34	2.84

第一，城乡差异明显。在597位城市老年人中，经常参加健身锻炼的合计有463位，比例高达77.55%；在285位农村老年人中，经常参加健身锻炼的合计有76位，比例仅占26.67%，经常参加健身锻炼的老年人人数的城乡比例是2.91∶1。在调查中发现，农村老年人中没有人参加跑步运动，健身操、舞活动也仅仅在城郊的村庄才有老年女性参与。"其他"经常参加的健身项目主要是登山、游泳、钓鱼等活动，在这些活动中农村老人和城市老人差别不大，很大程度上是因为农村老人在劳动过程中需要此类项目。

第二，性别差异较大。在健身操、舞方面，城市女性与城市男性的比例是16.78∶1，男性参加的比例相对女性来说非常低，深入调查发现，即使有些男性老年人参加，大多也是因为老伴要求陪同的原因。由此可见，女性喜欢参加带有娱乐性质且运动强度较低的活动。农村男性老年人与女性老年人在武术、球类运动、健身操、健身舞方面的差异一样显著，但在其他方面没有明显差别，这反映了农村的生活条件和生活习惯对这些项目的影响或限制。

第三，年龄差异显著。门球、羽毛球、网球、排球等球类项目受到较年轻老年人的欢迎，还有一些较年轻老年人经常参加健身舞、游泳等基础体育健身活动。登山、钓鱼等需要远足的健身活动在一些地方也受到较年轻老年人的青睐。较年长的老年人一般选择运动强度更小的健身方式，比如慢跑、健身操、太极拳等比较轻缓柔性的运动方式。

（二）老年人需要科学的健身指导

健身是一门科学的活动。掌握和运用科学的健身方法有助于正确地锻炼身体。身体机能处于下降阶段的老年人，尤其是患有疾病的老年人，更应该科学地对待健身活动。并非所有的运动对每一个老年人都能达到促进身心健康的效果，不适合的健身运动项目和健身方式轻则损伤身体，重则还会引发疾病。只有选择适合自己身体特点的运动方式，才能达到健身的效果。由于忽视了科学的健身指导，一些运动意外，如运动损伤和心源性猝死等现象时有发生。

表3-3显示，有45.24%的老年人选择健身项目时首先考虑的因素并不是自己的身状况。深入调查发现，其中一些老年人没有根据自己的身体状况选择健身项目的原因有两个：一是缺乏健身的基本知识；二是不清楚自己的身体状况。因此要有相应的服务机构或团体帮助老年人掌握相关的健身知识，指导他们经常检查自己的身体状况。可以为老年人建立健身档案，有针对性地对部分老年人开展体质监测工作，对老年健身活动进行有针对性的指导，争取取得更为显著的锻炼效果。

表3-3　老年人对健身项目的选择情况（n = 882）

单位:%

	第一选择	第二选择	合计
根据身体状况	54.76	34.01	88.77
依照兴趣爱好	15.76	40.82	56.58
跟从朋友选择	11.34	20.07	31.41
因地制宜	18.14	5.90	24.04

科学的指导也包括健身宣传和教育。目前，农村老年人参加健身活动的比例较低，其中一个重要原因就是一些老年人把劳动等同于健身，认为自己经常参加劳动，没有必要专门进行健身活动。他们的闲暇时间主要用于聊天、串门、打牌，生活比较单调，几乎不参与各种健身活动。

二　老年健身的目的与功能

健康是人的基本需要，每个老年人都希望自己有健康快乐的晚年生活。老年人对健康的理解比年轻人更深刻，需求更迫切，对健身的自觉性和积极性相应地也更高。有人认为我国社会的锻炼人群为"两头大，中间小"，说的就是年轻人和老年人锻炼的比例更高。如果说年轻人锻炼更多的是出于兴趣和朋友交往等多重目的和需要，那么老年人锻炼的目的则更为直接。对老年人的问卷调查显示，经常参与健身活动的老年人目的性非常明确，他们主要的目的集中在强身健体、丰富生活和交往朋友三个方面。

表 3-4 显示，老年人健身最主要的目的就是强身健体，他们希望通过健身增强体质、预防治病。健身是维持人体机能处于良好状态的有效手段，是人们消除身心疲劳、保障健康生活最积极的手段，也是改善不良的生活习惯，防止慢性及非传染性疾病发生的有效途径。健身还可以缓解现代生活给老年人带来的紧张情绪，融洽人际关系，克服现代社会所带来的冷酷与孤独感。

表 3-4　老年人健身的主要目的（$n=539$）

单位:%

	第一目的	第二目的	第三目的	合计
强身健体	67.8	15.5	13.0	96.3
丰富生活	18.5	40.2	30.4	99.1
交往朋友	10.1	36.9	42.4	97.4
其他	3.6	7.4	14.2	25.2

通过对健康自评得分（满分为 10 分）与健身锻炼情况进行方差分析，我们发现老年人经常健身的具体效果十分显著。

在 539 位经常坚持健身锻炼的老年人中，438 位感到健身效果良好，占总数的 81.26%，只有 21 位老年人认为健身没有效果，占总数的 3.9%，健康自评的平均得分为 8.85 分（见表 3-5）。"从不参加健身锻炼"的调查对象，健康自评的平均得分相比经常锻炼的调查对象少 2 分，而且内部差异大。如果在"从不参加健身锻炼"的调查对象中，排除那些自评健康得分极高以至于认为不需要锻炼的人，健康自评得分要低得多。

表 3-5　健康自评得分情况因素分析

		$\bar{x} \pm s$	F 值	P 值
健身锻炼	经常锻炼	8.85 ± 1.69	169.45	< 0.05
	偶尔锻炼	7.12 ± 3.83		
	从不锻炼	6.82 ± 5.11		

现代运动科学已经证明，健身活动可以延缓老年人肌肉和骨骼系统的衰老，可以改善心血管系统的功能，降低血压，还可以降低血液黏度和脂质的含量，缓解动脉硬化。可见，健身运动具有不可替代的身体保健功能。

表 3 - 6 显示，在经常参加健身的 539 位老年人中，376 位自我感觉身体健康，占总数的 69.76%；412 位认为自己的生活充实，占总数的 76.44%；385 位认为自己的生活快乐，占总数的 71.43%。不太参加健身的老年人认为自己健康、充实、快乐的比例都更少，尤其在自评为健康方面，两个群体的比例为 2.44∶1。全国老龄工作委员会办公室发布的《2010 年城乡老人调查报告》也显示了相似的结果，关于健康状况、自理能力，调查认为，健康状况自评，城镇很差 4.0%，较差 15.1%，一般 53.0%，较好 23.2%，很好 4.7%；农村很差 6.0%，较差 22.5%，一般 50.5%，较好 17.7%，很好 3.3%。另外，健身活动还有其他社会功能。

表 3 - 6　老年人健身的功能

单位:%，百分点

	经常参与健身(n = 539)		不太参与健身(n = 343)		差异
	是	否	是	否	是
自我感觉身体是否健康	69.76	11.50	28.57	34.40	41.19
自己的生活是否充实	76.44	2.22	62.68	37.32	13.76
自己的生活是否快乐	71.43	4.82	63.27	36.73	8.16

首先，健身活动有益于老年人建立科学文明的生活方式。老年人有充裕的时间，如果没有充实的活动内容确定生活节奏，生活容易消沉。一些老年人在退休后，逐渐脱离社会生活，失去了追求，心里失落，主动或被动地以保守、消极的态度来对待社会事务，社会接触减少，对身边发生的社会变迁状况不了解、不关心。而体育健身等活动为老年人提供了参与社会生活的途径。

案例 3 - 1：李某的丈夫两年前去世，她去年从单位退休后就搬来与儿子共同居住，但儿子夫妇俩都在公司上班，每天都早出晚归，老人一个人在家倍感孤独，整日闷闷不乐，精神憔悴，经常对儿子和媳妇唠叨生活没有意思。今年三月，老人报名参加了老年太极拳学习班，在学习班结识了几位住在同一个小区的老年朋友，一打听，原来这几位老人在家也是过着无聊、寂寞的生活。李某和这几位老人相约在小区定期打太极拳，一起参加登山、逛公园等活动，日子过得充实起来，人也精神多了。

从李某身上，我们看到：健身活动不仅增强了老年人体质，为他们带来健康快乐，而且能够增进家庭和睦、幸福。健身活动已经成为部分老年人主要的生活方式，这种有规律的生活方式有利于重新确立生活节奏，促进老年人热爱生活，珍惜生命的意义。

其次，健身活动增加了社会交往，满足了老年人的情感需求。老龄化社会的到来成为中国 21 世纪突出的社会问题之一。现代社会的生活流动和迁徙，人与人之间关系陌生化，人们在社区缺少有效的交往渠道。健身场所尤其是社区体育健身场所为老年人提供了重要的人际交往空间，老年人聚在一起不仅可以共同进行锻炼，而且能够给他们的生活增加新的内容，使他们获得精神上的寄托，生活质量也相应地提高。调查表明，有 343 位老年人没有经常参加健身活动，占被调查对象总数的 39%。目前影响老年人健身参与原因有很多，如表 3 - 7 所示。

表 3 - 7 显示，影响老年人参与健身活动最主要原因是观念问题，许多老年人把劳动等同于体育健身，或者认为自己身体好，不用参加健身锻炼。因此，有必要加强老年人对健身活动及其功能的认识。现代运动科学表明，人类健身活动形式多样，每一个人都可以从中找到适合自己的健身项目，老年人也不例外。健身活动组织建设滞后是影响老年人参与健身活动的另一个主要原因。

表 3 - 7 没有经常参加健身锻炼的最主要原因 ($n = 343$)

单位:%

	是
自己经常参加劳动,不需要健身	44.02
身边没有组织健身活动	22.16
不知道如何选择健身项目	14.87
自己的身体很好,不需要健身	10.20
缺乏健身场馆和设施	4.66
自己身体不行,动不了	4.08

总之，体育健身对老年人生活具有重要影响，它是一种社会参与形式，也是一项文化活动内容，它不仅关系到老年人身体健康，而且关系到老年人的心理快乐和精神健康。

第二节　老年健身活动的组织建设

老年健身运动是积极应对老龄化的重要举措，健身活动推广与普及的关键是老年人的普遍参与。政府主要通过施行全民健身运动等计划来推动包括老年人在内的全民健身活动，但政府在健身服务的大众化和组织管理的科学性上存在制度性缺陷。因此，需要建立相应的组织和机构动员、指导老年人进行健身运动，帮助老年人增强体质，增进生活自理能力，减轻社会的医疗负担。

一　老年健身活动组织的理论探讨

目前，我国老年健身活动的状况表现为：一方面，健身活动由群众自发形成，缺乏指导；另一方面，各级老年体育协会已经成立，但它依附于政府，缺乏工作的独立性和主动性。各级政府主导了各级体育事业，政府对老年健身事务的过度介入，导致社会组织的功能受到挤压而萎缩。"与世界各国由于社会结构存在着明显的'欠组织化'和'组织强度不足'问题而社区发展程度不同，中国城市社区建设运动的兴起，其结构背景恰恰是过度组织化。历史上，中国曾借助'家国同构'的体质，形成了相对组织化的统一国家。痛感于西方列强欺凌中国的'一盘散沙'，中华人民共和国建立之后，形成一种更为完备的政府全控体制。通过人员的单位所有制和单位的行政归属制，政府几乎将社会生活，特别是城市生活的一切方面都纳入单位——行政体制之下。所剩无几的遗留空间则归之于街道这一地区性行政机构控管之下。"①

---

① 顾俊：《过度组织化：中国城市社区建设的结构背景及其社会学意义》，《社会学》2002 年第 11 期。

在这样一种高度行政化的体制框架内，国家行政权力的触角自然而然地延伸到了社会的各个角落，社会的各项事务都在政府的控制之下，社区组织也就必然地、合乎逻辑地变成了政府的附属物，其主要职责就在于执行政府的行政命令，完成政府交办的任务。各种社区组织不会主动参与社区老年健身事业的建设，导致老年健身活动事实上组织涣散，形式单一，影响了老年健身活动的推广。

我们应该认识到，老年健身活动本质上是老年人的一种生活方式。政府的核心工作是做好服务，为老年健身活动提供场地和设施等活动平台，并出台相应的社会政策促进老年健身活动的发展，而不是对老年人的健身具体活动进行调控与管制，老年健身活动不需要过多的权力运用。

老年健身活动属于公共服务的内容，它的发展还需要其他社会组织和商业机构提供资源支持，这既是科学管理的需要，也是社会公平的需要。兴起于 20 世纪 70 年代的公共治理理论强调，对公共物品和服务要注意管理主体的多元化，管理方式的民主化和协作化。"公共治理理论倡导的是多元、民主及合作的公共行政。它将政府、社会与市场三个部门看成一个合作的互动过程，为老年体育组织体系的构建提供了新的理论视角。"[1]

我们在实际调查中发现，社区居委会和老年体育协会经常组织老年人进行一些健身活动，但参与率低，主要限于骨干分子和积极分子。与自己熟悉的朋友和邻居自发组织进行运动是目前老年健身活动的常见形式。也有一些老年人自己单独进行健身活动。

表 3－8 显示，大多数老年人选择有组织形式的健身活动。在经常锻炼的 539 位老年人中，有 450 位经常参与的是集体形式的健身活动，占总数的 83.49%。老年人热衷有组织的活动形式，原因主要有两个：一是有组织的锻炼是一种交互活动，在健身的同时满足情感交流的需要；二是相比单独健身活动，有组织的健身活动更安全。

---

[1]　丁一飞、于可红：《公共治理理论对构建老年体育组织服务体系的启示》，《浙江体育科学》2011 年第 8 期。

表 3-8　老年人的健身参与形式（$n=539$）

单位:%

	是	否	缺省
您喜欢单独进行健身锻炼吗?	7.71	88.87	3.42
您经常参与集体健身活动吗?	83.49	15.21	1.3
您参加过老年体育协会组织的健身活吗?	30.06	64.56	5.38
退休后,您参加过单位组织的健身活动吗?	40.82	59.18	0
您参加过营利性组织举办的健身活动吗?	19.11	81.89	0

案例 3-2：2012 年 7 月 6 日上午，张湘娟老人来到湘江风光带文津渡附近散步，顺便锻炼锻炼自己的身子骨。她小心翼翼地挪动着步子，来来回回地走动。见走得不错，她开始尝试倒着走，"不料这一倒，就出事了"。一个趔趄，她来不及反应，就侧身摔倒在地上。倒地后，张湘娟怎么也站不起来，便不敢轻举妄动……直到一个多小时后，另一位老人走上前问她怎么了，张湘娟把自己的情况告诉她，她便在附近找了个年轻人过来，把张湘娟抱了起来。[①]

老年健身运动需要有组织的管理协调。老年人参与健身的项目差异大，喜好体育的老年人喜欢参加老年体育协会组织的健身活动；迷恋单位的老年人会回到单位参加健身活动；经济收入较高的老年人会选择游泳、打网球等收费项目的健身活动；更多的老年人则在社区自发组成小组进行健身锻炼。健身活动的多样性和健身组织形式的多元性，给老年健身活动的管理带来了挑战。目前的现状是许多活动领域缺少管理措施，即使有管理措施也存在不规范、不科学、不合理的地方。如果能够根据老年人的年龄、性别、兴趣爱好等特点建立更多的健身小组，通过组织的形式进行宣传和动员，会进一步提高老年人对健身活动的参与率。

老年健身运动也应该有组织地进行科学指导。运动会加速全身的血液循

① 《潇湘晨报》:《希望大家不要对善良灰心》，http://epaper.xxcb.cn/xxCBB/html/2012-07/17/content_2629185.htm。

环，剧烈的运动有可能导致软组织挫伤和器官受损，只有合理的运动方式才有益健康，这就需要有相应的机构组织老年人根据年龄、身体状况和体质来选择适合的锻炼项目。

老年健身活动的组织化程度还有待提高。表3-8表明，在经常参加健身活动的539位老人当中，有88.87%的老年人不喜欢单独进行健身活动，这就需要发展有组织的健身活动，政府相关部门和有关社会团体不能忽视老年健身活动的组织建设。

二 加强老年体育协会的服务功能

在我国，老年体育事业发展的重要载体是中国老年体育协会。按照协会章程，它是老年人开展健身活动的非营利性社会组织，隶属于中华全国体育总会。中国老体协作为责任单位的任务是：提高老年人参加体育锻炼人数比例；重视发展老年人体育；建立健全老年体育协会、体育健身俱乐部、体育健身团队；广泛开展经常性的老年人体育健身活动，办好老年人体育健身大会；不断创新适合老年人特点的体育健身项目和方法。各个省（区、市）都建立了省一级老年体育协会，市、县（区）已普遍建立了老年体育协会，"近70%的城市社区、半数农村乡镇也有了老年体育协会组织。一些地方的老年体育协会组织还发展到城市社区、居委会和农村的行政村"。① 老年体育协会在全国的组织网络基本形成，它对老年人的健身活动起到了极大的推动作用。

首先，老年体育协会促进了老年健身活动的推广。我们在调查中发现，一些老年人没有参加健身活动的原因在于缺乏相应的社会组织的动员。老年体育协会可以深入到城市社区和村庄，通过宣传发动，组织广大老年人投入到各种健身活动当中。"宜宾市老体组织实现纵向到底横向到边，市和所辖10个区县、176个乡镇、10个街道办事处及296个社区、2843个行政村全部建立了老体协组织。他们还通过狠抓活动，完善组织，在市城区内20个

---

① 《中国老年体育协会简介》，http://www.sport.org.cn/index.html，2012年6月23日。

广场组建了 29 支晨练和晚练健身队，每天有 8000 多人参加，带操领舞骨干 500 多人。"①

其次，老年体育协会对老年健身活动提供了指导。老年体育协会已经在全国基本建立起一支数量多、素质好的健身指导队伍，通过培训和管理，促进了老年健身活动的发展和普及。福建省 2009 年各级老年体育协会为了科学指导健身活动，共举办大型健身展示会 1570 场，举行 968 期县以上健身骨干培训班，近 3 万人次受训，这些骨干人员回到社区带动了更多的老年人参与健身活动。在需要外力推动的农村地区，老年体育协会的作用更加明显。"晋中市平遥、太谷两县 4 个乡镇 7 个点的乡镇村 2100 多人进行了柔力球展示推广活动，有来自 16 个行政村和 3 个城乡结合站参加。晋中老体协成立了柔力球推广组，举办了教练员培训班，优惠发放柔力球拍。各县老体协派教练到农村巡回培训指导。全市建乡镇柔力球队 232 个，社区柔力球队 225 个，有逾万中老年人参加。"②

再次，老年体育协会有利于集体项目活动的开展。老年体育协会经常组织集体性的老年健身活动，举办各种老年人体育健身竞赛。"上杭县老年体育协会把经常持久开展老年科学健身活动作为工作重点。年有活动计划，季有活动安排，月有活动日程，天天有活动。项目安排动静结合、文体结合，既有气排球、地掷球、门球等传统项目，又有乒乓球、台球、象棋、桥牌、麻将等体育运动项目。每逢元旦、春节、五一劳动节、七一建党节、中秋节、国庆节、老年节都会开展七个项目以上的竞赛。"③ 老年体育协会通过各种健身活动展示了老年人的活力和生命力。老年体育协会还不断创新适合老年人特点的体育健身项目和方法。如福州的康乐拳操、厦门的旗操、泉州的白鹤拳操在老年体育协会举办的健身活动中获得了推广。

---

① 《中国老年体育协会简报》2012 年第 8 期，http：//chinalntx. sport. org. cn/index. html，2012 年 5 月 29 日。

② 《中国老年体育协会简报》2012 年第 7 期，http：//chinalntx. sport. org. cn/index. html，2012 年 5 月 28 日。

③ 黄灿来：《老年体育在构建全民健身服务体系的研究——以福建省上杭县老年体育协会近几年的工作情况为例》，http：//www. cncaprc. gov. cn/info/15591. html，2011 年 10 月 8 日。

老年体育协会在促进老年人参与健身活动上具有不可替代的作用，但它并不是真正独立的群众性社会团体。老年体育协会在各级政府的主导下成立，财政上主要依赖政府划拨，工作人员在很多地方由政府工作人员兼任。老年体育协会对政府存在严重的依赖性，在各级政府和体育、民政部门的领导、监督下，与老龄工作委员会等有关部门和组织共同开展为老年人服务的工作。老年体育协会在实际运作过程中时常出现不是根据老年人的意愿，而是根据政府的意见办事，无法真正体现老年人的实际要求。老年体育协会的当务之急就是理顺与政府的关系，制定新的协会章程，从组织上和人员上保证自身的独立性质，主动为老年健身活动提供服务。

三 发展营利性商业健身组织

20 世纪 90 年代相继出现的健身俱乐部、健身会馆等营利性组织，是老年健身活动的又一补充。随着人民生活水平的普遍提高，许多老年人赞成"花钱买健康"，一些老年人开始到健身俱乐部参加游泳、瑜伽等运动。未来几十年，老年人对于健身运动的需求必然高速增长，因而，我们在推广社区体育、加强老年体育协会的功能之外，还要鼓励、支持营利性组织和个人兴办老年健身服务机构和健身设施，促进营利性组织开拓老年人健身市场。

首先，营利性组织可以提供新的建设资源。营利性组织通过市场配置资源，为老年人提供更多的健身设施，在一定程度上弥补了政府因投入不足不能满足老年人健身需求的缺口。一些投资大，维护成本高的健身项目需要营利性机构来经营。如老年网球、高尔夫球等花费成本较高的健身形式一般都由公司经营。

其次，营利性组织可以提供更多样的服务。营利性组织参与健身事业时，市场的激烈竞争会促进其优化生产要素配置，提高老年健身活动的服务的质量。另外，营利性组织可以利用自己在全国乃至全球建立的经营网络，提供其他社会团体和组织无法进行的健身活动。例如，健身旅游是以健身为目的一种旅游形式，近几年在我国开始流行。由于旅游目的地十分广泛，只有凭借旅游公司的经营网络，才可以做好健身旅游活动。

最后，营利性组织有利于老年健身运动的产业化发展。营利性组织参与健身事业时，市场的激烈竞争会促进其丰富健身运动的理念，创新健身产品的形式，提供更多的运动项目，为老年健身运动注入新的活力。目前，我国老年健身活动无论是在内容上还是在形式上，都处于发展的初级阶段，健身项目有限，还有很大的发长空间。因此，营利性组织的参与有利于老年健身运动市场的发展，进一步推动老年体育产业化发展。"我国的老年体育产业在计划经济时代，由于国家经济基础薄弱，政府对老年体育产业重视程度不够，作为单一的投资主体形成了政府办福利的格局，阻碍了老年体育产业的发展。在改革开放与市场经济条件下，老年体育产业如再固守政府作为单一投资主体的模式，不走多元化投资的新路，就只能使老年体育产业的路子越走越窄。目前我国经济正处于快速发展时期，国家应更加重视老年事业，加大对老年体育产业的投入。在人口老龄化即将到来之际，要求老年体育产业满足老年人日益增长的体育需求，这仅靠政府行为是不够的，应采取政府、企业、社会相结合的原则，采取开放型政策，走多元化产业开发的道路。"[1]

老年健身行业有自己独特的特性。它既要考虑经济效益，也要考虑社会效益，而且要适当优先考虑社会效益。它的投资周期长，收益相对慢。它的行业利润不高，风险却很大，可以探索政府、企业和社会团体的合作经营模式，为老年健身事业的发展注入内在活力。当务之急是政府有关部门要出台优待、补贴等相关政策，鼓励营利性企业和个体工商户进入老年健身领域从事经营活动。

四 鼓励自组织形式的老年健身活动

研究发现，老年健身小组大多来自老年人的自发组织，最初由两三个老年人发起，这些发起人有一定的文体素质，对于文体活动有着强烈的兴趣爱好，他们也有一定的组织能力，并热心老年人活动。如果发起人周围的亲朋

---

① 张扬文：《我国老年体育产业的发展前景及对策》，《体育科学研究》2009年第4期。

好友和相熟的邻居能够积极参与，那么就会组成健身小组的基本成员。如果健身小组能够及时得到支持和帮助，那么就会快速扩展，形成具有一定规模的健身队伍。

既然自发组织是老年健身活动的主要形式，那么提高老年人参与健身活动就需要进一步加强自组织建设。改革开放之前，人们活动的范围比较狭小，居住在同一个社区的居民之间容易形成密切的社会关系，自组织容易建立。改革开放以来，人们对经济利益越来越看重，工具理性越来越多地渗入到人们之间的关系中来。在城市，城市重建和社会流动破坏着原来的共同体关系，原来相熟识的邻里关系被陌生的关系所代替，影响了自组织的建立。在农村，随着人民公社的解体，集体劳动时代结束，村民社会分化逐步加大。村庄从过去的熟人社会逐渐转变为半熟人社会，村庄自组织空间逐渐萎缩。老年人有大量的闲暇时间，要求有更多交流的机会，愿意与他人交往，他们希望公共空间能更大一些、多一些。

自组织的发展需要公共空间的孕育。"公共空间是社会内部业已存在着的一些具有某种公共性且以特定空间相对固定下来的社会关联形式和人际交往结构方式。"[1] 公共空间本身就是一种自我管理方式，它对公共权力的授权和使用都具有独立的约束力量。应该对公共空间给予很好的挖掘和培育，促使它向有利于老年健身活动的方面发展。

首先，要加强开放式公共场地的建设。公共场地是公共空间的基本要素，也是进行健身活动的必要前提。老年健身活动需要借助于人民公园、城市广场、小区花园等特定的场域和空间来展开。这些公共场所原则上应该向所有公民开放，这样有利于老年人与其他群体共处和交往。

其次，要促进团体健身活动的开展。公众间的互动与交往是公共空间的重要成分，人人几乎都有一种观察他人行为，同他人交流信息，共同活动。老年人不会因为年龄较大而缺乏社会活动的能量，团体健身活动将有利于老年人的相互交往，促进公共空间的进一步发展。

---

① 曹海林：《村落公共空间与村庄秩序基础的生成》，《人文杂志》2004 年第 6 期。

第三节　健身场所的建设与管理

　　老年健身活动需要相应的硬件建设，包括场地、场馆和各种健身设施。老年体育健身事业的发展很大程度上得益于各级政府的支持和投入，国家提出的全民健身计划促进了社区体育设施的建设。各级政府同时建设了许多公益体育场所，提供了相应的健身设施。这些场所和设施虽然为当前老年人进行健身活动提供了良好的条件，但随着老龄人口的增长，城市老年健身场所的稀缺问题越来越凸显，健身场所不足将成为老年健身活动推广的主要障碍。

一　老年健身场所的发展

　　迄今为止，我国城市老年健身场所的发展，一共经历了三个阶段。第一阶段，健身爱好者自发地以个体或群体形式在城市公园进行健身锻炼，部分退休的教师、国企职工可以在单位中的体育场所进行锻炼。第二阶段，随着社区建设的推进，小区花园、广场等社区公共场所的增加，公共活动空间开始形成，社区提供了多项健身活动的公共场所，社区居民能够在这些公共场所中进行体育活动。社区居民自愿与他们朝夕相伴的邻居共同进行健身活动，无须再搭乘公共汽车去公园或原单位参加体育活动，方便了老年人进行健身锻炼。第三阶段，老年人以体育协会、老年人协会等方式进行一定规模的健身活动。室内健身场所、社区公共场所和城市公园为城市老年人提供了健身活动的场所，但还不能满足城市老年人健身活动的需要。

　　案例 3 - 3（福州某社区居委会主任陈姐）：我们小区老年人多，其中爱运动的人比较多，但缺少锻炼的场所和设备，原来小区内的几个健身设备早坏了都没人修。我们也想在小区内再建一所老年活动中心，但我们小区处于台江市中心繁华地段，除住宅面积之外，开发商都拿去开发商业店铺，根本没有多余的面积留给我们，再加上居委会的经费也很有限，很多时候我们工作也很困难，很无奈。

我国的社区建设是由政府推动的，依靠政府对社区事务介入，社区自身发展与建设的能力与主动性不足。如果政府在工作中忽视了社区公共场所的建设，加上城市商业开发的挤压，社区公共场所的健身和发展必定受到影响。

农村老年人的健身发展过程中的重要问题不是缺乏场地，而是存在场馆建设和设施配备方面的问题。经济发达的农村，往往能够自筹资金建设健身场馆。发展中的农村可以通过多种渠道筹集资金。例如，江西星子县有448个村组自筹资金兴建老年活动场所，投资超千万元。资金来源主要有三个方面：一是按人口、户头集资，每人平均三百、五百元不等，每户平均五百、一千元不等，占总投资 60%～70%；二是村组集体公积金，占总投资的 10%～15%；三是企业老板、社会名流赞助，占总投资 15%～20%。

二 老年健身场所的综合利用

健身场所供应受到社区地理空间的限制，它的发展总有一定的限度。另外，也不能要求老年人离开自己熟悉的人文社区环境，辗转到更远的地方去进行健身锻炼，有效的办法是对社区现有资源的开发利用。受到体制因素影响，社区各种健身资源还处于条块分割状态，综合开发利用程度较低，许多资源尚未被充分利用。因此，有必要高度重视健身资源约束力对老年健身的影响，对现有的健身场所进行合理调控。下面我们以福建省福清市金墩社区为个案，分析社区健身场所的综合利用的必要性和可行性。

金墩社区毗邻福清市的中央商业区（CBD），是以福清市政府为起点辐射出去的扇形区域，地处市中心。金墩社区及其周边公共基础设施的建设完善，有多处体育场所及设施，分属不同时期、不同类型的体育场所，包括有社区系统、事业系统和商业系统的体育场所与设施。

福清市金墩社区的八处体育活动场所，包括体育文化公园、街心公园、老人活动中心、福清二中、城关小学、小北游泳池、福清市体育场、福清体校。按其管理单位来分，有三种类型：社区系统、教育系统与企事业系统中的体育场所。

（一）社区系统中的健身场所

体育文化公园。场地设施包括两个小型广场，一个儿童游泳池，三条由40件左右健身设备组成的健身路径（草坪），三个门球场，两个羽毛球场，一个灯光篮球场，若干棋牌室，两个健身室和一个体能监测室等；周边环境有较多公共设施，如市体育场、体校、少年宫、老年大学、市图书馆等。设施使用频率很高，主要使用时间是早上 5：00 ～ 7：00 和傍晚 17：00 ～ 19：00，公园内（约有锻炼人员 100 ～ 240 人），其中以傍晚和周末的人数居多；年龄分布以老年人、青年人为主，性别比例上男女比例较为协调；在个别访谈中，使用者的满意度都比较高，普遍认为公园气氛比较有吸引力；管理维护依托于社区管理，管理效果评价中等。

街心公园。场地设施仅有一套健身路径和少许儿童游艺设施。清早 6：00 ~ 8：00 之间，平均有 30 ~ 70 名老年人在进行体育锻炼，锻炼内容为太极拳、扇子舞、腰鼓等老年运动。经常举行文艺汇演、唱戏评书等活动，平时人流量大，多数人在进行休憩或闲聊。老年人对其评价：很适合老年人进行活动，既可以适量地进行体育锻炼，又能随时与他人进行交流。

老人活动中心。老年人活动中心的体育场所和设施实际上主要是依托于体育文化公园和老年大学，活动中心本身只提供了两个棋牌室以及老年健身器材，中心所在场所毗邻体育文化公园，因此老年人常常在活动中心借用合适的健身器材然后去体育公园开展体育锻炼。在各个时段均有老年人进行体育活动，清早 7：00 以及傍晚 5：00 左右，在活动室锻炼以及借用器材的老年人最多，有时超过百人，若有老年文艺队训练，人数还会更多。

（二）事业系统中的健身场所

福清二中的场所。二中位于金墩社区西侧，校园内拥有篮球场、羽毛球场、田径场等比较齐全的体育设施和场所，在清早和傍晚对外开放，校内设施均可供社区居民使用。参与体育锻炼的多数为校内的教师和学生，进入其中的社区居民则主要是青年人和中年人，参与人数多。活动类型主要为篮球、羽毛球、跑步等，运动气氛很好。

城关小学的场所。小学建有儿童活动设施、篮球场、乒乓球台等体育设施，在清早和傍晚开放，参与对象仅限青少年儿童及陪同的家长，参与人数比较少，主要活动类型为乒乓球和跑步；参与圈小，只有附近带小孩的居民家庭参与，运动气氛评价较低。

福清市体育场。福清体育训练学校与它直接挂靠，其中 400 米的跑道田径场只有傍晚开放，其他时间为专门的体育训练、竞技时间或大型活动开展，竞技气氛浓厚。两座体育馆内的设施有游泳池、篮球场、羽毛球场、乒乓球台等，设施条件规范、高标准，是按时收费场所和竞技场地，平时较少对社区居民开放。体育锻炼的软件环境较好，经常有体训教练参与运动，并提供义务指导。体育场另外还有室外篮球场 3 个，羽毛球（排球）场 3 个，平时在早上 6：00 到晚上 6：00 之间全部对外开放，可供社区中的球类爱好者使用。

（三）商业系统中的健身场所

小北游泳池。游泳池位于社区北侧，主要设施为一个中型游泳池，为收费场所，门票每人 5 元（儿童 3 元），游泳池提供泳圈、泳衣等游泳用品，管理完善，维护到位，有专职游泳教练和救生人员进行指导和防护。在夏季的高峰期，游泳人数会超过两百人，在冬季也有少数冬泳爱好者进入锻炼身体。使用者评价中等，管理中等，运动气氛较好。

表 3-9　三种类型的社区体育活动场所的利用情况

	社区系统	事业系统	企业系统
占地(建筑)面积	中(小)	大(大)	小(中)
场地投资	小	大	中
场地基础	综合广场、草坪	正规运动场	正规运动场
设施类型	复合功能型	单一功能型	单一功能型
设施评价	一般	较好	很好
资金来源	政府、社区	教育机构	经营者、集体
开放时间	始终开放	定时开放	定时开放
开放对象	任何人群	一定量的人群	内部成员或会员
收费标准	免费	少量收费	收费

	社区系统	事业系统	企业系统
参与人数	大量	大量	少量
运动烈度	轻缓型、娱乐型	训练型、竞技型	娱乐型、训练型
运动强度	轻量	中量	中量
气氛评价	很好	很好	一般

从表3-9中可以看出，社区系统中的体育场所开放性的特征突出，其在时间、空间、对象上的完全开放是其他类型无可比拟的，而且场地和设施多为复合功能型，适合全部年龄段的人员锻炼以及举办各种大型公众活动。同时由于参与人数多，因此也营造了良好的运动气氛，参与其中的社区居民有比较多的相互交流机会，社会功能更为显著。但设施的规范性程度不高，且维护资金难以独立。

事业系统中的体育场所则以其场地规模为优势，在各类学校里的体育场所在占地、建筑、投资上均超过其他类型，体育设施最为规范，并且多数设施都可以供锻炼者免费使用。但出于校园管理的考虑，多数场地为定时开放。

商业系统中的体育场所的资金最为稳定，场所设施维护得也相当好，且在经营性场所中配备有专业的体训教练，能够指导锻炼者进行正确的健身运动。但准入制度相对严格，一般只对内部成员或付费会员开放。

真正属于社区系统的健身场所相对较少，原因在于投入到社区的经费和用于健身设施建设的费用极为有限。现有的较为规范的体育设施并未完全对社会开放，如市体育场场馆建设相对较完善，但主要场馆都是用于开展大型比赛及日常训练，有的场馆则是实行了完全经营化管理，难以做到无偿地向居民开放，使得社区中的体育设施有效利用率更为低下。老年健身活动场所仍然以公园、公共场所的空地和广场为主。同时，由于该社区毗邻福清市的中央商业区，随着市区建筑面积的不断扩大，城市规划中并没有给体育场馆建设留有足够的空地，有一些原有的可供社区居民开展体育活动的空地、绿地正面临被蚕食的危险。资金、管理和可利用面积的紧缺制约了社区健身场所的建设和发展，老年健身人口的发展与健身资源紧缺的矛盾日益突出。

三　发展社区老年健身场所

社区是老年人的基本生活空间，老年健身场所的发展要立足社区，搞好社区健身场所建设，有针对性地为老年人提供适宜的健身场所和运动设施，促进社区老年健身活动的扩展。我国的社会转型已经大大削弱了"单位办福利"的局面，老年人的健身活动很难依靠单位化的福利体制。在居住环境和生活服务方面，社区的作用和地位不可替代。社区的公共体育设施对老年人参加体育活动提供了便利。社区老年人协会等机构开设体育课程，社区老年人活动中心设置适合老年人体育活动的设施，社区服务兼顾老年人体育健身服务。因此，建设和完善社区健身场所是现阶段促进我国老年健身事业发展的最佳途径。图 3 - 2 显示的是我国老年健身场所的发展目标。

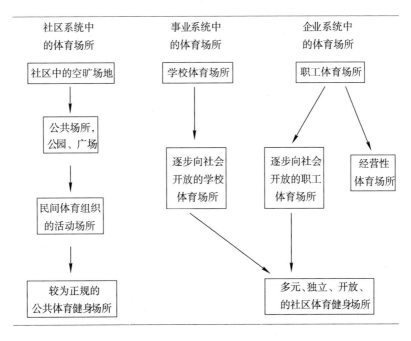

图 3 - 2　老年健身场所的发展目标

117

老年健身场所应该建在老年人的生活环境当中，必须依托社区来发展，社区也要为老年人提供多元独立、开放的健身锻炼场所。解决城市老年健身场所紧缺问题的办法就是，对各种系统的健身场所和设施进行综合利用。把事业系统、企业系统中这些场所逐步地向公众、市民开放，使其在老年健身活动中发挥更强大的功能。例如，学校的健身场地可以在清晨提供给老年人进行健身活动，职工体育场所向社区开放。老年人和各个年龄段的人共同健身、休闲与交往活动，在实现健身效果的同时也获得心理上的满足，提高老年人的生活质量和身体素质。

第四节　发展社区老年体育健身活动

社区体育这一概念的定义尚未统一，如有的学者认为，"社区体育是社区成员以社区感情为契机，以自发性为原则，以一定的地域空间为依托，利用人工（设施）或自然环境，在行政的支援下，以推进《全民健身计划》实施为目的，有计划进行的组织化的体育活动。"[1] 但大多数定义都是从群域的角度来界定社区体育的概念[2]，强调了社区体育中的两个重要因素：（1）人群的因素，即参与者是社区成员，包括居民个体或民间组织，当然也可能包括一部分邻近社区的成员，并且活动动机是自发的；（2）地域的因素，即活动空间是在该社区的地域范围内，是利用社区中的人工设施或自然环境进行的体育活动。我们认为，社区体育是指在人们生活的社区地域内，以自然环境和体育设施为物质基础，以全体社区成员为主体，以满足社区成员的体育需求为目的，就近开展的区域性社会体育。

社区体育是社区居民共同活动的主要形式之一，人们在其中进行广泛的交流，有利于防止和解决现代社区中的邻里矛盾，使参与者通过体育锻炼来结交朋友，通过运动协作来促进居民关系的良性发展，很好地解决了现代生

---

① 吕树庭：《体育社会学教程》，高等教育出版社，2003，第13~16页。
② 王美、崔冬冬：《社区体育概念的研究综述》，《体育文化导刊》2004年第7期。

活方式带来的交往障碍。在运动过程中，参与者之间建立起了初步的信任关系，这对于个体来说，不仅是丰富的关系资源和社会资本，同时也为社区中的全部居民建立起了相互联系的纽带，从而促进现代社区融合的重新构建。

社区体育最大的优势是给老年人参与健身活动提供了便利。社区体育是以就近参与的方式进行的体育健身活动，它具有内容丰富、自由度大、随意性强、趣味性高、参与面广等基本特点。在社区体育活动中，人们不受限于竞技体育活动的严格规定，积极追求内在的体验，使个人在身体上和精神上都得到休息、放松和享受。老年人参与社区体育活动，可以强身健体、放松精神，对提高老年人身体素质具有积极作用。与此同时，社区体育构建起了个人或家庭的社会关系网络，使老年人更好地融入社区生活之中，其文化价值和社会功能正被越来越多的老年人所认识和接受。因此，发展社区体育是最适合老年人实际需要的健身之路。

我国社区体育发展的时间较短，1995年6月国务院正式颁布了《全民健身计划纲要》，提出全民体育健身运动，开始了社区体育建设活动。从2000年起，国家把发行体育彩票所获得的收入公益金的60%用于社会体育活动和居民社区的"全民健身工程"建设，社区体育因此得到了较大的发展。在有些地区，老年人积极参与社区体育已经成为一种普遍的社会现象。但从总体来看，我国社区老年体育健身的基础薄弱，相比西方发达国家还有很大的差距，同时也存在较大的发展空间和需求。

第一，社区要支持老年健身小组的发展。老年健身小组一般都是在社区自发形成，刚开始的时候由几位互相熟悉的老年人相约一起活动，后来范围逐渐扩大。老年健身小组参与方式灵活，一般没有组织形式，没有规章制度，甚至没有固定的健身活动场所。成员之间关系平等，相互熟悉，健身活动过程也是情感交流的过程。

案例3-4：福州安平社区有老人们自发组织形成了一个"小旅游团"，他们一起登山，一起到周边地区旅游。还有老人们自发形成了一个舞蹈健身队，由安平社区喜好运动的老年女性自发组成。由于社区空间的限制，缺少锻炼的场所和设备，她们就自己组织每天晚上在小区前不大的一片空地上，伴着音乐，跳起健身舞，参加的人数由最开始的几个扩展到后来的二十几个，并且都是积极自愿地加入。随着该群体的不断扩大，她们正计划组成安平社区内第一支舞蹈健身队。不足的是，社区内老人活动中心变成"搓麻将"的地方，不少老人对此感到非常不满。

这种自发健身小组的成立，丰富了老年健身活动的内容。不过，健身小组基本在熟人之间进行，人数一般较少，究其原因在于社区公共空间的弱化，城市居民的私人领域意识不断强化，家庭生活、个人生活与社区公共事务相对分离。实际上，人们并不是不想交往和沟通，关键是缺少有效的沟通渠道，社区就应该提供这样的可能和机会。这就需要社区进行以公共领域为特征的社区建设，重建社区的公共空间，促进包括老年人在内的社区居民的交往与沟通，在增进了解的基础上建立联系，促进社区健身小组的发展。另外，老年健身小组因为不具备组织形式，遇到场地被侵占等情况时，很难依靠自己的力量维护自身权益。同时，健身小组也存在一定的安全隐患，比如老年人登山时，如果遇到身体不适或突发危险就缺乏相应的救护措施。

第二，社区要为老年健身活动提供合适的场地和设施。发展社区体育事业，首先需要有相应的运动场所和运动设施。社区建设的一个重要内容就是社区公共场所建设，社区体育场所对社区成员实行完全免费或部分免费开放。社区公园、休闲广场和老年人活动中心在老年健身运动中发挥了至关重要的作用，社区代表居民的利益，要保障这些场地不被随意改作其他用途，同时要组织人力承担相应健身器材的维护修理工作。我们在福建的调查中发现，城市社区基本上都设有老年人活动中心，大多数社区也都有老年健身活动场地。但由于这些场地建设和设施供给的来源是政府相关的体育单位或体育基金，社区工作人员认为自己没有管理这些场地和设施的职责和义务。因此，有些社区会组织社区志愿者进行管理，设施损坏能够得到及时修理；有些社区则没有管理，场地和器材受损相对比较严重。

第三，社区要提供老年健身教育和推广的平台。社区可以通过排查，挖掘和利用社区资源，牵头组织社区内的健身专家和志愿者，对老年健身活动进行培训和指导，建立社区老年健身队伍，推动基础健身活动的推广与普及。社区是老年人与家庭交流最为集中的地点，可以利用节假日组织家庭趣味健身活动，增进家庭成员对老年人参加健身活动的支持。社区还可以通过对家庭其他成员做工作，引导老年人参加健身运动，提高老年参与健身活动的积极性。

第四，社区要为老年居民和政府之间的沟通架起桥梁。一方面，社区居民委员会是社区居民的自治组织，代表社区居民的利益；另一方面，社区居民委员会与地方政府关系密切，基层政府有关的职能部门经常将有关工作布置到社区。"全国各省（区、市）已普遍成立了由政府分管领导任负责人或政府主要领导挂帅，政府有关部门和群众团体负责人参加的全民健身工作领导协调机构，各地也普遍建立起社会体育管理中心、全民健身指导中心等具有事业单位性质的工作机构，负责推动社会体育组织发展，并在乡镇综合文化站建设中强化体育工作职能。"① 从中可以看出，社区可以直接凭借政府的资源发展老年人体育健身活动。

参考文献

［1］陈丽英：《社区加强老年体育社团建设的可行性分析》，《铜陵职业技术学院学报》2009 年第 2 期。

［2］丁一飞、于可红：《公共治理理论对构建老年体育组织服务体系的启示》，《浙江体育科学》2011 年第 1 期。

［3］刘彩玲：《我国老年体育产业化的发展前景及对策研究》，《体育世界·学术》2010 年第 8 期。

［4］陆宗芳、罗玲红：《公共治理视角下的中国体育事业发展模式》，《北京体育大学学报》2009 年第 10 期。

［5］汪文奇：《我国老年人的体育需求及其社会支持系统的研究》，《北京体育大学

---

① 国家体育总局：《全民健身计划纲要》，《人民日报》2012 年 1 月 18 日。

学报》2007 年第 11 期。

[6] 肖春、邓陈亮：《四川省老年体育开展现状与发展对策研究》，《四川体育科学》2011 年第 4 期。

[7] 肖剑、黄前卫：《治理理论视角下的全民健身体系》，《体育科学研究》2008 年第 4 期。

[8] 张红、严建雯、李萍：《社区老年体育活动积极性调查与激励策略》，《中国老年学杂志》2011 年第 31 卷。

[9] 张凯、姚远：《中国城乡老年人社会活动和精神心理状况研究》，中国社会出版社，2009。

[10] 张启明、李建国：《老年体育特点、趋势及其社会化管理原则》，《体育科研》2004 年第 1 期。

[11] 张伟、康帆：《甘肃城市社区老年体育发展的制约因素分析和相关对策研究》，《甘肃联合大学学报》（自然科学版）2010 年第 2 期。

[12] 郑志丹：《健康老龄化视野下我国老年体育发展对策研究》，《山东体育学院学报》2011 年第 12 期。

第四章　老年社会参与

第一节　积极老龄化背景下的老年社会参与

人口老龄化是指总人口中因年轻人口数量减少、年长人口数量增加而导致的老年人口比例相应增长的动态。国际上通常把60岁以上的人口占总人口比例达到10%，或65岁以上人口占总人口的比重达到7%作为国家或地区进入老龄化社会的标准。包括两个含义：一是指老年人口相对增多，在总人口中所占比例不断上升的过程；二是指社会人口结构呈现老年状态，进入老龄化社会。

人口老龄化在当前是一个无法逆转的趋势，甚至在未来相当长一段时间内都是不可逆转的趋势，面对这样一个不可逆转的趋势，国内外学者都对其进行了深入的研究。在众多的老年问题研究中，学者们将更多的注意力集中在老年社会保障、老年人权益、老年医疗服务等方面，努力做到"老有所养、老有所医"，克服老龄化带给人类社会的消极影响。但随着人口老龄化带来的社会压力、经济压力、劳动力短缺的压力不断加大，更多学者开始研究老龄人口中隐藏的资源以及如何利用这些资源。很多研究成果已经表明，人口老龄化带给人类社会的不全都是消极的一面，老龄人口中也同样蕴藏着宝贵的资源，对社会有着积极的一面。随着研究的深入，专家学者、国际组织开始不断呼吁，并致力于开发利用老年资源。1999年是国际老人年，在这一年的世界卫生日，世界卫生组织提出了"积极老龄化"的口号。"积极老龄化"是指在老年时为了提高生活质量，使健康和相关保障尽可能获得

123

最佳机会的过程。它强调在为老年人提供健康和保护、尊严和照料受保障的同时，积极支持老年人充分参与社会的文化和精神生活。"积极老龄化"可以提高老年人的健康水平，使老年人继续参与社会发展，推迟由生产人口转变为受赡养的消费人口，有利于构建和谐社会。"积极老龄化"这一观念不仅符合生命自然发展规律，也是当前社会发展的必然要求，已获得业界和学界的普遍认同。

据动物学家研究发现，动物的自然寿命一般是其发育成长的 7 倍。按照这个倍数推算，人类成长期一般需要 20～25 年，那么正常人的自然年龄应该是 140～175 岁。也有一些动物学家发现，哺乳动物的最高寿命相当于它们性成熟期的 8～10 倍。按照这个倍数推算，人类性成熟期为 14～15 岁，那么，他们的最高自然寿命至少也应该是 110～150 岁。因此，科学家认为，生理上的老年应该从 100 岁以上开始。

工业革命以来，科学技术和经济的发展、生活水平的提高、医疗卫生条件的改善，延长了人类的寿命，使得人的身体等自然素质逐渐增强、活动期延长。世界上一切生物从生长、衰老到死亡，是一个不可抗拒的自然规律，人也毫不例外。但是，人的寿命的长短，衰老的早晚，则受外界的影响更多更深刻，对其的主观能动作用也更强。随着科学技术的发展，医疗卫生事业的进步，经济条件的改善和战争、瘟疫、疾病的控制，人的现实寿命越来越接近自身的自然寿命。考古学家根据发掘出来的化石和骨骼鉴定：中国猿人 14 岁以下的占近 70%，说明远古时代的猿人多未成年即夭亡；到青铜器时代，人的平均寿命为 18 岁；中世纪为 33 岁。而当今世界不少国家的平均寿命在 72 岁左右，发达国家人口的平均寿命达到了 78 岁，世界平均寿命最长的国家安道尔的平均寿命已经达到了 83.49 岁，我国澳门地区平均年龄也达到了 81.87 岁，日本达到了 80.93 岁，北欧国家普遍达到了 79 岁。我国 1949 年为 32 岁，1957 年为 57 岁，1978 年为 68 岁，2010 年第六次全国人口普查显示，我国平均寿命也达到了 72.22 岁。过去是"人生七十古来稀，现在是太平盛世寿星多，六十小弟弟，七十多来兮，八十亦老骥，九十不稀奇，百岁平寿颐"。据中国老龄学会发布的数据显示，截至 2011 年 7 月

1 日，除港澳台地区外，中国大陆 100 岁以上的人口比上年净增加了 5228 人，已达 48921 人。世界卫生组织提出了"让老人焕发青春"的口号，要求人们不要消极地把老年人看作是家庭和社会的负担，而要让他们继续发热发光。我们国家领导人也提出：要给老年人有用武之地，并强调要"从每个老同志的具体情况出发，根据他们的精力、专长和志趣，采取各种形式，因人制宜地发挥他们的作用"。

根据现代医学界研究证实，体力劳动与脑力劳动能力的发展、衰退是不同的，前者在 40 岁以后便开始逐渐减退，而脑力劳动能力 50 岁才达到顶峰，即使到了 80 岁，体力劳动能力几乎完全丧失，但是 80 岁健康老人的脑力劳动的程度并不一定次于 20 岁的青年。应该承认，老年人由于大脑中的细胞减少而引起记忆力的减退，但是，智力不仅只是记忆力，它还包括思维判断力、观察力、想象力和分析能力等，而这些功能则减退较慢。另外，随着科学技术水平的提高、文化教育的发展、学习训练技术条件的改善，信息的增长，使得人的智力主观能力有了比前人极大的增长，因而为"老年社会参与"提供了客观条件和主观基础。据研究人体衰老的专家认为，衰老虽然是一个不可逆转的趋势，但是人的有效锻炼可以延缓衰老、肢体保持必要的活动、脑力坚持必要的训练，不仅能防止头脑老化，而且还会使头脑变得年轻，才思敏捷，延缓衰老。相反，中年人如果每天糊里糊涂地过日子，头脑很快就会衰老。古今中外无数的名人已经向我们证实了这一点：在 70~80 岁间，德国著名文学家、思想家、诗人歌德完成了不朽的作品《浮士德》。1978 年当时已经 86 岁高龄的无产阶级革命家郭沫若同志写出了《科学的春天》。著名经济学家孙冶方 66 岁还坚持学德文，1979 年做肝癌手术后仍坚持创造性的经济理论研究工作。研究表明，画家比作家、理论家发挥才干的时间更长，何香凝、齐白石老人，都画到 90 多岁，意大利画家提香手握画笔活到 86 岁。至于一些著名的政治家，在老年时期更是表现出了杰出的才干。事实证明，人的智力衰退迟于体力，老人的智力还有很大的潜力。杜甫有诗曰："落日心犹壮，秋风病欲苏，古来存老马，不必取长途。"让老马负重担，走长途有困难，但是发挥老马识途的作用还是可以的。老年人还有其自身的特点和优势，有些是青年人所不能代替的。他们实践经验丰富，学识较广，社会活动经验和组织能力较强；他们多数人都有一定的技术专长和业务能力，他们有较强的社会评价和判断能力，行为规范程度较高，有一定的影响力，等等。

据美国心理学家马斯洛的行为科学理论分析，人到老年阶段的"自我实现"欲望最强烈，他们愿在有生之年做最后的拼搏，这种成就感是非常可贵的。随着科学技术的发展，大大弥补了老年社会参与中体力不支的不足。科学技术的成就使人的体力劳动越来越被自然力和技术装置的利用所代替。马克思明确指出：机器就其本身来说缩短劳动时间，减轻劳动，是人对自然力的胜利……增加生产者的财富。技术进步，生产过程普遍的机械化、自动化以及电子技术的广泛应用，在生产活动中的这种科学技术渗透，从根本上改变了劳动的条件、劳动之间的性质和劳动类型方面的社会差异。它一方面使人们摆脱了繁重的体力劳动，对体力的要求降低；另一方面又使得社会劳动日趋智力化，无论在创造精神财富还是创造物质财富上，对智力水平要求越来越多，也越来越高。而老年人的特点与这种发展趋势相一致。

老年随着身体的老化，知识也会随之老化，老年教育应运而生。我国自20世纪80年代开始出现了众多的老人学校。为适应大批离退休职工学习的要求，1983年9月山东省红十字会在济南创办了全国第一所老年大学。到1988年年底，中国已有900多所各类老年大学，学员18万余人，初步形成了一个多层次的老年教育网。为加强校际协作，促进全国老年教育事业的发展和提高，1988年12月在武汉成立了"中国老年大学协会"，它的成立标志着中国老年教育事业进入有组织发展的新阶段。到1993年，中国老年大学、老年学院共有5331所，学员47万余人（其中老年大学1188所，学员19.6万人；老年学院4143所，学员27.5万人），老年教育事业得到迅速的发展。除老年大学这种学习形式外，还有函授、讲座、广播电视教育等学习形式。目前老年大学、老年学院的课程设置大体有：书法、绘画、裱画、摄影、卫生保健、老年、体育、按摩、气功、文史、诗词、写作、老年心理学、烹调、缝纫等，大多为文化基础知识、保健和修身养性知识以及家政知识的课程，学制为 1～2 年，大学毕业后，还可以进研究班继续深造。在现实社会中，一大批老年人、老年共产党员，一辈子受共产主义思想教育，形成了牢固的"活到老，干到老""一辈子为人民服务"的思想，即使到老年，如果只让他们享受，不让他们工作，对社会没有贡献，对他们来说也是一种痛苦，所以，积极的社会参与对于他们是极为需要的。

从人口总体发展来看，人的平均寿命不断提高，老年人口起点年龄也随之不断提高，世界各国的老龄人口起点标准也不一样，特别是一些起点标准比较低的国家，老年社会参与是可行的，也是十分必要的。尤其是面临人口转型的国家，不仅面临着社会养老的问题，同样也要应对人口老龄化带来的劳动力短缺问题，而老年社会参与恰恰可以有效地解决上述问题。

第二次世界大战后，世界的局势总体趋于稳定，各国都致力于提高本国的经济发展水平，人的寿命开始不断延长。伴随着西方老年人口的不断增长和高福利国家政策的推行，西方国家开始不断感觉到来自人口老龄化的压力，尤其是推行高福利政策的国家，人的平均寿命更长，由此面临着巨大的财政压力，对经济发展形成了一定的影响。在这种背景下，西方国家开始重视对人口老龄化的研究，也将研究的重点渐渐从社会保障转向老龄的社会参与。对人口的老龄化也从消极老龄化转向积极老龄化。联合国委托法国人口学家撰写并于 1956 年出版了《人口老龄化及其社会经济影响》一书。该书曾提出以 65 岁为老年人口年龄起点。

由于受西方文化的影响，西方国家在生育率上一直保持着较低的水平，加上"二战"后，人口死亡率的下降以及随着经济发展而不断提高的医疗水平和福利水平，人口寿命的延长，导致了西方国家出现较为突出的人口老龄化问题，1950 年，西方发达国家老年人口中 60 岁及以上人口已占到总人口的 11.49%，1955 年进一步上升到 11.9%，65 岁及以上人口所占比例分别为 7.6% 和 8.1%。而广大的发展中国家，"二战"后取得了民族独立，社会经济开始发展，人口的出生率开始不断提高，随着死亡率的下降，人口的增长率开始提高，所以，在广大的发展中国家，并没有出现人口老龄化的问题。在同样的 1950 年发展中国家人口中，60 岁以上人口占 6.3%，65 岁及以上人口占3.8%，1995年上述比例分别为6.2%和3.8%。在两种截然不同的变化趋势下，许多人认为人口老龄化和老年人口问题是发达国家特有的，而不是全球或发展中国家关心的问题。因此，当时人口老龄化问题主要以发达国家为研究对象。

进入21世纪以来，发展中国家经济的发展，特别是教育的发展，使很多人的家庭观念、婚姻观念发生了深刻的变化，加上国家政策的作用，人口出生率开始急剧下降，人口的结构也随之发生变化，20世纪50年代后的"婴儿潮"在21世纪开始逐步进入老龄状态，从而发展中国家的人口也出现了逆转，面临着跟西方国家同样的人口老龄化压力，而且来势更加凶猛，问题更加突出。所以人口老龄化成了全球性趋势，也成为全球性问题。如何面对这一问题，无论是学术界还是政府都达成了共识，那就是实行"积极人口老龄化"战略，鼓励老年人社会参与。

第二节　社会参与的概念

《现代汉语词典》对"参与"定义为参加事务的计划、讨论、处理，也做"参预"讲。在"参与"定义的基础上，"社会参与"这一概念有两种含义，常见和常用的一种是指社会各界为保证某项活动的有效进行或政策的实施参与到活动中来，通常是在政府的倡导下进行的；另一种是指参与社会的意思，从广泛意义上讲，是指主体对社会生活的各个方面如经济、政治、文化等的现状与活动的关心、了解与行为投入。目前学术上对老年人的社会参与还没有统一严格的定义，对老年人社会参与的含义有多种不同的解释。

最早对"老年社会参与"这一概念进行研究的是20世纪美国芝加哥大学著名社会学家欧内斯特·W.伯吉斯（Ernest. W. Burgess），他借用象征互动理论中的社会参与概念将社会参与引入老年研究领域，强调老年人生存的社会意义以及老龄生命的终极价值。谢布鲁克大学医学系老年研究中心的学者认为社会参与就是个体当前所进行的活动和所扮演的社会角色，不仅包括社会活动，也包括诸如吃饭、洗澡、运动和沟通等日常活动，这些活动需要强化与社会的联系。A. Bukov、I. Maas 和 T. Lampert 等认为社会参与是一种在社会导向下与他人分享资源的行为。该定义认为，社会参与是衡量老年人生活质量的一个重要标准。以被分享的资源为基础，社会参与可以划分为集体性社会参与、生产性社会参与和政治性社会参与等类型。虽然这三种类型还包括许多不同的形式，但通常每一种类型所分享的资源都具有一定的特殊性。日本学者认为，社会参与是一种"社会活动"。这种活动又可以分为两类：一类是从事专为他人服务的"社会奉献活动"；另一类是包含个人目的在内的"社会参与活动"。这个界定和分类的意义在于将社会参与划分为"无偿的"和"有偿的"两大类，或者说，将"无偿的"和"有偿的"社会活动均纳入社会参与的范畴之中。以上阐述说明，国外学者对社会参与的界定实际上提出了三个核心概念。第一，社会参与是社会层面的；第二，社会参与是与他人联系的；第三，社会参与是体现参与者价值的。

一般认为，老年人不论通过何种形式保持与社会的联系都属于社会参与活动。第二种意见认为老年人的社会参与应包括两个方面：一是老年人继续在业或重新再就业；二是从事家务劳动。有的人把社会参与局限在生产劳动的范围内，但大多数人认为，社会参与不能仅局限于通过市场实现就业和再就业，对老年人来说，参与社区活动，从事各种有偿和无偿的社会公益活动都应该算是社会参与。还有人认为，社会参与可以扩展到闲暇活动，如旅游、文娱体育活动等，甚至家务劳动也属于社会参与，理由是家庭是社会的细胞。但按照后一种理论，社会参与未免失之宽泛，如此推论，几乎所有的老年人都有社会参与。还有一种界定是，认为社会参与活动可以分为正式的社会参与活动和非正式的社会参与活动，正式活动指参加有收入的经济活动、自愿的社会团体和社区活动，非正式活动指包括料理家务、个人爱好等个体活动和与亲人、朋友交往等社会群体活动。

关于老年社会参与的定义，综合以上观点，笔者认为社会参与是指老人在退出工作岗位后，利用自己所掌握的资源，通过各种途径直接参与到社会生活的各个方面，如经济、政治、文化等，既包括活动的行为参与，也包括意识参与。

第三节　社会参与的理论基础

理论试图揭示为什么和是什么的问题，是为阐述经验研究结果而建立的清晰的解释构架，并为社会政策、计划和活动等提供连贯的和有效的运行基础。老年社会学的理论观点旨在从社会学的角度揭示个体老龄化的原因，解释个体老龄化的过程，总结个体老龄化和适应老龄化的社会学规律。其中的许多理论观点从社会互动的角度解释老年期社会适应和社会融合，为老年人参与社会的研究和实践提供了最重要的理论支撑和解释。老年社会学理论观点几乎都与社会参与密切相关，这里主要选取对老年社会参与有正向的、积极的引导作用的几个理论，以梳理和构建老年社会参与的基础理论体系。

一　社会交换理论

社会交换理论（Exchange Theory）是 20 世纪 60 年代兴起于美国，进而在全球范围内广泛传播的一种社会学理论。由于它对人类行为中的心理因素的强调，也被称为一种行为主义社会心理学理论。这一理论主张人类的一切行为都受到某种能够带来奖励和报酬的交换活动的支配，因此，人类一切社会活动都可以归结为一种交换，人们在社会交换中所结成的社会关系也是一种交换关系。社会交换理论由霍曼斯创立，主要代表人物有布劳、埃默森等。多德（Dond James J.）首次将社会交换理论用于分析老年人，认为应该从社会交换理论，即权利和资源不平等的角度去理解老年人所处的地位。该理论以行为心理学和功利主义经济学为理论依据，认为每一个人都有不同于他人的自我需求和资源资本，社会互动就是通过资源交换以满足自我需求的行为。

2002 年第二次老龄问题世界大会通过的《政治宣言》指出：老年人掌

握的资源和拥有的潜力是未来发展的强大基础，这使社会能够越来越多地依赖老年人的技能、经验和智慧。根据交换理论的观点，只要老年人掌握独特的资源，那么他参与社会的交换就成为一种必然。老年人随着年龄的增长，体力等各种生理机能在下降，退出工作岗位后，公共权力或者其他赋予其可供支配的资源也随之终止，表面看起来老龄人口已经失去了掌握可参与社会交换的资源，但随着社会的发展，对体力劳动要求的下降，对脑力劳动需求的增加，老龄人凭着自己的人生阅历、自己在工作岗位上的经验，从而形成属于自己独特的洞察能力、判断能力、分析能力，这都是可供社会交换的独特资源。

　　交换理论为老年参与社会提供了理论依据，也为我们的老龄事业提供了一个发展导向。一方面，社会要为老年人实现社会参与创造条件，并充分调动老年人社会参与的自觉性和积极性，以此帮助老年人使其拥有可供交换的资源，以提高他们的社会地位。另一方面，采取正确的舆论导向，鼓励老年参与社会，打消老年人在自己上了年纪、退休后感觉自己老了、一无是处的消极人生态度。另外，政府或者社会要为老年人提供合适的培训机会，比如老年大学的各种培训，让老年人掌握更多的技能，提高参与社会交换的能力，也提高他们参与社会的热情和自信心。

二　角色理论

　　"角色"一词本是戏剧舞台中常用的一个概念，它的原意是指演员根据剧本扮演某一特定人物。20世纪初，美国著名社会学家 G. H. 米德把"角色"一词引入社会心理学领域，以此来说明人的社会化行为。社会角色，是指个体在特定社会团体中所处的社会地位及与之相联系的符合社会期望的一套行为模式，每一种社会角色都代表着一套行为及行为期望。它规定了个体在扮演某一特定社会角色时所应有的行为，并且每个人只要扮演了某一角色，同社会或团体中的其他人将不约而同地以该角色所应具备的角色行为标准来评价他的行为。美国学者蒂博特（O. W. Thibaut）、凯利（H. H. Kelley）认为，角色这一概念可以从以下三个方面加以理解：首先，角色是社会中存在的对个体行为的期望系统，该个体在与其他个体的互动中占有一定的地位；其次，角色是占有一定地位的个体对自身的期望系统；最后，角色是占有一定地位的个体外显的可观察的行为。角色理论是社会学理论之一，也是社会老年学家解释个体如何适应衰老的最早尝试之一。角色理论关注老年人角色变化的出发点是其在角色变化与调适过程中遇到的问题，解释了老年人参与社会的目的。Blau 使用"角色退出"一词描述老年期丧失事件对老年人的影响。老年期的角色退出尤其是退休和丧偶，是人生两个主要社会角色——工作和婚姻的丧失。这种退出与中年期不同，它不是角色的变换和连续，而是一种不可逆转的角色丧失和中断。这种变化自然会引起老年人心理失衡，郁郁寡欢，从而损害其健康状况。因此，角色理论认为，从社会学角度来说，老年人适应衰老的方法，一是正确认识角色变换的客观必然性；二是积极参与社会，寻求新的次一级角色。角色理论从角色的需要角度来阐述老年人社会参与的必要性。人在社会中扮演着各种角色，正是在这样不同的一个个角色中，人才会感觉到自己被需要的价值，这也是人的社会意义。但是，随着老年人年龄的增长，自然的规律使其身体机能不断下降，不断丧失各种能力，从而使自己在社会中扮演的角色终止，即使老年人仍然有参与原来角色的能力，但是受到政策、法律、社会舆论的压力作用，不得不终止自己的社会角色，从而在心理上形成了"角色退出"的失落感。另外，老年人在年老的时候除了社会角色的退出以外，往往还面临着失去配偶的"角色退出"，老年人在年老的时候，特别是从工作岗位退出来以后，跟外界的交往逐渐减少，多数人生活的中心回到家庭生活中。在家庭生活中，由于与子女之间的代际隔阂，或者因为子女的工作太忙，老年与子女之间无法形成很好的感情互动，子女之间的感情也没办法寄托老年人的感情生活。所以，老年人的感情重心放在自己的伴侣身上，所以伴侣成了老年人生活的"重要角色"。然而，随着年龄的增长，身体机能变得衰弱，很容易失去自己的生活伴侣，从而形成了家庭的"角色退出"。另外，在老年群体的交际圈中，也很容易失去自己的朋友，容易造成老年人心理的"角色退出"。随着老年人各种角色的退出，孤独、无助等伴随着老年人的生活，这样的一种状态，很容易加速老年人的衰老，从而丧失生活能力，甚至生命。所以，根据"角色理论"观点，老年人必须在其失去"社会角色"和"家庭角色"后重新获得角色，而获得角色的有效途径就是老年社会参与，重新或者继续参与社会的工作，获得社会角色，老年人在获得社会角色后，不仅能在角色中散发"余热"，还能获得精神的寄托。

三　老年亚文化群理论

老年亚文化群理论，最初是由美国学者罗斯（Rose）提出的。该理论指出，老年人的社会参与主要是为了满足老年人的需求，该理论认为老年人只有在群体中才能减少压力、获得快乐，旨在揭示老年群体的共同特征，并认为老年亚文化群是老年人重新融入社会的最好方式。按照罗斯的观点，只要同一领域成员之间的交往超出和其他领域成员的交往，就会形成一个亚文化群。老年人口群体正是符合这个特征的一种亚文化群体。老年人因为共同性而结成一个群体，在一定程度上能使他们产生群体精神和群体自豪感。老年亚文化群理论为我们研究老年社会参与提供了参考理论，根据该理论我们可以考虑积极引导老年亚文化群，使之逐渐发展为许多大大小小的老年人群体组织或社团，通过这些群体，不但可以提高老年人参与社会的水平和层次，提高老年人的社会地位和影响力，并且能够加强老年人之间的交流，解决因角色变化而导致的孤僻和寂寞。同时形成组织后也可以督促家庭、社会、国家为养老事业承担更多的社会责任，使全社会形成一个健康向上的老年观。尽管这些理论均是从社会学或心理学的某一个角度或某一个方面阐述老年社会参与的相关因素，还没有形成一个完整的体系，但是，我们仍能够清晰地看到贯穿这些理论的一条主线，即社会参与在提高老年人生活质量的过程中发挥着十分重要的作用。老年大学的发展，就是对老年亚文化群理论的实践。在老年大学中，学员之间形成了良好的互动氛围，不仅能在个人的感情上形成一种好的交际圈，还能在社会参与中提高老年人的积极性。

四　活动理论

活动理论（Activity theory）是一个相对较为广泛的概念，美国学者罗伯特·哈维格斯特（R. Havighurst）第一次将其运用到老年社会参与的研究中，他通过对美国堪萨斯市 300 个人——主要是中产阶级的白人，他们身体健康，年龄在 50～90 岁之间，与他们 6 年的定期谈话后的分析形成的。活动理论的观点是老年人应该积极参与社会，只有参与社会的活动，才能使老年人重新找到自信，保持生命的活力。活动理论认为，老年人应该尽可能长久地保持中年人的生活方式以否定老年的存在，在心理上增强老年人的存在感，用新的角色取代因丧偶或退休而失去的角色，在心理上转移老年人由于原有社会角色的丧失，把自身与社会的距离缩小到最低限度。即通过新的参与、新的角色以改善老年人因社会角色中断所引发的消极情绪，也就是重新找回自信。活动理论的观点在很大程度上是与我们社会的价值体系相一致，它强调参与、活动与社会的认同。我国提出的"老有所为"的理论就是活动理论在中国的具体运用。此外，许多学者也根据自己的研究成果对活动理论给予了积极的肯定。活动理论也为大多数老年社会工作者所接受。活动理论观点为我们做好老年工作提供了思路，活动理论启示我们，在做老年社会工作过程中，不仅在态度上应鼓励老年人积极参与他们力所能及的一切社会活动，而且应努力为老年人参与社会提供条件，帮助他们进入新的社会角色，从而减轻其角色中断的失落感。在现实生活中，许多老年人想找些事情做，却一直找不到合适的途径和平台。所以导致很多老年人整天在家中，子女上班后无人交谈，孤独感更加强烈，严重的会出现抑郁症，从而加速了身体的衰老。现代医学证明，勤于用脑的人的脑力退化速度比懒于用脑的人要缓慢得多。因此，让老年人保持较高的活动度，积极参与社会生活，对防止老年人大脑退化具有明显的作用。随着社会经济的发展，快速的生活节奏和竞争压力使子女很难抽出更多时间陪伴老人，所以，鼓励老人自我调适、积极投身社会生活而不是独处一隅，就显得十分必要。正因为如此，活动理论一经提出，就受到了普遍的欢迎。

五　符号互动理论

符号互动论（Symbolic Interactionism Theory），一种主张从人们互动着的个体的日常自然环境去研究人类群体生活的理论派别，又称象征相互作用论或符号互动主义。符号是指在一定程度上具有象征意义的事物。符号互动论认为事物对个体社会行为的影响，往往不在于事物本身所包含的世俗化的内容与功用，而是在于事物本身相对于个体的象征意义，而事物的象征意义源于个体与他人的互动（这种互动包括言语、文化、制度等），在个体应付他所遇到的事物时，总是会通过自己的解释去运用或修改事物对他的意义。该理论运用于老龄化的研究中，主要探讨环境、个体及其相互作用对老龄化的影响，包括象征性相互作用理论、标志理论和社会损害理论等。

象征性相互作用理论认为，在老龄化过程中，环境、个体以及个体与环境结合等因素的相互作用对老龄人口具有重要的影响作用。尊老敬老的社会环境与老年人积极参与的态度所构成的社会氛围，有利于提高老年人的生活自信，并积极参与社会活动，延缓老龄化；相反，则容易使老年人口在晚年丧失生活信心，出现孤独感等消极情绪。所以，创造良好的社会氛围和制定适宜的政策，鼓励老年积极参与是实现"积极老龄化"的有效措施。

标志理论认为，人们是在他们的社会环境中受环境的影响，在与他人的交往中通过他人或者环境获得他们的自我概念，换句话说，人们是根据他人对自己的态度、评价来定位自身的。一旦环境或者他人把我们归入某类范围，并反复强调这些信号，我们便会不由自主地根据他人的划分对自己做出反应，从而形成自我概念。比如说，如果整个社会环境都觉得老年人丧失了劳动能力、对社会已经没有任何积极作用，成为一种社会负担，这样的一种环境又通过电视、广播、报纸等传播给老年人，就容易使老年人形成一种消极的自我认知，否定自我，从而加速老年人身心的衰老。

从符号互动理论又派生出了社会损害理论和社会重建理论。社会损害理论由奎伯斯和本森提出。社会损害理论认为有时老年人一些正常的情绪反应，会被他人视为病态征兆而做出过分的反应，从而损害老人的自我认知。

而接受了这种消极标志的老人,很快就会形成这样一种认知,随后会进入消极和依赖的状态,丧失原先的独立自主能力。社会重建理论旨在改变老年人生存的客观环境以帮助老年人重建自信心。社会重建理论认为,在环境方面的变化甚至是微小的改变,也能促使老年人境况的改善以启动良性循环的过程。根据符号理论的观点,我们要创造积极的社会环境,形成一种尊老爱老的良好氛围,排除老人内心的孤独感和失落感。同时政府或者社会要制定相应的措施,为老年社会参与创造良好的条件和提供必要的平台,让老年人参与社会,感觉到他们的存在对社会是必要的,从环境上形成老年对社会的积极意义,使老年人内心形成一种良性的、积极的自我认知。

第四节　老年社会参与的类型

随着社会对老年社会参与的重视,老年人社会参与的积极性也随之提高,参与的途径也是越来越广泛,参与的领域也在不断地扩展。根据领域的不同,大致可以分为以下几种类型:经济参与、政治参与、文体活动参与、社会公益活动参与,以下一一叙述。

1. 经济参与

老人的经济活动参与是指老人达到法定退休年龄退出工作岗位后,再次从事有经济收入或者其他报酬的行为。积极社会化理论认为,老年人随着年龄的增长和身体机能的下降,社会角色的退出是一个逐步的过程,法定的退休年龄具有一般性,而不具有具体性,很多老年人的工作意愿和工作能力并没有随着法定退休年龄的到来而完全消失,他们中的很多人仍然具有较强的工作能力,并且渴望继续工作。老年人长期积累起来的丰富知识、经验和技能是现代化建设所需要的,不是年轻职工能立即替代的。此外,老年人再就业,可以使老年人参与社会,精神上有所寄托。

发达国家的研究表明,退休后仍然从事有偿经济活动的老人在低龄老人中所占的比重可能达到20%以上(各国退休年龄不同,对低龄老人的界定也有所不同)。香港地区的一项研究指出,有43%的老人希望继续工作,

64%的老人认为工作对老人来说十分重要，而实际从事各种有偿经济活动的老人占到19%①。况且，一直以来，我国根据国情，为提高就业率，长期实行低工资、多就业的劳动政策，工资水平不高，加上社会保障的不完善，很多职工离退休后，既没有积蓄，也没有新的收入来源，因此不少老年人希望继续参加工作，多少可补充一点收入，以满足生活上的需要。

在我国，一般男性60岁、女性55岁为法定的退休年龄（特殊岗位和特殊领域除外），按照传统的观点认为老人退出劳动领域后即不算作劳动力资源，那么老年人口的增加，势必要增加社会在业人口的负担，消费部分增加，积累部分减少，就会影响到国民经济和社会的发展。近年来，我国不断出现人力资源市场供不应求的状况，各个行业都非常缺专业人才，而老年人往往都是某个行业里的专家，所以完全可以给这些老人创造第二次就业的机会。随着科学技术的发展，各种条件的不断完善，老年人到了法定退休年龄，并不代表他们实际劳动能力（包括脑力劳动和体力劳动年龄）的终结，更何况我国的退休年龄提前于很多欧美国家。如法国有三种不同退休年龄：获得最低退休金年龄；全额退休金年龄；必须终止一切经济活动的法定退休年龄。挪威退休年龄起始于67岁。芬兰、荷兰、加拿大、瑞典等国家的退休年龄都在65岁，且男女一样。比利时、澳大利亚、英国规定男65岁、女60岁退休。瑞士的退休年龄男65岁、女62岁。比利时把就业年限延至45年方可退休，男女都如此，实行浮动工资。美国更是没有明确的规定退休年龄，只是规定67岁以后方可领取全额养老金。

案例4-1：在广西防城港市上思县平福乡雄杰村百龙屯，有一位年过六旬的老人，他是20世纪70年代中期退伍的老兵，当过农民、工人，后来下岗失业又返回老家开垦荒山种植甘蔗，去年退休后，依然劳作不止。因他姓黄，干活有股牛劲，当地的人们都誉他为"老黄牛"。

"老黄牛"名叫黄秀光，他个子高大，皮肤黝黑，身板硬朗壮实，

---

① 香港基督教信义协会：《重建自尊与自主——老人退休生活调查与反思》，2006年。

豁达乐观，性格憨厚，一双大眼睛透出刚毅和坚韧。

老黄退伍不久，国家实行了改革开放，落实农村土地承包责任制。血气方刚的他，在5亩多的责任田上大做文章，大干苦干，大显身手。他凭自己的力气与胆识，率先上山开垦荒山荒地，扩大农业种植面积，积极发展农村经济，拓宽增收致富路子。到1988年，才几年的工夫，他的耕地面积一下子扩大到了50多亩。在粮食增收的基础上，不断发展甘蔗种植产业，依靠种植甘蔗实现了脱贫致富。

20世纪90年代初，上思县水泥厂因扩建面向社会招工，老黄跃跃欲试报了名，经面试和全面考核后，他终于当上了一名全民合同制工人。但好景不长，入厂几年后，因受市场经济的冲击和亚洲金融风暴的影响，水泥厂生产陷入了困境，处于半停产状态。厂里几百名职工于1998年被迫下岗。遭遇下岗失业，老黄并没有怨天尤人，他返回老家继续发展自己的甘蔗种植事业。他一鼓作气又扩大垦荒20多亩，使耕地面积又增加到70多亩，除种植2亩水稻外，其余耕地全部用于种植或改种甘蔗。这些年来，无论甘蔗价格如何浮动，始终动摇不了他发展糖料甘蔗种植的信心与决心。他每年种植甘蔗70余亩，年甘蔗总产350吨以上。

老黄发展山村经济，十分赶"新潮"。引进甘蔗种植新品种，他一马当先。科技人员下乡传授农业栽培科学新技术，他带头学、大胆用，努力增加科技含量，提高经济效益。在生产中，不断更新种植高产高糖高效的台糖系列甘蔗新品种，常种常新，致力提高甘蔗单产，使甘蔗亩产均达6吨以上。除了大力发展糖料蔗生产外，还积极发展多种经营，增加家庭收入。2003年以来，他带头执行国家退耕还林政策，将30多亩坡度较大的山地退耕还林，全部种植松树。如今，种植的松树直径已达15厘米以上，昔日的荒山坡地已是一片葱郁，绿树成荫。老黄笑着说，再过几年，那几十亩松林就是"摇钱树"啦。老黄还根据自家条件和自身能力在屯里办起了生活日用"代销店"和"化肥农药经销点"，在解决偏僻山村群众购物难的同时，又拓宽了增收门路。这样，集粮、蔗、林、商"四位一体"，他的产业越做越强，年净收入不低于 10 万元。去年春，老黄退休了，两个儿子也在外面找到了工作，成了工薪一族，但他退而不休，老当益壮，坚持耕种 40 多亩甘蔗，2011～2012 年甘蔗榨季入厂糖料蔗 260 多吨，创总收入 13 万多元。

黄秀光致富后，他首先拿出近 20 万元积蓄改造了住房，8 年前在村西头建起了一栋"小洋楼"和四合院。还花数万元在上思县城彩元社区的中心路段购买了一块宅基地，计划再建一幢楼房。老黄饶有兴趣地对笔者说，在农村还要继续干上三四年，等城里的住宅楼建成和装修好后，再"正式退休"。①

2. 政治参与

政治参与是指公民或公民团体依法通过一定的程序参加社会政治生活，表达个人或集体的意愿，从而影响政治制度、政治规则和政策的制定与实施的行为。主要参与方式有执政、议政、政治选举、政治组织等。执政是执政党和公务员对公共事务的直接管理，是执行者；议政是非执政党和公众对管理公共事务的提议（执政党提议或其他的提议）进行讨论后是否由执政党去执行的行为，常见的议政方法有：代表集中议政或分散议政，公众的集中议论或分散议政，通过媒体等；政治选举是由区域民众选举出代表；政治组织是各政党（含执政党）和议事机构（国外的议会和我国的人民代表大会）。其政治参与的途径是多种多样的，一般有政治投票、政治选举、结社、游行、信访、与政府部门对话等形式。不少理论认为，老年人政治参与的热情会随着年龄的增长而逐渐淡化乃至完全退出，但积极老龄化理论则鼓励老年人对政治的关注和参与，认为老年人政治上仍然是不可忽视的资源，老年人政治思维更加成熟，政治经验更加宝贵，特别是在一些特殊的领域和岗位，老年人的政治素养更加可靠，他们以适当的方式参与的政治活动对于社会发展和社会稳定具有重要的意义。尤其是在我国，一批老干部他们受过革命理论的熏陶，党性原则更强，政治品格久经考验，不容易动摇，是我国社会稳定的重要保障力量。不过学者们对老年人政治活动参与的内涵与外延，在认识上存有很大的分歧，不同国家政治制度和国情不同，对政治活动

---

① 陈禹存，《退伍退休不褪色的"老黄牛"》，《防城港日报》2012 年 7 月 27 日第 3 版。

参与的界定差异较大。从我国已有的研究来看，对老年人政治参与的界定往往都比较宽泛，既包括了老人关心政治，参加选举，参加政治学习、政治宣传、政治讨论等传统意义上的政治行为，也包括了老年人参与社区管理、社区建设、公益服务等新型政治活动。

"人生七十古来稀"，然而，在屏南县棠口乡上圪村，大家时常看到一位年逾古稀、头发花白的老人，他走家串户，面对面与计划生育户谈心拉家常，宣传政策，帮助排忧解难。他就是现年72岁的村计划生育管理员黄统维。

1988年，黄统维高票当选村干部，村"两委"指派已年届五旬的他担任计生管理员。黄统维义无反顾地挑起了这副担子。

"要服务群众，首先必须了解群众需求。"黄统维刚上任，就放下手中农活，对全村300多户群众进行挨家挨户走访，面对面沟通。

在掌握群众第一手资料的基础上，黄统维有针对性地在生产、生活、生育上服务群众。独生子女户黄盛童是家里的顶梁柱，却不幸患风湿痛，下不了地，干不了农活，生活非常困难。黄盛童想学村里人种菇致富，却苦于没有资金和劳力，心里很苦恼。黄统维走访了解情况后，主动到乡里，连续两年，每年帮他争取1万元小额贴息贷款；种菇时节，黄统维放下自家活，组织计划生育小组长和计划生育户义务帮工。黄盛童每年种下的1万袋菇，在妻子吴雨妹精心照料下，都获得了丰收。黄统维把县气象局"挂户"名额优先分配给黄盛童，每年能获得500元慰问金。经过帮助和扶持，黄盛童还清债务，家里还有了存款。

"每个计划生育家庭，我心里都有一本账。"黄统维说。林华忠几年前在外打工娶妻回村，盖了一间仅几平方米的简陋住所，生活异常艰辛。2010年，林华忠生育第二个女孩后，黄统维上门动员节育，林华忠的妻子杨祖惠二话没说，主动落实节育手术。林华忠想种菜却苦于没有启动资金，黄统维帮他争取到2万元小额贴息贷款。经扶持，林华忠装修了旧房，有了安居之所，生活大大改善。

黄统维的三个儿子在外经商，都成家立业，生活富裕，他们不忍老父亲年老四处奔波，多次劝他别干这"天下难事"，安享晚年清闲生活。黄统维总是坚定地说："我不能辜负乡村领导和乡亲们的信任。在计划生育管理员位置上，我在任一天，就担一天责。我可能无法把计生工作做到百分之百的好，但我会竭尽所能。"①

黄统维走访计划生育家庭

3. 文体活动参与

随着人们物质文化生活的不断改善，老年人已不满足于吃饱穿暖，还需要丰富的精神文化生活来提高自己的生活质量，因此出现了不以索取维持自身生计报酬为基本目的的老年人社会活动，包括参加老年大学及各类学校，各类宣传和教育机构的学习活动，参加各种文艺社团、文化机构和老年活动中心的文化、艺术、参观、练习、表演、竞技和娱乐活动，参与各种体育、保健社团、机构的各种体育、运动、竞技、表演、健身活动，参与各种学会、协会、研究机构的各种专业知识、技能、理论和学术的交流、讨论、研究活动等。这些活动在世界各国，特别是发达国家早已存在，老年人参与社

---

①　张尚瑶，福建老年网 http：//www.fjlnw.com/dzb－1.asp？id＝22943895＝691&/m＝5。

会各种文化活动，既是丰富自身文化精神生活、陶冶情操、健身、健美的心灵享受，又是服务社会、发展社会文化、促进社会进步的奉献活动。他们主要是城市中的离退休老人。这些老年社会参与活动，对社会各领域产生了积极的影响，它们生动地体现了老年人的价值，表明了不能单纯地把老年人看做是只起负效应的社会消费者，是社会的"包袱"，而确实是社会的财富。近年来，在政府和社会团体的支持下，我国各类的老年团体蓬勃发展，下面以福建老年大学为例予以说明。

福建老年大学创办于 1985 年 4 月，到 2012 年开设 9 类 50 门课程，其中时事政治课程有：形势报告、经济研究；保健类课程有：老年保健、老年营养、食疗与养生保健、老年心理保健、中医基础、按摩、太极拳剑、木兰拳剑、瑜伽形体、美容保健、科学散步等；文史类课程有：中国古典文学、中国文化史、历朝兴衰史、古代哲学、闽台文化交流、格律诗词、写作等；语言类课程有：英语、日语等；美术类课程有：书法、国画、钢笔画、摄影、篆刻等；声乐类课程有：京剧、越剧、闽剧、音乐等；器乐类课程有：钢琴、电子琴、古筝、二胡等；舞蹈类课程有：民族民间舞、交谊舞、越剧身段等；技术类课程有：电脑、花卉、钓鱼、钩织工艺等。学制班班级 173 个，学员 4776 人。学校还成立了书法、国画、摄影、诗词、经济、英语等 14 个学会（研究班）和 1 个艺术团，共有会员（学员）2724 人，福建老年大学共计在校生 8500 人。据统计，目前福建全省已办起各级各类老年大学（学校）7396 所，老年学员 517892 人，老年人入学率达 10.6%；100% 的市、县（区），85.5% 的乡（镇）和 38.4% 的村（居）都创办了老年大学（学校），初步形成了省、市、县、乡、村五级办学网络。老年大学各类的兴趣班活跃了当地的各类文体活动。泉州老年大学艺术团是泉州老年大学领导下的老年文艺团体，由合唱团、时装舞蹈团、闽南戏曲团、南音社、民族管弦乐队五部分组成，成员中有退休教师、律师、公务员，多数人没有受过专业的音乐训练。该艺术团多次参加全国、省、市组织的赛事、演出及对外交流活动，甚至于 2011 年 12 月 19 赴奥地利维也纳参加国际中老年艺术节日比赛。比赛中，他们凭借两首经过改编、极富闽南地域特色的《卖肉粽》

《爱拼才会赢》两首歌曲，一举夺得艺术节合唱比赛的金奖，同时获得最佳指挥奖和优秀组织奖。该团的成功，为福建全省中老年人及音乐界争得了荣誉，向世人展示了中国独特的艺术文化魅力和中国中老年人良好的精神面貌，提高了我国老年工作的知名度，也极大地鼓励了广大老年人参与艺术、参与文体活动的积极性。①

老年人参与文体活动，通过绘画、写字、作诗、唱歌、跳舞、摄影等学习活动，既能建立师生之间、同学之间的联系，增进人际交往，增进思想感情，又能从学习中获得新的知识和技能，开阔视野，防止思想和心理老化，延缓智力的衰退；同时，我国现代化建设需要各种专门人才，老年人有丰富的经验和技能，可以继续发挥作用。但老年人过去所学知识需要更新，才能适应现代化建设的需要，为此也需要重新学习。此外，人的一生是社会化的一生；老年人退休只是工作阶段的结束，而不是社会化的结束，任何人进入老年期，都需要适应和遵守社会的行为规范。

4. 社会公益活动参与

公益活动是指一定组织或个人从长远着手，出力、出物、出钱赞助和支持某项社会公益事业的公共关系实务活动。社区服务，环境保护，知识传播，公共福利，帮助他人，社会援助，社会治安，紧急援助，青年服务，慈善，社团活动，专业服务，文化艺术活动，国际合作，等等。投身社会公益事业是中国优良民族传统的延续，是构建社会主义和谐社会的内在要求。

老年人随着年龄的增长和身体机能的下降，逐步退出工作岗位，但是很多老人并没有因此而放弃社会工作，而是以另一种方式回报社会、服务社会。一般来说，老年人在衣食住行等基本需求得到解决后，物质消费的边际效用相对变小，精神生活的重要性随之彰显，很多人希望通过参加志愿服务等社会公益活动，发挥主体性和能动性，从中享受到生活的充实感和成就感——这种心理收益贯穿于志愿服务的全过程，而不仅仅表现于志愿服务的结果，甚至可以达到马克思所说的"劳动是人生的目的，而不是单纯

---

① 福建老年大学，福建老年大学网．http：//www.fjlndx.cn/list/site/default，aspx？gid=78。

的谋生的手段"的理想境界。在这些积极从事社会公益事业的群体中逐渐涌现出一批富有社会责任感和公益道德心的人。他们重新思考生命的意义，重新定义企业使命，他们以发挥"余热"的心态去服务社会、奉献社会，以公民的责任去做公益活动，由此参与社会的自我治理，从而弘扬公益传统。他们身体力行"经世济民，以人为本，义利兼顾"的经营之道，从而取得经济效益与社会效益的双赢。在他们的眼中，公益是每个公民必尽的责任；公益是每个公民应有的良知。

有这样一位老人，在和大山相伴的 59 年时间里，从大山脚下的少年成长为顶天立地的汉子，从依托大山、遨游商海变成大山脚下群众共同致富的带头人，从靠山吃山变成以山养山，将全村 400 余亩废弃采石场变成良田，重披绿装。他就是平阴县平阴镇分水岭村的张立轩。

41 年前，18 岁的张立轩高中毕业，此时的他已是村里唯一的"高学历人才"，但因不甘于天天面对贫瘠的大山过清贫的生活，和大多数人一样，他也走出大山打工求生活。在凭力气掘下"第一桶金"后，张立轩依托本村丰富的山石资源和便利的交通条件，逐步发展运输业，在经营顶峰的时候，他拥有 3 辆斯太尔大货车和 1 辆铲车，专向河北等地运输砂石等建筑材料，资产达到 100 多万元，成为村里的首富。

富裕后的张立轩没有忘记周围的乡亲，当他看到往日林木茂盛的大山因开采山石而千疮百孔，倾泻而下的山洪将乡亲的庄稼冲得东倒西歪时，心里便生出深深的内疚和强烈的责任感。他决心要"抚平大山的伤口"，为大山重披绿装，让百姓再享绿荫。

从 2005 年起，张立轩开始着手大山的治理。其间恰逢济菏高速公路工程施工进入该村，他便和县土地整理中心、镇国土所联系，想出了一个"鸡蛋换盐、两不找钱"的办法，即由县土地整理中心组织力量施工，将村里废弃采石场上的石渣运往高速公路垫路基，再从其他地方调来土方，将清理干净的采石场整理成良田，不收不支，而将采石场改造成耕地。经过三个多月的努力，第一批一大一小共 200 亩的采石场造地成功。张立轩又一鼓作气，组织力量打了一眼机井。春天，看到以往黄沙遍布的采石场变为一畦畦葡萄园时，张立轩笑了，全村人都笑了。

尝到甜头的张立轩一发不可收拾，他不顾自己年老体弱，把村里几个山头逐个寻查了一遍，准备"医"好所有"受伤的大山"。2006年上半年，他再次和县、镇有关部门联系，请求支持。随后，大型机械再次开上了荒山，不仅把残余的石渣运走，还将一些支离破碎的危险山体彻底粉碎、清理，覆上0.8米厚的土，在3个平面上造出230多亩耕地。

如今，造地工作依然在继续。年近六旬的张立轩和群众一起，在山上修地堰，平田畴。他说，不出几年，这片大山就能变得和原来一样美丽了。①

鼓励和支持老年人参加志愿服务等社会公益活动，既符合我国国情和老龄工作方针，也符合老年人的需求。老年人通过参加社会公益活动，以"志愿者"角色取代原先的"劳动者"角色，可以克服退休后容易产生的失落感，维持较好的精神状态，防止边缘化，实现健康老龄化。同时，志愿服务等社会公益活动具有巨大的社会价值和经济价值。尽管志愿服务等社会公益活动直接创造的经济价值难以计量，但志愿服务能够创造出价值，亦即产出，这一点已经得到国际社会普遍的认同。更重要的是，志愿服务等社会公益活动有助于加强和改善社会服务，协调解决社会问题，促进社会融合和进步，它甚至代表了一个国家社会资本的水平。尤其是在我国，市场经济体制的建立和经济的快速发展，使得社会结构和生活方式都发生较大的变迁，人与人之间的关系也在发生新的变化，志愿服务等社会公益活动恰好可以加强人际间的沟通和关怀，营造一个温馨和谐的社会环境。

第五节　老年人社会参与的意义

从人的发展历程看，青少年时期主要是学习、吸收、积累知识和技能的时期，在享受社会给予关怀的同时也会为社会做出一定的贡献；中青年时期

---

① 张立轩：《六旬老人一心治山》，http：//news.sina.com.cn/S/2006-10-20/042710279242S.shtml。

主要是为社会发展服务，回报社会的时期，同时也是处在继续学习、积累知识和经验的阶段；老年人一般都经历了长期的学习和社会劳动的实践锻炼，知识、经验积累较丰富，是社会各领域各部门中知识、技能、经验较成熟的一批人，是社会的宝贵财富。社会经济、政治、思想、文化的发展都需要他们的参与。正确引导和组织老人参与社会活动，挖掘他们中的劳动力和智力资源，对加速社会进步、经济发展有重大意义，其中有些人的作用是其他人无法替代的。同时，老年人的社会参与，也有利于满足老年人自身的需要，不仅可以排除老年的空虚感、失落感、孤独感，还能使他们延年益寿，有益身心健康。参与社会是人的一种天赋权利，对老年人来说，也是一样。提高老年人的社会参与水平是实行积极老龄化的关键，也是积极老龄化的精髓。研究表明，良好的社会参与，对老年人保持身心健康、提高他们的生活质量有着积极的影响。不仅如此，老年人积极的社会参与还有助于充分发挥老年人的作用，为社会发展服务，有助于促进和谐社会的建构。

1. 有利于社会政治稳定

老年人都经历了长期的社会政治生活实践，一般都具有较丰富的社会政治阅历和斗争经验，能敏锐地判断社会是非，思想观点较稳定，抵御各种腐朽和反动意识形态的能力较强，是社会政治稳定发展的重要因素，特别是在我国特殊的历史环境背景下，一大批老干部经受了各种政治考验，政治可靠、立场坚定。[1] 各单位的离休干部，只要身体条件允许的，大多都能自觉地围绕党的各项中心工作，做一些自己力所能及的事，如积极参与人民代表大会提案、经济体制改革等。主动承担一些调查研究、复查案件等力所能及的工作，对党的建设和中青年干部的传、帮、带起到了良好的作用。

在思想引导方面，离休干部更是可以发挥特殊的作用，这往往是在职干部没办法做到的。经历了十年"文革"，在很长的一段时间里人们的思想还处于混乱之中，马列主义的指导思想被严重歪曲。因此全社会特别是没有经

---

① 杨宗传：《再论老年人口的社会参与》，《武汉大学学报》（人文社会科学版），2000 年第 1 期，第 62 页。

过革命洗礼的青少年一代，有必要重新接受马列主义、共产主义以及我党优良传统作风的教育，并应当把这作为精神文明建设的重要内容。离休干部经过革命的洗礼具有坚定的革命理想，他们能够结合自己的经历，在思想和作风方面言传身教，启迪后人，更容易让人们接受。他们离休之后，以普通群众中的一员参加社会工作，平常的言谈举止，更能起到潜移默化的教育作用。党的事业后继有人，国家的政治稳定得到延续，与离休干部的大量参与是密不可分的。

"千难万难，征迁最难"，仙游县郊尾镇有位名叫韩奇宝的老干部，不论是在测绘定界、土地丈量、附属物登记确认，还是在房屋评估、群众确认、签订安置协议、项目开工现场等工作中，都有他忙碌的身影，为此，群众管他叫征迁路上的"老黄牛"。

"目前，沙溪片区一期工程已完成征地，厂房正在建设中，项目能这么快推进，奇宝老人功不可没。"华邦古典家具总经理说。

华邦古典家具是福建省莆田市奋战150天的重点项目，须征地40亩。因该公司厂房征用，须另寻厂房，征迁任务和进度尤其繁重和紧迫。曾在该村担任10年党支部书记的韩奇宝主动请缨，知难而上，带领工作队包组包户，边向群众宣传政策，边帮群众解决困难，用真情感动征迁群众。

比如，他针对征迁群众中的低保户、五保户、残疾人等实际需求，跑遍各个对口部门为征迁群众谋福利。在项目开工前，就联系业主对一些贫困征迁户给予适当救助和帮扶。同时他还注重发挥党员干部的模范作用，凡是涉及自身及亲属，都要主动签订协议。韩奇宝有6位亲属，也是被征用户，征迁刚开始时，亲属们颇有怨言。为做好亲属的思想工作，他多次组织召开家庭会议，向他们讲明项目"落地"的意义。在他的耐心劝导下，6位亲属均为项目建设"让路"。

提起韩奇宝，跟他一起共事过的同事都说："跟他共事，隐隐感受到他身上的一股韧劲和正气，像一头不知疲倦的'老黄牛'。"

仙游循环经济示范园区是福建省2010年的在建重点项目。该项目涉及征地2300多亩，一期征地620亩，迁移坟墓1000多座，涉及三埔、埕边等

5个行政村，征迁难度可想而知。这个项目在上马前，由于群众对循环经济并不是很了解，因此，大部分群众都持观望态度，项目征迁工作一度停滞不前。这一次，又是他主动站出来，接下了这一难啃的"硬骨头"。然而，土地征用、房屋拆迁是一项政策性强、程序复杂、难度大的工作，特别是补偿安置等，村民对政策吃不透，往往感到不理解甚至有抵触情绪。韩奇宝总是不厌其烦地反复向征迁群众讲解政策，晓之以理，动之以情，一次不行就两次，有时甚至要跑十几趟、几十趟。有一次，他在中暑打点滴的情况下，让家人陪同入户做群众思想工作。大伙看他那么全心全意地为他们谋利益，便纷纷为项目让路。

心系征迁　感人肺腑

2010年已57岁的韩奇宝，近年来，因年事渐高，身体也一直不好，已不宜从事繁忙的工作。镇里考虑到他的实际情况，只是让他从事离退休干部工作站的工作。但是，作为交通要冲的郊尾镇正处于先行先试、跨越发展的关键时刻，他毅然挑起了征迁工作的重担。

韩奇宝的老母亲已90岁高龄，可他一直没有时间照顾母亲。提起老母亲，这位已近花甲的老人眼里含着泪花说："我太对不起自己的老母亲，可能老人家也会理解吧！"家里还有1岁半的孙子要照顾，可他一心全扑在项目征迁的第一线。2010年6月中旬的一天，他在牛岗山跑一整天，中午又没休息，他又一次累倒了。连续挂了7天点滴，但他一天也没有耽误手中的工作。本来就清瘦的韩奇宝，又瘦了一圈，人显得更加单薄。领导和群众劝他歇一歇，可他却不依，仍旧活跃于各个片区的征迁一线，那里处处都能看到他的身影。

韩奇宝，他用一位普通共产党员的实际行动诠释着入党时的誓言，用心融入征迁群众，为征迁群众谋福利，搭起了干群"连心桥"，赢得了广大干部群众的交口赞誉，成为"和谐征迁"的一面旗帜。[①]

---

① 郑志忠、陈映真：《韩奇宝：征迁路上的"老黄牛"》，《福建日报》2010年8月26日第3版。

当前，我国正处于社会转型期，社会工作头绪多，矛盾集中。如拆迁安置、计划生育、社会治安、安全生产、环境治理、信访接待等，都是令基层干部最牵挂的问题。如何处理好这些问题，老年人有着独特的优势。一是有能力，威望高。他们年高辈长，办事牢靠，说话有分寸，无论在家庭内部还是在社会交往上，他们的意见和建议容易被人接受。二是有方法，懂人缘。他们阅历丰富，对本地人际关系演变比较清楚，谙于人情世故，善于权衡利弊，对纠纷能因势利导加以调解。三是有影响，名声大。他们在长期的工作生活中，与群众接触多、联系紧、交往深，群众对他们信任，愿意和他们说心里话，听取他们的意见和建议。他们都为构建和谐社区、调解邻里纠纷、维护社会稳定做出了特殊贡献。

2. 有利于社会经济发展

经济发展要符合发展的一般规律以及本国或者本地区的实际情况，把握发展趋势，确立科学的发展指导思想，制定符合社会规律的发展战略，制定科学的经济发展决策。而实现这些目标的重要保障就是人才资源。整个经济发展战略中最重要的是人才的发现、培养和利用，人才资源是第一资源。经济发展的重要条件中，核心是人的素质的提高，人才资源的积累和人的作用的发挥。在诸多人才资源中，除了中青年人才的培养是重中之重外，老年人才也是不可忽视的重要资源，老年人才经过多年工作的积累，经验丰富，在整个经济发展中占有十分重要的地位。老年人经过几十年的学习，一般都具有较丰富的知识和经验，往往都是各单位、部门的业务带头人或骨干，他们如继续工作仍然可发挥重要的作用，创造巨大的价值，尤其是在那些专业技术性较强、管理水平要求较高的部门其作用更重要。即使老年人不亲自参与工作，只是在工作上当"参谋"、顾问，对中青年人在业务上的传、帮、带，对中青年的成长也是能起到重要的引导作用。

老年人在闽西经济建设中的作用

来源：《闽西日报》 作者：郭厚全 林庆传

一、为全民所有制企业的创新发展奠定基础

全民所有制企业是国民经济的基本骨干，是国家经济建设和发展的基础，是社会主义事业的奠基石。离退休老同志在全民企业的创新和发展中起着举足轻重的作用。龙岩卷烟厂从改革开放之初直至今天依然是福建省的税利大户，但在当年该厂曾经历过生死存亡的考验。20 世纪 80 年代初期，当时的厂领导邱胜华、吕美森等同志和全厂职工深入探索，认真研究，确定走大胆改造、创新前进的路子，使这家全民所有制企业起死回生，也为后来的发展壮大奠定了基础。

二、为民营企业的发展壮大出谋划策

民营企业在起步阶段或在发展过程中都会遇到重重困难，需要政策、资金和技术等方面的有力支持，龙岩市的离退休同志在这方面发挥了应有的作用。他们把自己所了解的政策法律法规、筹资渠道等，都毫无保留地提供给民营企业，为民营企业的发展出谋划策。龙岩工程机械厂现在已是一家著名民营企业，在它起步之初，龙岩市直属机关扶贫基金会的离退休老同志，热情地帮助工厂征地 600 多亩，此后该厂启动资金不足，老同志又通过有关渠道帮助其贷款 1200 万元。

三、为外资企业的引进投资牵线搭桥

如何吸引外资在龙岩投资办企业？优惠政策是吸引外资的有效办法，这既要做好宣传工作，组团招商引资，还要通过关系进行沟通，建立互信。在这方面，离退休老同志就发挥了牵线搭桥的重要作用。原龙岩地区侨办主任、现客家联谊会会长曾耀东等是著名华侨胡文虎先生的同乡，他不仅通过新加坡、印度尼西亚和马来西亚的亲友积极推荐，还几次亲临华侨居住地讲解改革开放政策，引来了不少同乡回来投资办厂。

四、为农村经济的繁荣发展献计出力

离退休的农业科技专家特别关注闽西的现代农业生产，参加市老科

协的老同志成立农业科技服务队，由熟悉农、林、水专业知识的 16 位
正副高级职称的农技人员组成，先后到永定县湖坑镇江坑村、六联村和
坎市镇新罗村，上杭县中都镇都康村等，现场指导农民果树栽培管理、
养鸡鸭等；市老区建设促进委员会的老同志还走遍全市革命基点村调查
研究，指导扶贫开发，宣传科技兴农。

老年同志在海西经济尤其在闽西经济建设中继续发挥余热，尽职尽
责，其作用是不可估量的，正如胡锦涛总书记曾批示的："老科技工作者
是老年群体中的精英，是贯彻科技兴国战略中一支不可忽视的力量。"①

当前我们国家正在进行的经济体制改革，已经进入了改革的攻坚时刻，
这是推进社会主义现代化建设的一场革命，任务艰巨，意义深远。在改革的
过程中，社会各方面都有着不同程度的人才缺口，在人才的利用中，不仅要
利用好广大在职在位的中青年人才，靠在经济工作第一线同志的努力，而且
需要开发各方面的人才资源，挖掘各个层次的人才资源，特别是要利用好那
些刚从工作岗位上退下来的老年人才。这些老同志一是有多年工作中积累的
丰富的经验教训；二是具有众多的社会关系和各种渠道；三是在群众中有威
望，在经济工作中有诚信。他们参加改革，就会为经济改革、为城市的发展
增添一支积极有力的辅助力量。这一点已为实践所证明。

3. 有利于社会文化的传承

中国是有着悠久历史文化的文明古国。一代代的老年人是民族优秀思想
品德的实践者和传播者。在每一个家庭，老年人是承前启后，使我国传统优
良品德世代相传，保证家庭稳定的关键。在社会生活中，老年人是社会公德
发扬光大，抵御各种歪风邪气，保证社会和睦、友爱、安定、团结的核心。
就老年人自身来讲，老年人的社会参与对丰富老年人的生活，对其健康长
寿、安度晚年有重要意义。

---

① 郭厚全、林庆传：《老年人在海西经济建设中的作用初探》，《闽西日报》2009 年 10 月 25
日第 2 版。

老年人是我国优秀传统文化的传播者，特别是由于老年人思想端正、作风过硬，有深厚的社会文化底蕴，他们对中青少年的精神文化生活起着健康向上的指导和影响作用；他们传授青年人传统文化，教育青年人过健康积极的文化生活，用经验教育青年人，热爱党、热爱祖国、热爱社会主义，开展健康的精神文化生活。老年人是社会文化和各专业理论、科技发展的重要带头人。我国老年人由于时代的局限，从整体上看，受教育程度较低，但在老年人中也有一大批文化素质较高的劳动者。

长汀一群老人自发修复汀州古城墙

东南网－《福建日报》2012 年 6 月 12 日报道

（记者 吴旭涛 陈文波 通讯员 陈天长 赖 建 文/图）

每年 6 月的第二个星期天是我国的文化遗产日，2012 年的主题是"文化遗产与文化繁荣"。在经济飞速发展的今天，有越来越多的文化遗产在不断消亡，在此背景之下，"保护城市根脉，留住历史记忆"作为主题口号就十分重要。在长汀，一群老人自发地修复古城墙的行动就更是可贵。

汀州古城墙，从卧龙山顶两翼沿山势逶迤而下，环抱全城，交会于汀江河畔，恰似"观音挂珠"……

这是从《长汀县志》卷首的汀州城池图中，我们看到的汀州古城墙。

如果，没有这样一群老"愚公"的不懈努力，我们根本无法一睹汀州古城墙曾有的瑰丽和传奇。

"我们不修起来，下一代人就忘了"

2012 年 6 月 8 日，我们在长汀见到了 80 岁的游炳章老人，他现在还担任着长汀县汀州古城墙文物古迹修复协会会长，过几天，他要到江苏无锡接受第五届"薪火相传——中国文化遗产保护年度杰出人物"的颁奖，并汇报修复汀州古城墙的成功经验。

"我们花的钱不多，但是做了实事。保护古迹的事，看得见，摸得着，我们要用事实说服别人。"谈起得奖的原因，游炳章自豪地说。

汀州古城墙始建于唐大历十四年（公元 779 年），被损毁前全长 4119 米，依山傍水，环抱全城，形状宛如"观音挂珠"，堪称奇特。千百年来，古城墙历经沧桑，到了民国，由于城砖被盗挖铺路，古城墙遭严重损毁。从 1993 年开始，长汀县便着手修复古城墙，但因耗资巨大，终无以为继。

直到 2002 年，退休在家的游炳章带领着一批离退休干部，四处奔走，发动各方力量，开始了古城墙修复工作。

"我出生在长汀，生长在长汀，这里的文物古迹非常多，但是最有代表性的，还是唐代留下的古城墙。小时候，我们都见过这段城墙，也在上面玩过，对它有很深的感情，可惜后来被毁了。"游炳章说，"我们这群七八十岁的老人见过这段城墙，能回忆起它是什么样的，如果我们不修起来，下一代人就忘了，城墙就没了。"

于是，2002 年年底，游炳章和 39 位离退休干部共同发起成立了"汀州古城墙文物古迹修复协会"，并被推举为会长。有了协会这个平台，老人们便开始广泛发动群众，边宣传、边集资、边修复古城墙。

"为了筹集资金，我们磨破嘴皮，跑断腿"

古城墙的修复工作是一项耗资巨大的工程，最大的困难在于资金。

当时，长汀县财政并不宽裕，财政拨款不足以支撑庞大的工程开支。到 2005 年，用于古城墙修复的人工、原材料等经费不到百万元，其中 20 万元是外债。为了解决资金困难的问题，游炳章带着协会的骨干们，上北京、跑省城、走基层，甚至走街串巷，挨家挨户筹集资金。

"筹钱是最难的任务，我们磨破嘴皮，跑断腿……"回忆起四处筹钱的点点滴滴，身负重担的协会募捐组组长魏焜安感慨万千。

2003 年 10 月，他们深入居民家中，在长汀营背街社区发动募捐，大家分成两组，沿着社区两条大街，无论是商店还是民房，挨家挨户募款。"那次，我们一共花了五六天才把两条街都募捐完，一共走了 200 多户，筹了 1 万多元。"魏焜安说。

2005年，修复古城墙的资金紧缺，游炳章和魏焜安便来到龙岩筹款。他们向市直属单位、稀土公司、煤炭公司等当时较有财力的部门、企业，以及在龙岩工作的长汀人一家家募捐，整整一个星期，走访了541户，筹集了10万元资金。

此后，他们陆续到福州、广州、北京等地募捐，又在长汀每个居委会设置募捐点，发动学校师生、退休人员捐款。

10年中，协会共收到拨款、捐款超过500万元，其中有200多万元来自民间募捐。资金来之不易，老人们要把每一元钱都用在刀刃上。他们通过《简报》、媒体、会议、捐资芳名榜等及时向社会和捐款人公布每笔捐款的流向和用途。

"这群老头子做了点实事"

对这群老人来说，古城墙修复工作能进行至今，动力来自群众的支持。然而在工作之初，尽管他们兢兢业业，大家却并不领他们的情。

原本，古城墙的墙基上住着许多户人家，修复城墙意味着这些居民要拆迁；新修的墙垛也会挡住民宅的采光，或者改变市民出行的道路。这些因素导致有些群众不理解甚至产生抵触情绪。当时有不少人都不看好他们的工作，谩骂的有，说他们"放大炮"的有，还有人说"凭这些老家伙若能修复古城墙，除非公鸡下红蛋，太阳从西边出"。

这让负责宣传工作的曹清华承受了很大的压力。他已72岁，他记忆最深的是，在城墙施工的奠基典礼上，原本立的一块碑，第二天就被人砸碎了。原来是有人怕城墙影响他们家的采光。也有不理解的群众把刚砌好的墙推倒。"这让我们感到做好舆论宣传，让群众了解修复城墙的意义，支持我们的工作有多重要。"曹清华说。

于是，他们举办活动、印刷材料，大张旗鼓、大造舆论。他们组织文艺队在公园宣传表演，魏焜安还花了三晚上为活动创作《十唱修复古城墙》。他们创办了《简报》介绍工作进展，每期复印上千份发往全国各地。

除了大力宣传之外，老人们还努力深入群众做思想工作，解决好施工过程中发生的各种问题。有一天晚上，突然下起大雨，工地上的设施把居民房屋损坏了，游炳章连夜赶到现场，找到地方安置好屋主，安排人把损坏的房子修好后，再让屋主搬回。"我们这样做，群众都很感动。之前有群众破坏我们的工地，我们就上门做思想工作，一次不行几次，只要我们有耐心，群众总会理解我们的。"曹清华说。

渐渐地，随着修复工作的进展，当地居民看到了越来越完整的古城墙，感受到城墙带给他们的好处，也越来越理解老人们的工作。许多人变得热心起来，纷纷为修复古城墙捐款。

有一位 60 多岁的拾荒老人，平时生活艰苦，省吃俭用，却心系古城墙修复，一有钱就向协会捐款，虽然每次都是 10 元或 20 元，但是累积已经超过百次，一共捐了 12500 元。游炳章感叹，他们的行动终于感动了群众。

从 2002 年至 2012 年，他们修复古城墙 2400 多米，城楼两座、城门洞一个、烽火台两座，新增了一些亭、阁、道路、诗词碑廊，还开辟了一个龙潭公园。为了守住自己儿时的记忆，为了把这段有着 1200 多年历史的文化遗产留给后代，游炳章们用自己的执着和努力改变了城市面貌。

游炳章说："现在，修复起来的城墙成为大家休闲的地方，群众对我们这群老人评价很好，好多人都说：'这群老头子做了点实事'。"

接下来，他们还要把古城墙继续修复下去。游炳章希望，在有生之年，他能够让具有 1200 多年历史的汀州古城墙修复完整，重现当年汀州古城墙的古貌雄姿。

4. 有利于促进老年人的身心健康

有研究指出，人的情绪和社会活动相连。一个人参加了有意义的社会活动或为社会、为他人做出了某些贡献，他就会获得满足感、荣誉感，感到生活充实，就会有积极的、振奋的精神。如果不能满足人类的需要和个人的需要，就会产生消极的情绪。个人的需要是随着年龄的增长而变化的。一般来说，青年人重理想，中年人重事业，老年人重社会的尊重，即社会和家人对他的一生成就的承认。因此，老年人要得到真正的快乐，就要参与社会活动或从事一些力所能及的有益活动。老年人在离开工作岗位后，很容易被一种消极的情绪所困扰，这种消极的情绪是影响老年健康的主要因素之一。老年社会参与可以让老年人经济上有安全感，被社会接受，不感到寂寞，觉得自己还有用，有信仰，感到满足。老年人在退出工作岗位后，继续参加社会工作或者社会活动，不仅有利于社会经济的发展，同样，也对老年人自身的健康起着重要作用。

（1）为社会继续做贡献是老年人晚年生活的精神支柱

退休年龄只是一般性的法律对工作年龄的界定，很多老人并没有因为退休年龄的到来，而放弃继续劳动或者丧失继续劳动的能力。经过几十年的工作，他们养成了热爱劳动，追求奉献的精神，一旦因为到了退休年龄，而让他们离开工作岗位，不能再为社会做贡献，他们就会觉得自己对社会已是一个无用的人，社会再也不需要自己，就会失去心理平衡，感觉精神空虚，认为自己的生活没有价值，容易产生"无用感""遗弃感"等消极情绪。通过社会参与使老年人不会失去他们所熟悉或所热爱的工作，可以力所能及地继续为社会服务、为社会做贡献，或者继续参与社会活动和人际交往，继续接触社会，了解社会的发展变化，并发挥自己的作用，使他们不会感到孤独、无所事事，会觉得自己的生命仍有一定的内容和目标，有社会价值。老年人参与社会生活，可以使老年人拥有精神寄托，减少孤独感，从而帮助老年人树立自信，找到自尊，这也有助于老年人的心理健康，尤其是那些因为退休而无法适应老年生活的人。一般来说，社会参与程度和老年人的身体健康程度成正比，在控制其他因素的条件下，参与程度越高，老年人的身体越能保持健康状态。通过社会参与，能够重新认识自我，保持生命的活力。最重要的是，老年人通过这种参与找到老年阶段的社会角色，获得一定的社会地位，从而获得满足感、成就感和自尊感。同时也可以增强老年人对自己周围生活的控制力，克服无用感和无力感，充分发掘和运用自己的潜力。

（2）参与一定的社会活动，有利于老年人延年益寿

现代医学已经证明，无论是人的身体还是人的大脑，都需要保持一定的锻炼，才能延缓人的衰老；反之，则会加速人的衰老。老年人如继续参

与一定的社会工作或生产劳动，有利于身体的锻炼和脑力的锻炼，促进身体各器官正常运转，实现新陈代谢、延缓老化。美国哈佛大学的专家对2761名65岁以上的老人进行长达13年的前瞻性随访跟踪研究，每人每年进行一次详细调查，然后进行统计分析。13年内有62%的老人死亡。死因多与年老、男性、体重指数高、长期吸烟以及患有中风、糖尿病、心肌梗死等病症有关。他们着重调查了老人们的各种活动情况。体力活动方面有3项，包括游泳、散步等。其他社会活动11项，包括参加开会、社交活动、看电影、看球赛、上餐馆、短途旅游、玩牌及购物、烧饭菜、园艺和参加社区工作等。这些活动均按"经常参加、有时参加、不参加"三级打分，最后进行统计分析。

经过13年观察，经常参加体力活动者死亡率比不参加者要低，但很有意思的是，经常参加各种社会活动者死亡率也比不参加社会活动者低，而且降低程度与前者差不多。说明即使不能参加体育锻炼（如因患关节炎等），但多参加一些社交活动也是有益健康的。

考虑到有些社会活动（如园艺、购物及短途旅游等）也包含一定体力活动，将这几项剔除后再做统计分析，其他体力活动较少的项目也一样显示对健康有益，可减少死亡率。

为什么这些非体力活动对身体有好处？首先，是这些活动可加强细胞及体液免疫，因而减少心理紧张等所致的不良影响。其次，是这些活动使人的生活有目的、有意义，使人乐观、增加自信心，这显然对健康有益。最后，是社交活动还能扩大人际交往和交流信息，使晚年生活丰富多彩，精神更加愉悦，有利于身体的分泌系统、循环系统、吸收系统正常运转，实现心身健康。

总之，增加社会活动可以补体育活动之不足，有利于老年人延年益寿。我国即将进入老龄化社会，众多老年朋友即使不能参加体育锻炼，也应多参加社会活动，尽量多运动，而不要闭关自守、孤独幽寂。这样既可以提高生活质量，同时又延长寿命。

（3）参与一定的社会发展活动，有利于改善生活

众所周知，我国已经进入老龄化社会，与发达国家不同的是，我们是

"未富先老"。这不但表现在国家财政压力上，也表现在众多老人的家庭生活经济状况上。研究表明，老年人的经济收入主要来自三个方面，政府的养老保险、子女亲属的养老供养、老年人自己的劳动收入。当前，由于我国现阶段的实际情况，整个养老保险体系还不够完善，很多老人还没办法享受到养老保险金，尤其是广大农村地区，养老保险基本还未覆盖。另外，由于日益激烈的社会就业竞争以及物价的上涨，提高了社会的生活成本，很多老年人的子女们都面对临着较大的压力，对赡养父母有的是心有余而力不足。所以，在无法获得子女和政府的支持下，老年人自身参与社会就业，获得经济报酬，是很多老年人的选择。

综上所述，鼓励老年人参与社会发展，开发老年人力资源，可以应对由于人口老龄化而带来的劳动力短缺问题，老年人通过社会参与继续服务于我国政治、经济、文化建设，不仅能为社会继续做贡献，发挥自己的余热，提高他们的自养能力和精神文化水平，而且又缓解了老年人养老、就医等家庭和社会负担，因而是一种双赢的策略。当前，我国人口老龄化呈现出数量多、速度快的特点，解决老龄化问题面临着"未富先老"、城乡人口老龄化倒置、高龄老人和失能老人数量不断增加等特殊困难。人口老龄化的速度与工业化、城镇化、现代化建设的推进相伴随，与城乡差距、地区差距、收入差距的不断扩大相叠加，人口结构的变化对于我国经济社会发展的影响必然是广泛的、复杂的和深刻的，同时也是持久的。因此，正确认识老年社会参与的重要性，制定适合我国国情的老年社会参与的相关政策，对老年人力资源的开发，对我国社会经济可持续发展具有极为重要的意义。

第六节　老年群体社会参与程度的影响因素分析

老年人是以一定年龄作为划分标准的一个特殊的社会群体，加入这一社会群体是自然规律的必然结果。老年人有它特殊的心理状态、生理状态以及由此产生的特殊的利益需求。因而，老年人的社会参与也不可避免地受到这些需求的影响。同时根据布尔森"人在环境中"的理论，老年人的社会参与是人与环境互动的一种形式，老年人虽然已退出社会主流生活，但没有完全退出社会，其生活与行为仍受到社会的影响和制约。因此老年人的社会参与既受主观因素即个人活动能力的影响，也受客观因素即社会环境的制约。

一　健康和年龄状况

从正常的生命规律来看，老年人随着年龄的增长，身体的各方面机能都在下降，身体机能的下降是影响老年人社会参与水平的重要因素。众所周知，社会参与必须以一定的身体条件为基础，年龄增长和身体患病，都会导致身体机能的下降，脑力和体力都无法支持参与社会活动，特别是随着老年高血压等疾病的产生，更使很多老人丧失了参与社会工作的能力。不少研究认为，无论是农村的老年人还是城市的老年人，社会参与意愿与实际参与水平随着年龄的不断增加，会明显地下降，即使城市的老人参与社会的年龄更长一点，但也是随着年龄的增长社会参与的能力和意愿都呈下降的趋势。

我们的实地研究也证明了这一点，在我们走访的福建省各老年大学可以发现，在老年大学学员中凡是社会参与程度高的老人大多数是刚从岗位上退休下来、身体相对健康的老人。其中再就业或者说参与社会经济活动的老人主要集中在60~70岁，70~80岁的老人则主要在社区内活动，而80岁以上的老人则很少参与。这样的差异一方面有身体状况因素的影响，也与政府和单位在老人再就业方面的政策相关。一般来说，身体状况较好的老人活动能力也强，因此社会参与的程度也较高，而年龄高的老人身体状况一般都不太好，社会参与程度也相对不高。同时，一些单位无形中对老人再就业的年龄加以限制，以避免因老人身体状况给单位造成不必要的麻烦。

二　家庭经济状况

经济因素在影响老人社会参与中占有相当的比重。由于我国特殊的国情，在很长一段时期为了扩大就业率，长期实行低工资，尤其离退休较早的老人工资水平并不高。退休后，由于养老机制等方面的不完善，老年人收入更少了，因此不少老年人希望继续参加工作，以补充收入，来缓解生活上的需要。尽管多数老人有了养老金，维持基本的生活大都没有什么问题，但一旦有什么变故，比如物价上涨或体弱患病，他们的生活就会陷入困境。特别是现代老人都崇尚独立，不轻易向子女要钱，因此对于那些退休金不高的老人，经济上会比较困难。另外，即使那些退休金较高、经济收入较高的老人，他们自己虽然生活不愁，但他还要操心儿女的生活，特别是在目前就业竞争压力大、物价等上涨的情况下，作为父母，总想为儿女做点事情。据《法制晚报》报道，人老了，但还得给子女钱花。报道指出，从零点研究咨询集团最新调查显示，在52.4%的家庭中，"老人为子女花钱更多"，比"子女为老人花钱更多"的家庭高出近一成。此外，半数以上家庭老人对子女有"经济再哺"现象，三成左右的子女在购房时获得了父母经济上的支持。数据也表明，老年人到70岁以上才开始真正享受子女为其花钱，70岁以下的老人更多要补贴子女。29.3%的老年人会在子女购房时予以经济支持，他们在子女买车时进行资助的比例也达到12.7%。此外，给孙辈买东西也是老人为子女花钱的一种重要方式，其比例达到43.5%。

    案例4-2：泉州市鲤城区的王大娘退休后就一直在家照看孙子，她和老伴的退休金不多却也生活无忧。可是随着物价不断上涨，生活支出越来越多，培养小孙子的各种特长班收费高昂，她和老伴还得不时接济儿子一家，因此他们老两口的日子就过得紧紧巴巴。现在孙子已经上学不用冯大娘照看，她就把小区里一对年轻夫妇1岁多的孩子接到自己家照看，每个月有800元的收入。"这几年看孙子也看出经验了，与其闲着还不如帮别人带孩子，能挣钱不说，还能帮年轻人一把"，冯大娘告诉记者。这对夫妇家里没有老人照顾小孩，妈妈生完孩子后一直没有工作，现在经济比较紧张，妈妈想出去工作又放心不下孩子，把孩子交给冯大娘，因为是邻居比较放心，花费也比到外面找保姆便宜，双方都很满意这种现状。

    人口老龄化是世界人口变化的趋势，我国人口老龄化有个特点，那就是"未富先老"。在迈入"银发浪潮"的过程中，越来越多的老年人选择"再就业"，其就业形式大致可分为三类：高薪聘请型、自主创业型、普通打工型。高薪聘请型的老年人的特点是，有着较高的文化水平和较好的工作背景，一般在机关、企事业单位从事管理、技术类工作多年，经验丰富或拥有一技之长。退休之后一般享有完善的养老保障，自己没有经济压力，出于"闲不下来"或者为了子女，选择了"退而不休"。这类老年人往往尚未退休便早早被聘用单位"盯上"，再就业后的工资甚至比退休前拿得还要高，而且这一类老人的再就业时间更长。自主创业型，这一类的老人一般有着充沛的精力和良好的体魄，怀抱曾经的梦想，在退休后没有工作压力，子女成家立业后，自己也没有家庭生活负担，遂利用积蓄再次创业。普通打工型，这类老年人往往没有文化，缺乏一技之长，子女教育水平偏低，即使有一份工作，生活也不富足。这类老人以农村和城市低收入群体为主，他们虽然步入老年，却因生活所迫需要打工补贴家用，他们从事的工作也相对普通，多以体力劳动为主，一般再就业年限不会太长。

三 文化程度

很多研究表明，文化层次的高低对老人社会参与的层次有非常大的影响，文化程度的高低也影响着老年人社会参与的能力，这一点对老年人经济活动参与和政治活动参与影响最为明显。文化程度高的老人社会参与的可选择范围广、社会参与时间也相对较长，所参与的活动和工作也是较高层次的，如从事学术研究、公司顾问等。即便是参与一些社区工作或志愿性活动，文化水平高的老人，利用自己的知识、能力包括社会影响力，也会相应地成为骨干力量，继续发挥其领导、组织和协调的能力。因为他们相对来讲文化素养较高，社会资源丰富，社会责任感较强，参与的积极性也较高。而文化程度较低的老人，一方面由于其知识、技能的局限，社会参与的机会相对较少，而且即便是就业，所从事的工作也是较低层次的、简单的。如小区里的保安、清洁工人，或者自己开设个小摊做小生意。特别是那些文化程度较低的老人所参与的领域则更为狭窄。另一方面在参与公益事业和志愿性工作中，文化程度较低的老人也同样受到限制，所能参与的工作和活动也是基础性的。文化程度的高低不仅影响着老年参与的能力，也同样影响着老年社会参与的意愿。文化程度低的老人更容易受到角色退出的影响，自我感觉人老了，将成为家庭或者社会的负担；文化程度高的老人往往担任过组织管理的角色，具有更强的社会责任意识，会想办法创造各种条件，继续发挥"余热"，服务社会，回报社会。

案例4-3：刘文彬，已72岁，1959年7月毕业于南京大学气象系，教授级高级工程师，于1996年11月退休后，即被莆田市老年大学聘为气象与老年保健课的教师。他讲课的主要内容有：天气变化对老年健康的影响；灾害性天气要如何防御；各季节的气候与老年健康的关系；气象与人类健康；全球气候变暖对人类健康的影响；什么样的气象条件有利于健康；为公众健康服务的医疗气象预报等。由于他认真备课，讲解时深入浅出、生动活泼、通俗易懂，学员们反映："刘文彬教授的'气象与老年保健'为我们莆田老年大学开辟了创新独特的课程。"退休12年来，他为我国的老年事业默默地奉献着。他越干越觉得生活充实，日子过得很愉快，实现了"老有所学、老有所教、老有所为、老有所乐"的愿望。

2003年3月，刘文彬积极配合莆田市科技协会筹备成立莆田市老年科技工作者协会。10月16日，莆田市老年科技协会成立后，他被选举为秘书处副秘书长，主要负责抓科普宣传、科技咨询、职称评审和科研管理工作。他还参加节能、水产养殖、菌草栽培食用菌等课题的研究。自2004年7月，他不顾辛劳，多次与市老区促进会、市科协、市老区办、市农业局等单位联合到闽浙赣人民游击纵队闽中支队司令部纪念馆所在地大洋、钟山镇麦斜和白沙镇澳柄等革命老区，为老区群众宣传农业科技知识、义诊和文艺演出，深受群众的好评。

1997年5月，刘文彬参加了莆田市老年集邮协会成立大会。他积极参加老年集邮活动，努力学习集邮知识，撰写集邮文章，从此与集邮活动结下了不解之缘。他个人有 10 部邮集参加邮展。从 2001 年起，每年都组织市老年大学举办邮展。2006 年 11 月 20 日是莆田老年大学建校 20 周年，由市老年邮协和城区老年集邮协会承办的集邮展，得到福建老年大学校长、省政协原主席游德馨的赞扬。他个人的邮集还参加市集邮协会组织的到大专院校巡回邮展，并参加省集邮协会学术论文研讨会。

刘文彬还爱好体育锻炼，生活有规律，乐观向上，平时很少生病。从 1997 年起，他积极参与门球活动，参加门球技战术和门球裁判学习班。从 1999 年起，他参加过全国、全省和全市多次大型的门球比赛，任市老年体育协会委员、市直老年体育协会副秘书长，积极组织市直老年人参加体育活动，如门球、气排球、地掷球、台球、乒乓球、象棋等项目；还担任门球裁判长，有时一次比赛达 10 多天，他克服困难，不怕辛苦，顺利完成任务。

刘文彬一专多能，不但荣获中国气象学会全国优秀工作者、福建优秀老科技工作者和门球协会优秀裁判员等多种称号，而且在撰写学术论文方面也是多产专家。他的事迹被《中华知名人物》《世界名人录》等 10 多家知名刊物收录。

四　工作背景

工作背景和文化程度是紧密相关的，同样影响着老年人社会参与的领域和参与的形式、参与程度以及参与层次的高低。连续性理论认为，老年人在退休后很有可能会延续其在退休之前从事的工作或者活动，老人的工作经历和背景促成了老年人知识、技能和经验的积累，而这种积累具有一定的连续性，即老人在从退休后的社会参与特别是再就业中，大多数会选择与其原行业或原职位相关的工作和活动。

案例 4-4：路志正 14 岁进入其伯父路益修创办的河北中医学校学习，20 岁成为"郎中"，从医乡里，1973 年进入北京广安门中医院工作，2009 年获首批"国医大师"称号。

目前，他是医院出诊医生中最年长的。他生于 1920 年 12 月，现已 92 岁高龄，现在每周上 5 个半天班，其中 3 个半天专为普通患者把脉治病，风雨无阻，被病人称为"杂症圣手"。

北京一食品厂工人朱先生，一家四代都找路志正看病。其父亲患膝关节积水，母亲患高血压，本人患心脏病，经路老诊治，三人的病情大有好转。

朱先生的女婿患有男性病，结婚几年没孩子。经检查是精子成活率低，看了多位医生都未好转。吃了路老开的一付药，症状就有所改变，连吃几服，精子成活率逐渐正常。不久，妻子怀孕生一女孩。以后，孩子有个头痛脑热的，找路老一看就好。

凡来找路志正求医者，路老总是一视同仁。新华社有位姓何的退休职工对路老印象尤深。何女士的体重在此前几个月内从 110 斤降到 70 斤，却查不到病因，一度怀疑自己到了癌症晚期，慕名找路老求医。一见面，路老就和蔼地冲她点点头，示意她坐下，然后诊脉看舌苔，没让病人开口说一句话，就对她说："你是由于辛劳过度，造成脾胃虚弱，肝气旺盛，别着急，我很快让你好起来。"几付药下去，何女士的体重很快就恢复到了 96 斤。

学生们用"轻灵活泼"四个字形容路老开药的特点。路老开的药，药量不大，药味不杂，药性却是活泼流动的，因此不伤身又效果好。每遇到生活拮据者，老人都尽量少用贵重药，免得给病人增添负担。有记者曾看到老人为患者开的药单子中 7 付药只花了 53.1 元。

像路志正这样的老人是典型的受工作背景影响的老人，由于其所从事的行业对于本人能力和经验的要求更高，其工作能力不仅不会因为退休而退化，甚至还会因为工作的积累，经验更加丰富，能力更强。

五　个性因素

所谓个性就是一个人在思想、性格、品质、意志、情感、态度等方面不同于其他人的特质，这个特质表现于外就是他的言语方式、行为方式和情感方式等。人的个性贯穿着人的一生，影响着人的一生。正是人的个性倾向性中所包含的理想、信念、世界观，指引着人生的方向、人生的目标和人生的道路；正是人的个性特征中所包含的气质、性格、兴趣和能力，影响着和决定着人生的风貌、人生的事业。老年群体同样受老年个性的影响，老年人的个性决定着他对周围世界的认识，决定他追求什么，同样也指引着和制约着老年人的思想倾向和整个精神面貌。在个性因素的作用下，老年人会根据个人的喜好和性格特点来确定是否社会参与。事业心和进取心强烈、有着社会责任感的老年人，即使到了退休年龄依然有着强烈的壮志未酬的情怀，这样的个性将会极大地激励老年人在退休后继续参与社会工作，完成自己的追求。另外，根据连续性理论，老年人的中年期生活将会延续到老年期，这包括中年期从事的工作、业余爱好、生活习惯等。如果中年期性格开朗活跃、乐于参与社会各项活动，老年期也会继续积极投入社会活动；而中年期沉稳内向，不愿多参与与自己没有直接相关的活动，人到了老年期一般也不会热衷参与社会活动。

案例 4-5：杨贞文，1998 年从福建省顺昌县贮木场工会主席的岗位上退休。退休后十几年来，他发挥"余热"，在多个单位义务兼职，为社会继续做贡献，成为老有所为的典型。

杨贞文退休后，长期任贮木场退休干部党支部书记，多年来，该支部在杨贞文的组织领导下，多次被评为先进党支部；从 2001 年开始，他先后担任顺昌县总工会城区退休职工管理委员会理事、副理事长、理事长等职务，自 2005 年已任两届理事长；2005 年又受县老年大学聘请，任顺昌县老年大学教务室主任。他在这些岗位上，工作认真负责，积极为社会办好事，热心为老年人服务，处处助人为乐，对老年人的红白喜事，他都主动帮忙。为丰富老年大学的教学内容，他总是不间断地联系教师、寻找新的课题和新的活动项目，让老年人真正做到老有所学、老有所乐。由于他兼职比较多，基本上没有节假日，他还经常带病参加工作。

杨贞文退休后，一直坚持自己的业余爱好，撰写文艺作品，组织老年文艺骨干进行排练演出。多年来，凡是党和国家有重大政治活动，他就结合形势需要以及县里的中心工作，编写文艺作品，利用群众业余宣传阵地，组织一批又一批的老年文艺骨干参与排练演出。近几年来，杨贞文先后为县文明办公室、计划生育局、文化体育局、老干部局、老龄工作办公室、县残疾人联合会等单位组织文艺宣传活动编写并导演大量文艺节目，例如，《精神文明春常在》《婚育新风进万家》《爱我顺昌建顺昌》《防洪抢险颂英雄》《重视人口老龄化》等具有顺昌特色的文艺节目。有许多节目还荣获奖励。他还创建了一支由30多位老年文艺骨干组成的"顺昌县夕阳红文艺宣传队"，经常结合县里的中心工作，或在重大节日，组织宣传队到社区和乡镇进行宣传演出。

杨贞文同志退休后，由于老有所为，不断为社会做贡献，为老同志服务，多次受到各级领导的表彰，福建省退休职工管理委员会曾授予他"老有所为"先进个人，南平市宣传部等部门授予他"社区文化之家"，南平市精神文明建设办公室授予他"公民道德标兵"，顺昌县老干部局授予他"老年教育先进工作者"等荣誉称号。2010年老人节前夕，又被南平市老龄工作委员会办公室、市民政局、劳动和社会保障局授予"南平市'老有所为'先进个人"。

六　社会经济发展水平

经济基础决定上层建筑，一个地区的经济发展状况在一定程度上会影响其成员生活行为习惯。根据马斯洛的需求层次理论，可知通常人的需求是分层次的，只有低层次的需求得到满足后才会追求高层次的需求，社会的整体经济发展水平在一定程度上反映出社会成员的生活状况，如果社会经济的整体发展水平较低，那么其成员可能更多的是关注如何改善家庭经济状况和提高生活水平，而无暇顾及社会公益活动或者其他文化活动；而如果社会的经济发展水平较高，其成员的物质生活质量较好，那么人们将更多地关注精神文化生活的丰富性，其中包括个人的兴趣爱好及社会公益活动，这就为老年社会参与提供了有利的条件，社会宣传的各种志愿者活动、文体活动、公益活动就易于为其所接受，有助于老人形成正确的社会参与意识。另外，社会的经济发展程度将会直接影响到社会的服务设施状况，经济发展水平高，基础设施就会相对完善，能为老年人的社会参与提供各种条件，包括老年人活动室、老年人图书馆等，营造良好的休闲娱乐环境，就容易凝聚人心，便于老年社会参与工作的开展；反之，就可能给老人的活动造成不便，影响老年社会参与的积极性。据调查显示，我国经济发展较好的东部地区，尤其是经济发展较好的城市，其老年活动相对活跃，如北京、上海、深圳、广州等城市的老年人参与志愿者协会、社会公益活动、老年艺术团等各种活动已经成为一种文化。

七　社会舆论环境

马克思认为："人创造环境，同样，环境也创造人。"人是生活在一定社会中的人，人的思想和行为每时每刻都要受到环境的影响，而其中受舆论环境的影响最大。所谓社会舆论环境，是指在一定社会空间中形成的人们关于某一观念、认知、情感和意志的舆论氛围。人与社会舆论环境保持着千丝万缕的联系，时刻在传播和接受着各种舆论信息。社会舆论环境对人的思想和行为的影响具有复杂性和综合性。人们靠自己的观察只能部分地了解自我，而通过社会舆论，则可以了解自己在人们心目中的地位和形象，从而加深对自我的认识和了解，并帮助个人及时地检测和反思自己的言论、行为是否受到人们的拥护或反对，以便坚持或修正自我的言行。社会舆论作为舆论主体的情感、意志、愿望及行为趋向的反映，往往是作为一种强有力的社会意识形态而存在，对身处舆论环境之中的人们起到引导和调节的作用。具体地说，这种作用主要是通过舆论环境对个体的"他律"和"自律"两种效应体现出来的。他律效应和自律效应相结合，就构成了社会舆论对个体的引导和调节机制。

人的思想和行为受主导性舆论环境的影响最为显著，主导和支配人们的思想和行为。而老年的社会参与工作是在一定的环境中进行的，必然受到一定的社会环境的影响。由于社会舆论环境具有较强的现实针对性、目的导向性、强制约束性和持久感染性等特点，而人们的思想和观念又千差万别，因此产生的效果也截然不同。正面舆论环境是积极的、健康的，人们在这种环境中所接受的舆论引导、启迪和感染的性质是正面的、积极的和向上的。这种舆论环境使人们容易接受健康、有益思想的熏陶，保持良好的精神状态和积极的思维定式，如果整个社会都保持着对老人社会参与的积极态度，从报纸、电视、广播等各种宣传渠道鼓励、支持老年社会参与，那么整个社会就会形成好的社会参与环境。反之，如果社会的舆论普遍宣传"老人无用论""社会包袱论"和"老人退出论"，这样的舆论环境不仅不利于老年人的社会参与，还会给老年人造成巨大的心理压力，形成负面的情绪，从而影响老年人的健康。

八 社区服务设施状况和管理导向

一些研究机构通过调查发现，不仅社区服务设施对老人的社会参与具有重要影响，社区的管理服务水平对老人的社会参与也有着重要影响，尤其是对老人的政治活动、文化体育活动、社会公益活动的实际参与水平的影响更为明显。积极的社区动员有助于提升老人对政治活动的兴趣和参与热情。"社会撤离理论"认为，老人在失去更多社会角色之后，对政治生活会变得麻木，政治活动参与会逐渐消失，很多研究也证明了这一点。但在调查中发现，平时老人对社会政治生活还是很关心的，只是很少议论和表达看法，一旦社区有需要，他们的参与热情会很快被激发起来，其参与率之高甚至令人难以置信。在组织活动较好的社区，社区老人治安巡逻队、社区居民志愿者协会，都不乏老人的身影。可见，大多老人政治活动参与不足的一个重要原因是没有适宜的参与渠道和机会。一般来说，管理、服务到位的社区，老人参与社区管理的热情和积极性就高，尤其是参加志愿者活动、社区公益活动（治安巡逻、卫生扫除、生活互助等）的老人就多，反之亦然。

综上所述，老人的社会参与主要受两个因素的影响，即个人因素和社会因素。个人因素具有一定的普遍性，同时也对社会参与可能性产生非常大的影响。正如前面所述，无论是主观因素还是客观因素，均不是单独起作用，而是交互作用，因此要缩小或消除这些主客观因素对老人社会参与的影响，需要政府、社会、社区以及老人自身的共同努力。

第七节　对策建议

一　政府主导，创造社会参与条件

集中力量办大事，是我国社会主义制度的巨大政治优势，在面临日益严重的人口老龄化挑战时，政府首先应该发挥重要的作用。2002 年在马德里召开的"联合国第二届世界老龄大会"通过的《政治宣言》指出："政府在促进、提供和保证获得基本社会服务和关注老年人特殊需要方面，承担主要责任。"同年，在北京召开的第四次全国老龄工作委员会提出了"党政主导，社会参与，全民关怀"的老龄工作指导方针，这更是明确提出了政府在老年社会参与中应该发挥的作用。因此，在提高老年人的社会参与工作中，政府部门应该积极发挥起主导作用，为老年社会参与创造条件。在现代社会中，国家和政府有责任通过立法和社会政策消除年龄歧视，为老年人参与社会创造宽松的社会条件并提供精神和物质的保障。[①]

（一）引导社会树立 "积极老龄化" 理念

当前，我国对人口老龄化的认识还不够深入，尤其是对"积极老龄化"这一理念的认识还不够普及，老年"无用论"和"老年负担论"还是社会中不少人的观念，所以加强"积极老龄化"理念的宣传尤为重要。首先应加大对科学发展观的宣传力度，引导社会各界了解人口老龄化对社会、政治、经济带来的影响，推广"积极老龄化"理念，走可持续发展之路，发挥老年人及老年组织作用，树立"老年人是社会经济发展不可或缺的力量"

---

① Chris phillipson. Zntergenerational conflict and the welfare state：American and British perspectives. UCL press limited. 2006：134.

的观念；将国际社会目前极力倡导的"引导老年人走健康老龄化道路"的社会参与理念，作为政府老龄工作的重要内容。启发老年人改变价值观念，在政府政策的引领下，积极投身社会发展，从而有尊严地生活。

（二）建设老年社会参与的社会配套机制

建立合理的管理机制是推动老年社会参与的重要保障。因此，政府应从老年社会参与的机制建设着力，形成配套的政策体系和有效的平台，使企事业单位和科研、教育等多个部门协调与整合，从而有效促进老年资源的利用。首先，加大老龄科研的政策性与适用性研究，根据不同的老年群体制定相应的政策；根据退休老年人的受教育程度，研究当前老年人知识技能状况、可塑性程度、可参与的领域和方式。其次，高度重视退休年龄的限制问题，积极采取有效的措施抑制隐性退休问题和退休年龄的不断提前。"一刀切"的方式应该受到法律制止，不到退休年龄的人回归社会后，政府及有关部门应负责及时进行再就业的培训、指导与帮助，而不能直接寄托于老年时段的政策性保障。另外，在社区建设方面，更要注重老年人作用的发挥。建议在适当时机设立"老有所为"政府奖项，对为支持老年社会参与并取得显著成效的单位、个人及老年人给予隆重表彰和奖励。在遵循市场规律的情况下，发挥政府的主导作用。

（三）制定合理的老年人才开发政策

在人才政策上，国家应该高度重视老年人才资源的开发，老年人经过几十年的工作，有着丰富的经验积累，是极其宝贵的人才资源。因此，各级政府不仅要把老年人力资源纳入其人力资源开发的总体规划，而且还要当做重要的人才宝藏来挖掘，坚持充分开发与合理使用劳动力的原则，做到开发与保护相互兼顾，根据老年人自身的生理和心理特点，有差别、有组织、有计划、有针对性地进行开发和利用老年人力资源，解决老龄化带来的社会问题，使老年人的社会参与实现规范化、制度化和有序化的发展；同时要为老年人力资源的开发提供必要的物质保障和政策支持，如资金投入，人力支持，帮助管理，协调关系等。

（四）完善保护老年人合法权益的法律法规

在法律保障上，国家相关部门应研究制定保护老年人劳动权利的再就业法规，从法律上保护老年人的合法权益，禁止以老龄为条件歧视或阻碍老年人再就业。当前，我国在保护老年人就业上的法律还相当不完善，这给老年人就业造成了一定的困难，不仅受到年龄上的歧视，合法权益还会受到侵犯。同时，还应从法律上保障老年人的社会公益参与，保障他们的合法参与权。国家应当为老年人参与社会主义物质文明和精神文明建设创造条件。根据社会需要和可能，鼓励老年人在自愿和量力的情况下，从事下列活动：对青少年和儿童进行社会主义、爱国主义、集体主义教育和艰苦奋斗等优良传统教育；传授文化和科技知识；提供咨询服务；依法参与科技开发和应用；依法从事经营和生产活动；兴办社会公益事业；参与维护社会治安、协助调解民间纠纷；参加其他社会活动。

（五）创造好的舆论氛围

由于老年社会参与在我国还没能很好地普及，"老人无用论"还是很多人的思维方式，老年人在社会参与过程中还要承担着巨大的舆论压力。所以政府应该通过积极的宣传，通过电视、报纸、社区宣传栏等宣传媒介，积极宣传老年人社会参与的积极意义，同时，还可以通过表彰典型的方式鼓舞老年人积极参与社会。让社会和老年人明确：参与社会发展是每个老年人应有的权利，社会各界应鼓励和支持老年人参与社会各项政治、经济、文化活动，破除老年"无用论"和"包袱论"观念，给老年人参与社会发展创造一个宽松的舆论环境，在精神上鼓励老年人参与社会。

（六）积极推动老年人教育服务

老年大学是指为全社会为老年人设立的传授知识和技术的培训学校。通过老年大学的教学活动，不但能为老年人的晚年生活增加丰富的活动内容和生活情趣，更能使老人获得许多保健的知识。同时，老年人也可以通过在老年大学学到的知识，继续参与社会建设、服务社会。我国的老年人大多有参与社会发展的强烈愿望，凭借自己的经验和特有的优势，通过各种形式积极参加社会主义建设，在教育传授、参谋咨询、社会公益、生产经营、老年群体的自我服务等不同的领域发挥作用，继续为社会创造物质财富和精神财富。加快老年教育方向的调整，结合社会发展与个人生活质量提高的需要，加大加快老年教育中各类技能的培训，使之成为广大老年群众学习新知识、掌握新技能、适应社会发展、自主创造生活的课堂，帮助老年人学到实际工作和生活中可用的东西，从而走上积极、平和、健康的生活道路，而不能将老年教育作为单一娱乐和"贵族"类服务模式。

案例 4 - 6：2002 年，福建省上杭县退休女教师谢济南发起组织了一个 13 人的曙光艺术团。他们克服重重困难，自编自演节目，开展宣传。紧接着 2003 年 9 月，中共上杭县委老干部局等 7 家单位联合发文成立上杭县夕阳红文体俱乐部领导小组，并以原曙光艺术团为基础组建了夕阳红宣传队。他们除宣传活动外，还努力创办了广场舞与腰鼓培训班，参训的城区与各乡镇骨干近 500 人。他们直接到各乡镇指导各种老年文体活动，全县 20 多个乡镇全都有了老人文体活动队伍，老人的文体活动如雨后春笋般展开，除少数偏远地区外，到处都活跃着老年人的身影，其中最普遍的就是健身操、广场舞、秧歌舞和腰鼓队，还有太极拳、柔力球、门球、桌球、台球等，经历了一个从"一枝独秀"到"全面开花"的过程。

上杭老年文体生活的兴起与发展，也经历了一个人们思想观念巨大转变的过程：古往今来，有谁看到过成群的老人在光天化日之下扭腰舞肢的？所以，当曙光艺术团在广场上现身的时候，人们还目瞪口呆地看新鲜，看"老怪物"。各种议论和讥讽声不绝于耳："这些老鬼得了神经病，丢人现眼。""满脸皱纹，腰粗背拱，还敢出来显摆。""老鬼们在垂死挣扎！""还不是想出风头，想赚钱！"还有的人是捂着脸偷看，摁着耳朵偷听，不好意思直面老人的表演。但是到现在，人们已经完全认可了，参加活动的人布满广场，而且原来看不惯的人现在跳得最起劲。这就是说，老年人的文体活动经过了一个人们从排异到热心参与的过程。

　　上杭县老年文化活动的蓬勃兴起，原因主要是：民间自发组织、政府引导推进、社会关注赞助、家庭支持配合。在老年朋友自行组织了曙光艺术团之后，政府相关部门发文组织以原曙光艺术团为基础的夕阳红宣传队，并赋予其培训全县骨干的任务，大大推进了老年文体活动的发展。在活动中，除了县财乡财解决一部分外，还有社会的支持赞助，不少热心人士都慷慨解囊。老人们的活动离不开家庭的谅解支持，好多老人的子女都主动承担家务，让老人们去参加活动。

二　社会支持，搭建社会参与平台

　　"社会支持"是指个体获得来自他人（家庭、亲属、朋友、同事等）和社会各方面（社会团体和社会组织）心理上和物质上的援助。在老年社会参与的社会支持中可以分为两个层次：一个是社会团体和社会组织的支持；另一个是社区的支持。

（一）社会团体和社会组织的支持

　　随着我国经济改革的不断深入，政府的部分职能转移，社团组织的职能和影响力不断扩大，因此，社团组织的支持成为社会支持的重要组成部分。社团组织在老人社会参与方面发挥着越来越重要的作用。

　　一是提供多元化的服务。社团组织具有非营利性，思维活跃，视野开阔，可以提供陪护、照顾、教育、医疗、康复、信息等不同的服务，以满足各层次老人的需要，从而成为独立的服务主体。社团组织可以将兴趣相同的老年人组织起来，凝聚能量，不仅可以扩大老年的交际范围，还可以更好地为社会服务。老年人可以根据自己的需要，选择适合自己的社团组织。比如擅长书法的，可以选择参加书画类的社团组织，通过社团组织扩大自己的社会服务、社会参与范围；热衷于环境保护的老人可以选择参加老人环境保护协会等，积极为社会环境保护做贡献。

　　二是提供物质支持，动员各种社会力量开展"助老"活动。目前，我国经济虽然处于高速发展时期，但是人均发展水平还相对较低；社会也正处于转型期，许多制度、规范还不健全，有些事情仅靠政府一时还解决不了，在如此情况下，社团组织将发挥重要的作用。社团组织可以为老年活动提供各种支持，包括活动场所、活动经费等。

三是节约社会成本，使社会团体组织的运行更加灵活，更加符合实际，特别是老年协会能更好地为老年服务，使老年人成为老龄事业发展中可以依靠的支柱，做到"以老养老"。社会团体组织更加熟悉组织中老年人的身体、心理特质，可以最大限度地减少资金浪费，根据老年人不同的文化程度、从事职业、经济状况、技能及特长、参与社会发展及活动的主要动机等，把与他们利益密切相关的工作交给他们来完成，这对于创造条件吸纳更多的低龄、健康老人参与其中具有重要的意义。而不是通过盲目增加各级老龄行政工作人员的做法去完成，这样既大大降低了行政成本，又保证了工作质量，同时解决了"老年协会组织长期无事做"、老龄行政部门"人浮于事"的尴尬局面。

（二）社区支持

社区是老人活动最主要的场所，随着老人年龄的增长，身体机能的下降，其活动范围也越来越小，主要集中在社区。所以，积极推进社区建设，把社会参与的平台建在老年人的家门口，为老年社会参与提供多元化的社会参与空间，是推进老年社会参与最为现实也最为可行的方法。"社区小社会，社会大社区"——从政治、经济、文化、生活到教育、就业、医疗、卫生、健康、生活服务等无一不浓缩在社区之中，而作为退休在家的老年人更和社区有着千丝万缕的联系，可以说老年人参与社会的活动是以社区为中心的，更重要的是在老年人社会参与问题上社区有着其他任何单位无法比拟的优势，其丰富的社会资源和便利的沟通环境，是搭建老年人社会参与平台的有利途径。① 一方面，要加强社会基础设施建设，为老年活动提供合适的场所，如社区小公园的建设，适当增加一些适宜老年人活动的运动器材，这能满足老年人锻炼身体的基本需要。同时还应多

---

① 刘颂：《积极老龄化框架下老年社会参与的难点及对策》，《南京人口管理干部学院学报》2006 年第 4 期。

设立些石桌、石凳等老年人交流活动场地，方便老年人交流。另外，每个有能力的街道都应建立有一定规模的老年活动中心，集老年学校、康复医疗、健康咨询、运动健身、聊天交流、电脑娱乐等多种活动内容为一体的活动场所，为老年人提供全方位的社区参与平台。另一方面，在管理上要积极引导，引导鼓励社区更多地组织和开展老年人活动，对积极参与老年活动的给予充分的肯定和表扬，对社会参与意愿不强的老人要积极动员，充分发挥那些参与意愿强的老年骨干的带动作用，做到有条件老人的全面参与，从而完善社区支持体系的建设。

三 培养老人社会参与意识

政府引导、社会支持，都是为老年人的社会参与创造一定的客观环境，所提供的都是外在条件和前提。提高老年人的社会参与率关键在于老年人自身。老年人自身是社会参与的主体，只有老年人自身认识到参与社会的必要性和重要性，采取积极主动的态度去参与社会，才能切实提高社会参与率。

首先，在思想上老年人应该彻底摒弃老年人在退休后的消极情绪，转变社会及他人对自身"老不中用"的传统观念，树立"老有所为""老当益壮"的积极观念，这也是提高老年人社会参与率的前提条件。传统观点认为，老年人在退休以后，就该退出社会工作，"享受天伦之乐"。要改变社会对老年人的错误观念，老年人需要更多地被鼓励参与到社会中，这是改善老人社会参与状况的有效途径之一。

其次，要转变老人退休了就一退全退的观念。很多老人虽然在年龄上达到了退休年龄，但身体各方面依然健康，完全具备继续参与社会工作的条件和能力，甚至在某些岗位和领域退休的老人其经验更加宝贵，在工作能力上甚至还优于年轻人。这一类老年人不愿参与社会工作，往往是其思想观念的问题，他们觉得老了退休了，就应该完全地退出社会，不应该再过问自己生活以外的事情。对于这一类老人，要加强思想上的引导，让他们知道自己依然有参与社会经济建设的权利和义务，在条件允许的情况下应该积极发挥自己的"余热",奉献社会。

最后,要在参与方式和方法上积极引导。社会发展越迅速,生产方式越多种多样,老年人参与的方式也可以是多种多样的。很多老人在退出自己熟悉的工作领域,回归社区后,认为参与方式就是跟社区的老人打打牌、聊聊天、宣传点信息什么的。对于这一类老人,要开拓他们的参与领域,培养他们积极参与更多活动领域的意识和技能,从而充分发挥他们的潜能。

四 家庭鼓励老人社会参与

子女是老人最亲近的人,他们之间的互动会极大影响老人生活方式的改变。很多老人都很在意孩子对自己参加社会活动的看法,很在意孩子的态度,不想给孩子添乱,是很多老人不参与社会的重要原因。有的子女因为担心老人过多的社会活动会带来意外伤害,出于关心,限制老人的社会参与,老人因为不愿给子女增加负担,而减少社会参与。因此加强对家庭子女的教育,对鼓励老年社会参与具有重要意义。家庭子女为了老人的身心健康应该积极支持老年人的社会参与。

首先,在思想观念上鼓励自己的父母积极参与社会。要向父母积极宣传社会参与的重要意义,让他们认识到自己参与社会对社会、对家庭、对自己的身心健康都具有重要的作用。有些思想保守的老年人在面对参与时,担心自己被贴上"老而不退"的标签,作为子女的应该帮助自己的父母突破这样的思想障碍,让他们毫无心理负担,怀着积极的心态积极参与社会活动。

其次,要为父母创造好的社会参与条件。对于很多缺少社会资源的老年人,在退休后想继续参与社会活动有着诸多的条件限制,子女要积极为老年人创造各种条件,为父母参与社会提供好的平台。比如为父母付学费,让父母参加老年教育,因为老年教育是老年社会参与的重要平台。所以,有条件的家庭,应该积极支持老人参与老年继续教育,为老人社会参与提供条件。另外,子女可以为父母介绍各种志愿者协会、老年人组织等,让父母融入新的环境,做自己喜欢的事情。很多老年人由于缺少信息或者社会资源,没有机会参与到一些老年组织中去，作为子女应该努力为父母提供各种信息，供父母选择参与，并积极引导让他们参与进去。

马克思、恩格斯在《神圣的家族》中指出，既然人是天生社会的生物，那它就只有在社会中才能发挥其天性。在马克思、恩格斯看来，人的价值是一个社会的范畴，是表明人在现实生活中所处的社会地位和所具有的社会功能范畴，即对社会的贡献和社会对人的尊重和满足。因此人的价值只能通过社会关系而存在。或者说，只能通过对社会发展的参与而表现出来，获得实现。这样，无论是对于人还是对于社会，保证人对社会发展的参与才是实现人的价值的有效途径。通过社会参与来实现社会价值，对老年人而言，也是由于自身的需要。作为人的一个特殊群体，老年人同其他人群一样，有参与社会生产和社会发展的需求，有作为人所必然享有的各种权利，有从社会获得维护生产和发展所必须的物质保障，有获得精神文化满足的需求，并在其中实现老有所为的需求。因此，"人尽其才，才尽其用"既是老年人继续为社会做贡献的需要，又是老年人实现其价值的需要，满足这两项需要的最佳途径是参与社会发展，要实现"老有所为"，继续为社会做贡献和实现自我价值，保障老年人以多种形式进行社会参与，老年人力资源的开发也势在必行。在我国"未富先老"的情况下，如果不能充分利用老年人资源的话，不仅将面临着巨大的社会养老压力，还将面临着巨大的劳动力短缺压力。反之，若能充分利用老年资源，将很好地解决上述两个问题。因此，鼓励老年人参与社会发展，实现积极的老龄化应该成为全社会的共识。发挥老年人的潜力不仅是老龄社会发展的重要基础，也是构建与发展和谐社会的一个不容忽视的因素。"老年人是社会的宝贵财富"这句话，绝不只是一句表示对老年人尊重的话，更是一个不容否认的客观事实。全社会上下都要重视和珍惜老年人的知识、经验和技能，尊重他们的优良品德，积极创造条件，发挥老年人的专长和作用，鼓励和支持老年人融入社会，继续参与社会发展和服务经济建设。这必将大大加快我国社会主义现代化建设步伐，为落实科学发展观，实现社会的健康可持续发展奠定基础。

参考文献

［1］ 刘颂：《积极老龄化框架下老年社会参与的难点及对策》，《南京人口管理干部学院学报》2006 年第 4 期。

［2］ 韦璞：《老年妇女参与现状及其影响因素》，《市场与人口分析》2007 年第 13 期。

［3］ 邹苍萍、姜向群：《老年学概论》，中国人民大学出版社，2006。

［4］ 杨宗传：《再论老年人口的社会参与》，《武汉大学学报》2000 年第 1 期。

［5］ 李卓声：《长春市城区老年人体育态度与体育参与现状研究》，《东北师范大学》2007 年第 12 期。

［6］ 梁娟：《武汉市空巢老人体育生活方式的初步研究》，《武汉体育学院》2008 年第 5 期。

［7］ 段世江、张辉：《老年人社会参与的概念和理论基础研究》，《河北大学成教育学院学报》2008 年第 9 期。

［8］ 左伟、吕立国：《高校退休老师社会参与的调查研究》，《吉林师范大学学报》（人文社会科学版）2008 年第 6 期。

［9］ 李宗华：《近 30 年来关于老年人社会参与研究的综述》，《东岳论丛》2009 年第 8 期。

［10］ 张玉枝：《老年人就业和社会参与：一个重要的研究命题》，《社会学期刊》2009 年第 1 期。

第五章　发展老年教育事业

老年教育，是以老年人为教育对象，通过科学的教育方式以及老年人的自主学习，全面提高老年人的整体素质、提升老年人的生活质量和生命质量为目标的一种教育活动。老年教育是社会发展进入到老龄化时代的产物，是一个时代社会进步的客观反映。当前在全世界190多个国家和地区中，约有60个已经进入"老年型"，而我国由于实行全面的计划生育政策，导致老龄化发展速度更快于发达国家并居于发展中国家首位，且老龄人口绝对数量大。物质上的殷实使越来越多的老年人追求精神上的富足。《中华人民共和国老年人权益保障法》规定，老年人有继续受教育的权利。为了达到"老有所学、老有所乐、老有所为"的目的，使老年人的晚年生活更加充实、更加幸福、更有尊严，为广大老年人开展老年教育就具有重大而深远的意义。因此，加强老年教育发展与管理，是时代发展的趋势和社会进步的要求。

第一节　社会管理中的老年教育

老年教育是贯彻党中央提出的"老有所养、老有所医、老有所教、老有所学、老有所乐、老有所为"的重要平台。发展老年教育，让老年人共享社会教育资源，是积极老龄化与社会经济可持续发展的战略选择，是实现学习型社会和构建终身教育体系的重要方面，是加强和创新社会管理的重要组成部分。同时，老年教育作为一种促进人的发展，提高人的素质的有效手段，是老年人发展自我、追求价值的重要方式。

一 发展老年教育的重要性

（一）丰富老年人精神生活，提高生命质量

老年教育是教育事业的有机组成部分，也是终身教育体系不可缺少的最后阶段，是提高老年人的生活质量和生存质量，丰富老年人精神文化生活、使之跟上时代步伐的有效途径，是老年人文化活动的重要形式。老年教育是以老年人为主体，以满足老年人精神文化生活需求为目的，增进老年人参与社会，实现老年价值，提高生活质量与生命质量为其宗旨的综合性社会教育。老年教育重在倡导科学、文明、健康的生活方式，对提高老年人生活和生命质量发挥着重大作用。

对老年人的养老不仅包括物质的经济生活，更重要的是给予精神慰藉。老年人虽然已过了生命力最旺盛的时期，但对知识的追求，对精神文化生活的追求却没有减弱。我国老年人数量庞大、结构复杂，他们离开工作岗位后，在心理和生活环境上无法很快适应，交际圈变得有限，经常会感到失落、孤独和寂寞，性格内向的老年人甚至会封闭自己，与外界失去联系。老年教育是满足老年人精神文化生活的主要阵地，老年教育作为一种有效途径使老年人参与社会，学习新知识，掌握新技能，从而融入社会，从中获得成就感、愉悦感和充实感，丰富了老年人的精神文化生活，增加了老年人的幸福感，促进了和谐社会建设。按照世界卫生组织的界定，生命质量是指个体根据其所处的文化背景、价值体系对自身生活的主观感受，包括自然生命质量、精神生命质量、价值生命质量和智慧生命质量。目前各地老年大学主要以娱乐、健身为教学内容，开设声乐班、器乐班、文艺班、英语班、电脑班、插花班、美术班、舞蹈班、保健班等课程，较大满足了各类群体的多种需求，老年学校真正成为老年朋友们老有所学的场所，寓教于乐的阵地，增长知识的乐园。通过继续学习和再教育，更新了观念，扩大了视野，实现了自我和人生价值，生命质量也随之提高。

（二）扩展知识和技能，促进老年人力资源开发

大力发展老年教育事业，是积极应对我国人口老龄化挑战的一项重要举

措。然而，如何使庞大的"包袱"转化成宝贵的人力资源，是摆在21世纪人们面前重要而严峻的课题。老年人拥有丰富的社会经验，具有知识面广、人生阅历丰富、看问题全面、时间充裕、参与各项活动机动灵活和热心公益等优点，是社会重要的人力资源和宝藏。随着老年教育的普及让更多的老年人参与到有计划的学习中来，使开发老年人力资源得以继续开发，提高老年人的自养能力，可以使缓解政府和社会的财政压力。1990年5月正式成立，由我国老干部和老红军组成的、少年儿童的一个组织机构——关心下一代工作委员会，就发挥各个领域的老学者、老专家、老劳模的优势，深入基层，对青少年进行革命传统、爱国主义、集体主义、社会主义教育，法制和科学技术教育。这是在国家层面上承认年长者人力资源可以再开发、再利用。[①]老年教育可以使老年人公平地参与到社会活动中，促进年长者人力资源再开发、再利用。更好地分享社会经济发展的成果，更有利于和谐社会的构建，以实现人的全面发展。使有条件的老年人参与就业，一方面可以增加老年人的经济收入，增强自我保障能力，减轻子女的供养负担；另一方面可以减轻政府财政压力，降低社会负担，为社会经济的可持续发展提供健康的社会环境，还在一定程度上缓解人力资源短缺现象。

二　老年教育管理是社会管理的重要组成部分

（一）社会管理离不开老年教育

社会管理是人类社会必不可少的一项管理活动。所谓社会管理，是指中共各级党组织和政府机构以及其他社会主体，运用法律、法规、政策、道德、价值信仰、习俗等社会规范体系，直接或间接地对社会不同领域和各个环节进行服务、协调、组织、监控的过程和活动，它与中国特色社会主义经济建设、政治建设、文化建设、社会建设以及生态文明建设密切相关，是社

---

① 丁盼盼：《福建省老年人力资源开发研究——基于老年教育角度》，福建农林大学硕士论文，2012年。

会建设的重要内容，是政府职能的重要组成部分①。其主要任务是协调社会关系、规范社会行为、解决社会问题、化解社会矛盾、促进社会公正、应对社会风险、保持社会稳定等方面，以促进政治、经济、社会、文化和自然协调发展。加强和创新社会管理已经摆上我国政治的最高议程，成为我党执政的新课题。2004年6月，党的十六届四中全会提出要"加强社会建设和管理，推进社会管理体制创新"。2007年党的十七大报告进一步提出要"建立健全党委领导、政府负责、社会协同、公众参与的社会管理格局"。"十二五"规划建议中更是提出要"加强社会管理能力建设"，"创新社会管理机制"。胡锦涛在省部级主要领导干部社会管理及其创新专题研讨班开班式上发表重要讲话强调："社会管理，说到底是对人的管理和服务，涉及广大人民群众切身利益，必须始终坚持以人为本、执政为民，切实贯彻党的全心全意为人民服务的根本宗旨，不断实现好、维护好、发展好最广大人民根本利益。"如何在新的发展背景下，实现有效的社会管理创新，成为当代人必须思考的问题。

老年人作为人民群众中的重要组成人群，是社会管理创新的"参与者""示范者"和"推动者"，要维持社会和谐稳定，丰富老年群体精神生活并开发利用这座宝藏，通过以老年大学（学校）为载体的各种形式和途径，对老年群体进行思想教育、道德教育、技能教育、健康教育和娱乐教育，凝聚积极向上、健康进步的力量，充分发挥他们的作用，是加强和创新社会管理的必然要求。由于老年教育是特定时代的产物，是党联系老干部和老年人的桥梁和纽带，加强老年人的思想政治建设，能有效实现社会的管理创新，老年教育工作还是党和政府教育工作和社会工作的重要组成部分。老年教育工作事关社会发展、政治稳定、社会和谐及人民福祉，是党和国家政治、经济、文化、社会发展的重要组成部分。老年教育作为社会管理的一座"富矿"，能够进一步发挥老年教育在社会管理中的作用，体现"积极老龄化"的目标，具体体现方式是兴办老年大学（学校）。各地兴办老年大学（学

---

① 赵天明：《浅议如何加强和创新社会管理》，《华章》2011年第30期。

校）的实践证明：老年教育在社会管理上是促进社会和谐的抓手，精神文明建设的帮手，维护社会稳定的助手。管理的本质是为人民服务，办好老年大学就是为人民群众服务，就是创新社会管理。因而，在抓好社会管理的思想指导下，加强老年教育的社会管理、行政管理、教学管理、文化管理，推动学校各项工作的协调发展，促进老年教育事业的发展。

（二）老年教育促进和谐社会建设

没有老年群体的稳定，就谈不上社会稳定。由于迅速老龄化必然会给社会管理带来极大的挑战，如果处理不好就会影响到"实现民族伟大复兴"的目标的实现。但最近 20 余年的老年教育蓬勃发展，在某种程度达到了缓解甚至减轻由此带来的社会压力。老年教育是老年群体的"稳定器"，是稳定老年群体的有效载体，是构建和谐社会的重要手段。老年教育通过对老年人进行思想政治教育，以确保他们始终具有坚定的理想信念，从而产生了强大的凝聚力和战斗力，为建设中国特色社会主义再立新功。同时，老年人通过学习，及时更新法制知识，不仅在家庭中改善了家庭氛围，促进家庭成员整体素质的提高，改善所在社区居民的人际关系，培养了社区意识并增强社区凝聚力和向心力，同时还在社会主义民主与法制建设中起到了教育、宣传作用，促进了和谐社会建设。因而，在"知识大爆炸"时代老年人更要继续学习，才能在各种纷繁复杂的情况下经受住考验，坚定信念，明辨是非，继续为人民做出贡献。

第二节　老年教育近年发展概况

随着近年来终身教育理念的深入人心，学习型社会建设的持续开展，从 1972 年法国图卢兹社会学大学的皮埃尔·维斯教授等发起创办的全球第一所老年大学以来，各国纷纷成立老年大学、老年学校、老年协会等机构，以促进老年教育事业发展。老年学校教育是当前我国老年教育的主要形式，其中老年大学是主体。我国的老年大学是老年学校教育的最主要形式，由政府主导，统筹安排，宏观管理；社会参与，办学模式多元化；学校独立设置，面向社会，自主办学。自我国于 1983 年 9 月在山东省创办了第一所老年大学以来，老年大学已走过了 29 年的历程，老年教育事业逐渐得到重视和发展。各地老年大学如雨后春笋般涌现出来，有力地推动了我国老年教育事业的发展。

一 老年教育发展背景

（一）人口老龄化的推动

据联合国统计，全球目前约有 6 亿人口年龄在 60 岁以上，这一数字预计到 2025 年将翻一番，并在 2050 年达到 20 亿。来自民政部和全国老龄工作委员会办公室等部门的资料显示[①]，从 2009 年开始，我国老龄化将步入快速发展时期，老年人口将年均增加 800 万至 900 万；截至 2011 年年底，中国 60 岁及以上老年人口已达 1.85 亿，占总人口的 13.7%，预测到 2013 年年底将超过 2 亿，到 2015 年将达到 2.21 亿，占总人口的 16%，到 2020 年，较当前将增长 1 个亿，将占总人口的 17.2%，即平均每年增加近 600 万老年人口，因此，预计到 2050 年我国将进入重度老龄化阶段。全国老龄工作委员会办公室 2006 年发布的《中国人口老龄化发展趋势预测研究报告》[②] 将我国人口老龄化从 2001~2100 年的发展分为三个阶段：第一阶段，2001~2020 年是快速老龄化阶段。该阶段中国将平均每年新增 596 万老年人口，年均增长速度达到 3.28%，到 2020 年，老年人口将达到 2.48 亿，老龄化水平将达到 17.17%，其中，80 岁及以上老年人口将达到 3067 万，占老年人口的 12.37%。第二阶段，2021~2050 年是加速老龄化阶段。这一阶段中国老年人口数量开始加速增长，平均每年增加 620 万，到 2023 年，老年人口数量将增加到 2.7 亿，与 0~14 岁少儿人口数量相等。到 2050 年，老年人口总量将超过 4 亿，老龄化水平推进到 30% 以上，其中，80 岁及以上老年人口将达到 9448 万，占老年人口的 21.78%。第三阶段，2051~2100 年是稳定的重度老龄化阶段。2051 年，中国老年人口规模将达到峰值 4.37 亿，约为少儿人

---

① 人民网—人民日报：我国每年新增老年人口 800 万至 900 万 [EB/OL]，（2009 - 10 - 26）http：//www.1otc.cn/html/news/20100404/1090_1.html。
② 中国人口老龄化发展趋势预测研究报告 [EB/OL]，（2006 - 02 - 23）http：//news.sohu.com/20060223/n241988987.shtml。

口数量的 2 倍。这一阶段，老年人口规模将稳定在 3 亿~4 亿，老龄化水平基本稳定在 31% 左右，80 岁及以上高龄老人占老年总人口的比重将保持在 25%~30%，进入一个高度老龄化的平台期。[①] 为了积极应对老龄化问题，1982 年，老龄化问题世界大会在联合国的倡议下通过了《维也纳老龄问题国际行动计划》；2002 年，第二次老龄化问题世界大会通过了《马德里老龄问题国际行动计划》，以回应 21 世纪人口老龄化带来的机遇和挑战；2012 年是该计划通过 10 周年纪念，为了彰显这一即将到来的里程碑，2012 年的老年人日宣传主题为："起动马德里 +10：全球老龄化的机遇与挑战日增"。

　　改革开放以来，福建省人口老龄化程度也日益严重，根据《2010 年第六次全国人口普查福建主要数据》[②] 显示，2010 年福建省总人口 3689 万，其中 60 岁及以上人口为 421 万，占总人口的 11.42%，65 岁以上人口 291 万，占总人口比重为 7.89%。按照国际惯例，一个地区 65 岁以上老年人在总人口中的总比例超过 7%，或 60 岁以上人口超过 10%，便称为"老年型"，由此可见，福建省已经步入老龄化社会。据推算，到 2015 年，全省 60 岁及以上老年人口将达到 539 万，约占总人口的 14.16%。近 10 年来，80 岁及以上高龄老年人增加了近一倍，目前达到 60 万。[③]

　　人口老龄化的加速，呼吁社会加强对老年群体的重视与管理，亟须早日解决好老年人的文化教育精神生活。因而，在人口老龄化的推动下，为实现积极老龄化，发展老年教育是有效途径。

　　（二）终身教育、 学习型社会的兴起

　　古人云："活到老，学到老"，道出了教育与生命的关系。终身教育是一个人在一生中所受到的各种教育的总和，老年教育自然包括在其中。1965 年法国成人教育专家保罗·朗格朗（Parl Lengrand）在第三届促进成人教育的国

---

① 朱琎：《江西省老年人力资源开发研究》，南昌大学硕士论文，2007 年。

② 福建省统计局外部信息网：福建省 2010 年第六次全国人口普查主要数据公报 ［EB/OL］，（2010 - 05 - 15）http：//www. stats - fj. gov. cn/xxgk/tjgz/zxgg/0201105250027. html。

③ 福建省中长期人才发展规划纲要（2010~2020 年）［EB/OL］，（2010 - 12 - 06）http：//www. fjsen. com/u/2010 - 12/06/content_ 3907523. htm。

际会议上，第一次明确提出了"终身教育"的议题，并于 1970 年出版了《终身教育导论》，不仅在理论上冲破了传统教育的桎梏，提出令人耳目一新的教育观念，而且在世界范围内掀起了一场全民教育、终身教育的高潮。终身教育的核心思想是，学习应该贯穿人的一生，从幼儿教育到老年教育，都纳入终身教育，终身教育思想已成为当今世界各国教育改革的指导原则。作为一种最有生命力的教育思想，终身教育已日益深入人心，在世界教育领域中引起了一场广泛而深刻的革命。1972 年联合国教科文组织（简称 UNESCO）的报告《学会生存——教育世界的今天与明天》以建议的形式向世界各国政府提出了：发展终身教育，以适应社会发展的需要。1976 年 UNESCO 发表的《成人教育发展建议》指出，改变当前的教育制度结构，并且开发教育体系外的整体教育潜能。教育与学习应延伸到人的一生，其内容包括所有技能与知识，并且运用所有可能的方法，促使人人有充分发展人格的机会。1985 年第四次巴黎国际成人教育大会指出：学习是成人不可剥夺的权利，是社会公平的重要标尺，是 21 世纪发展的关键。1997 年 UNESCO 国际 21 世纪教育委员会提交的报告《教育——财富蕴藏其中》认为，"终身教育这一思想是进入21 世纪的一把钥匙，它超越了启蒙教育和继续教育的传统"区别。

它与另一概念——学习型社会——相联系，在这社会中，所有一切都为接受教育和开发个人的潜力提供机会。① 哈钦斯（R. M. Hutchins）提出了"学习型社会"的思想，他把学习型社会定义成"除了能够为每个人在其成年后的每个阶段提供非全日制的成人教育外，而且以学习、成就、人格形成为目的而成功地实现这种价值的转换，以便实现一切制度所追求的目标的成功社会"②。2002 年 11 月，党的十六大强调要"形成全民学习，终身学习的学习型社会"。所谓学习型社会，就是有相应的机制和手段促进与保障全民学习和终身学习的社会，其基本特征是具有全民性和终身性，善于不断学习，形成全民学习、终身学习、积极向上的社会风气。其核心内涵是全民学习、终身学习。学习

---

① 单中惠、杨汉麟：《西方教育学论著》，江西人民出版社，2000，第 653 页。
② 赵亚红：《迈向学习社会》，中国社会科学出版社，2004，第 333 页。

型社会是时代发展和社会进步的产物，它对学习的要求比以往任何时候都更强烈、更持久、更全面，全社会的人只有不断地学习，才能应对新的挑战。老年群体作为社会人口中的组成部分，也应当顺应社会发展形势，积极参与老年教育，为响应和构建全民学习、终身学习的学习型社会而努力。

（三）构建和谐社会的要求

建立社会主义和谐社会，是 2004 年 9 月 19 日中国共产党第十六届中央委员会第四次全体会议上提出的一种社会发展战略目标，指的是一种和睦、融洽并且各阶层齐心协力的社会状态。2005 年 2 月 19 日，胡锦涛总书记在省部级主要领导干部提高构建社会主义和谐社会能力专题研讨班上的讲话中明确指出：我们所要建设的社会主义和谐社会，应该是民主法治、公平正义、诚信友爱、充满活力、安定有序、人与自然和谐相处的社会。2006 年，在党的十六届六中全会上中央作出《关于构建社会主义和谐社会若干重大问题的决定》（以下简称《决定》）指出："构建社会主义和谐社会，必须坚持以人为本。始终把最广大人民的根本利益作为党和国家一切工作的出发点和落脚点，实现好、维护好、发展好最广大人民的根本利益，不断满足人民群众日益增长的物质文化需要，做到发展为了人民、发展依靠人民、发展成果由人民共享，促进人的全面发展。"促进人的全面发展不仅包括青年人，同时还包括重视和关注老年人的教育和全面发展。古语云："老人安，天下安"，就是强调老年人在社会稳定中的重要作用。老年教育是和谐社会建设的推动力量，有利于老年人享受和谐社会建设的成果，因而《决定》还提出"建设现代国民教育体系和终身教育体系，保障人民享有接受良好教育的机会"。2010 年的"两会"上，温家宝总理提出要"让人民生活得更加幸福、更有尊严，让社会更加公正、更加和谐"①。

在新的历史时期，承接和弘扬中国自古所崇尚的以和为贵、和谐为美的和谐社会理想，建设各阶层、各年龄段人群的和睦相处、和谐共治的和谐社会，正是社会主义精神文明建设所追求的目标。因而，运用老年教育的阵

---

① 政府工作报告——2010 年 3 月 5 日温家宝在第十一届全国人民代表大会第三次会议上［EB/OL］，（2010 - 03 - 05）http：//www. gov. cn/2010lh/content_ 1555767. htm。

地，引导广大老年人做到政治坚定、思想常新、理想永存，增强对党中央、政府工作的信任和满意度，这也是维护社会稳定、促进社会健康发展的重要保证。老年人和谐的家庭关系、安乐的晚年生活是和谐社会不可或缺的重要组成部分。老年人作为整个社会的重要群体，他们是维系家庭和睦的有力支撑者，是搭建家庭与社会文明和谐的桥梁和纽带，老年教育帮助老年人提高文化层次，更新观念，用新的活动方式或社会关系，取代因年老退休而失去的活动方式或社会关系，实现了"老有所学、学而有为、参与社会、服务社会"的美好愿望，引导广大老年人以积极的心态关心家庭、关注社会，促进社会的协调发展和个人身心的全面发展。

（四）对老年人教育权利的保障

老年人的文化生活是老年精神生活的重要内容，老年人的文化生活丰富与否，是衡量一个社会物质生活水平高低和社会文明进步程度的标准。1982 年，联合国在奥地利维也纳召开老龄问题首次世界大会，这次大会通过了《老龄问题维也纳行动计划》，其中第 45 条建议提出"教育作为一项基本人权，提供教育必须避免对老年长者的歧视。教育政策应当通过核拨适当资金和制订适当教育方案来体现老年人受教育的权利和原则。应当注意使受教育的方法适合年长者的能力，以使他们能平等参与所提供的任何教育。应当考虑老年人接受大学教育的想法"。该建议着重从受教育平等权去保障老年群体的受教育问题，对于老年教育管理和发展具有指导作用。

为了保障老年人的权益，联合国大会于 1990 年通过决议设立每年 10 月 1 日为"国际老年人日"。1991 年，联合国大会又设定了《联合国老年人原则》，确立了关于老年人地位 5 个方面的普遍性标准：自立、参与、照料、自我实现、尊严，以提高老年人的社会地位和自身价值。2002 年联合国在西班牙马德里召开第二届世界老龄大会，提出"健康、参与、保障"的积极老龄化政策框架，更强烈要求各国政府要推动老年教育的积极发展。1996 年 8 月我国颁布的《中华人民共和国老年人权益保障法》明确规定："老年人有继续受教育的权利"，"国家发展老年教育，鼓励社会办好各类老年学校"，"各级人民政府对老年教育应当加强领导，统一规划"。1999 年 10 月，全国老龄工作委员会正式成立，党和国家主要领导同志在"五个老有"的基础上，强调"老有所学、老有所教"。随着我国经济的发展和人民生活水平的提高，老年人对精神文化生活的追求越来越迫切，要求接受教育的意愿越来越强烈。因此，发展老年教育，实现教育公平，体现了对弱势群体的社会尊重，是教育民主化、平等化、大众化的重要标志，体现了每个人在受教育面前一律平等。

二　老年教育的发展

（一）全国老年教育的发展

2000 年 8 月 19 日，中共中央、国务院关于加强老龄工作的决定，强调要"满足老年人的精神文化需求，丰富老年人的精神文化生活"，"各地要重视发展老年教育事业"；此后，中共中央组织部，国务院文化部、教育部、民政部，全国老龄办联合下发《关于做好老年教育工作的通知》。中共福建省委办公厅、省人民政府办公厅《关于进一步加强老年教育工作的意见》中指出，"老年教育是终身教育体系不可或缺的重要环节和形成学习型社会的客观要求，是实施人才强省战略、开发老年人才资源的重要举措"。

在联合国及各国政府的引导下，老年教育蓬勃开展。1972 年法国图卢兹社会学大学的皮埃尔·维斯教授等发起创办了图卢兹第三老龄大学，这是世界上公认的全球第一所老年大学。1976 年《教育老年学》杂志在美国创刊，标志着老年教育学学科开始形成新的独立学科。20 世纪 70 年代后期，在世界经济发展、人口日益老龄化的社会背景下，世界各地相继兴办老年学校。在中国，1983 年 9 月 18 日，山东李衡同志和几位老同志创办了中国第一所老年大学——山东红十字会老年大学，标志着中国老年教育从此兴起。随后，全国各地兴起老年教育之风。1982 年建立并实施老干部离职休养新制度，领导干部职务终身制被废除，随后，1984 年，在哈尔滨、南京、辽宁、济南、北京、广州等地相继创办了老年大学。到 1985 年，全国已有老年大学61 所，学员近 4 万。1988 年 12 月，中国老年大学协会成立，这是我国老年教育中的一个重要里程碑，标志着我国的老年教育进入了一个新的阶段。整个90 年代都是我国老年教育发展的黄金时期，这一阶段老年教育逐步向县市及乡镇基层扩展，利用现代技术开展远程老年教育。据统计，1999年全国的老年大学（学校）发展到17000所，在校学员140多万人，到2010年全国共有老年大学49289所，学员数达到587万，其他年份的具体情况如表5-1所示。

表5-1 全国老年教育发展情况[1]

年份	1989	1994	1997	1999	2005	2010
学校数量（所）	918	5511	8500	13500	26000	49289
学员数量（人）	132000	490000	700000	1010000	1300000	5870000

进入21世纪，我国老年人口量的变化转向质的转变。2007年老年大学迎来了第二次发展和创新的高潮，全国各地用科学发展观统领老年教育事业，把老年教育纳入了全面、协调和可持续发展的轨道中，许多地区教学环境有了很大改观，建起了高标准的教学楼，引进了现代化的教学设备，展现了老年教育的勃勃生机。据不完全统计，截至2007年，我国老年大学和老年学校已发展到3.2697万所，在校老年学员已达333.5039万。[2] 其中，具有一定规模、具有较为完善的教学设施、较为规范的教学管理、较高的办学和教学质量的老年大学有3000所左右。目前，中国老年教育已经形成一个全方位、多层次、多学科、多功能、开放式的教育、教学体系。另外，党和国家高度重视老年教育，制定了一系列政策：2006年，《我国老龄事业发展"十一五"计划纲要（2006~2010年)》指出，老年人脱贫致富、现代农业技能等培训要进入农村老年教育的课程；2007年，《国家教育事业"十一五"规划纲要》也强调，要办好老年大学，扩大覆盖面；2010年，《国家中长期教育改革与发展规划纲要（2010~2020年)》新增了要"重视老年教育"的重要内容。

（二）福建省老年教育的发展

福建老年教育主要是以党和政府主导，老干部、老龄部门主管，相关机构配合的格局开展工作。根据福建省统计局最新发布的数据，目前各类老年

---

① 王胜子、韩俊江：《关于我国老年教育的思考》，《教育理论与实践》2011年第12期。

② 张文范会长在中国老年大学协会第八次老年教育理论研讨会上的讲话［EB/OL］，（2008-11-12）http://www.chinau3a.com/lndx/html/? 2138.html。

大学在校人数约 64 万。老年大学（学校）主要开展以康乐休闲、基础教育、技能培训为主要内容的教育活动。而政府实施老年人力资源开发的目的是多样性的，一是缓解人口老龄化带来的经济压力，减轻社会保障的负担；二是关注老年群体的整体生活状况，为构建和谐海西做出必要的统筹安排；三是充分利用老年人才本身蕴涵的巨大财富，最终实现社会经济的全面协调发展。福建省各级各类老年大学（学校）8183 所，学员数 570173 人，其中基层学校达到 8152 所，学员数达 544814 人，县（市、区）级 85 所，乡镇（街道）级 962 所，村（居）级 7105 所，分别占全省老年学校数与学员数的 99.6% 和 95.55%。① 以福州市老龄工作委员会办公室提交的资料为例，截至 2009 年 5 月，福州全市 190 个乡镇（街道），已创办老年大学 169 所，办学率已达 88.9%；2870 个行政村（社区），已创办老年学校 691 所，办学率 24%；全设区市老年学员 67637 人，占全市老年人口总数 70 万的 9.7%。现有县级老年大学 14 所，市劳动和社会保障局主管的市职工老年大学 1 所，各县（市）、区老年大学（学校）13 所。县以上老年大学（学校）共开设课程 140 多门，开设班级数 160 多个，在校学员总数 3500 多名；拥有学会、艺术团体 50 余个，参加人数 1500 多人；专兼职工作人员 70 多名，聘请专兼职教师近 200 名。校舍累计达 20500 多平方米；学费收入约 20 万元；2009 年，各县（市）、区政府财政预算经费约 90 万元。其中，厦门市思明区截至 2010 年 4 月，已有街（镇）、居（村）在内的基层老年学校 96 所，学校面积共计 21194 平方米，学员 14039 人。2010 年春季厦门思明区老年大学故宫学区、文安学区、福海学区、前浦南学区共计 76 个班级，各课程报名 2926 人次，总人数 2302 人。96 所老年学校中有 3 所靠创收筹集办学经费、5 所由政府拨款及少量捐助筹集办学经费、其余 88 所学校的办学经费全部靠政府拨款。

此外，各种老年协会、老年体育协会、老年科技协会、慈善会和红十字会等各社会组织是老年人参与社会活动的主要渠道。根据福建省统计局

---

① 李炎清：《加强教育科研，为老年教育的改革创新提供理论支持》，《学术通讯》2011 年第 1 期。

《福建省统计年鉴 2011》① 中的资料，2010 年福建省的老年群众组织中老年学会有 13827 个、参加人数约 224 万，老年社团组织 1164 个，参加人数约 26 万。福建省老科学技术工作者协会分别于 2008 年和 2009 年征集到老年科技人员的科技成果 124 项、70 项，参加了"6·18"海峡成果交易会，其中各有 10 项科技成果上了大会展板，有的已经与企业对接成功，并转化为社会生产力。据福建省老科学技术工作者协会不完全统计，从 2005 年起全省各地老年科技人员共举行科普讲座 3364 场，听众达 18.9 万人；组织下基层义诊 689 次，受诊人数达 7.83 万人次；开展关心下一代教育 1629 次，受教育者达 22.18 万人；科技咨询服务 2448 次；技能培训 1813 次，受训者达 7.72 万人次。2005 年福建省率先出台地方性终身教育法规——《福建省终身教育促进条例》，并根据该法规成立了福建省终身教育促进委员会，2007 年在福建省民政厅批准下成立了福建省全民终身教育促进会，并决定每年 9 月 28 日为宣传、表彰终身教育的活动日。在终身教育思想指导下，福建省社区教育、老年教育蓬勃发展。由于福建省老年教育发展较早，截至 2009 年，全省现有老年大学和老年学校 8183 所，在校学员有 57 万多人，占全省老年人口总数的 12.1%，是全国各省市区中老年教育普及率最高的省份。② 截至 2010 年年底，福建省有各级各类老年大学（学校）8759 所，在校学员 62.5 万人。

三 发展老年教育取得的成效

（一）办学规模得到进一步扩大

在党和政府的关怀支持和社会各界的大力帮助下，我国老年大学从无到有、从小到大，不断发展壮大。老年大学的出现，填补了我国学校教育系列中老年教育的空白，形成了完整的大教育体系。从 1983 年我国山东省建立老年大学以来，经过不到 30 年的时间，老年教育的办学规模得到了进一步

---

① 福建省统计局：福建省统计年鉴—2011 [EB/OL]，http：//www.stats-fj.gov.cn/tongjianjian/dz2011/index-cn.htm。
② 黄瑞霖：《办好老年学校应处理好几个关系》，《老年教育》2010 年第 11 期。

扩大，更好地满足了老年群体的教育学习需求。截至 1985 年年底，全国已有老年大学 61 所，在校学员 4 万余人。2009 年年底已发展到 4 万多所，在校学员 430 多万人。其中，在 2005 年 5 月 31 日，西藏老年大学挂牌成立。至此，我国所有地区均已建立了老年大学。据统计，截至 2010 年，全国共有老年大学 49289 所，在校学员为 587 万人。如福建省坚持以省校带市校，市校带县校，县校带乡镇校，一级带一级，使老年学校遍地开花。现在福建全省各级老年大学（学校）7818 所，在校学员 54 万多人，占全省老年人口总数的 11.8%。省、市、县全部有老年大学，其中，80% 的乡镇、40% 的村办起老年学校，是全国老年教育普及率最高的省份。近年来，福建省、市、县三级老年大学新增加校舍 91140 平方米（据 2009 年统计）。

经过 29 年的摸索、开拓、发展，中国的老年教育已经走出了具有自己特色的发展之路，取得了辉煌的成绩，展现出勃勃生机，创造了数个世界之最：老年学员的数量最多，老年学校的数量最多，开设的课程科目最多，老年教育的五级网络体系也是独有的。老年教育继续向基层延伸，形成了省、市、县、乡、村、企业层层兴办老年教育的新格局。目前，中国老年教育已经形成了一个全方位、多层次、多学科、多功能、开放式的教育、教学体系，开设课程规模有所扩大，数量、种类、质量均发生了显著变化，随着社会的发展、人民生活水平的提高，老年人提高生活质量的需求已经基本得到满足，其需求将逐渐向职业需要，开设的课程向应用技能型和自我发展型扩展。原有的书法、国画、舞蹈、花卉等颐养娱乐型的课程已不能满足当代一些老年人的需求。为此，许多老年大学和老年学校都根据老年人的需求，增设了现代科技、计算机、法律、财会、金融、英语等应用技能型的课程和自我发展型课程。而且，随着老年教育课程的多样化，适合老年人特点和兴趣的学习形式也日趋多样化。甚至有些老年大学的教学活动不仅包括课堂教学，还有文化参观旅游、社区公益活动等。

（二）课程体系建设日臻完善

课程建设是教育教学工作的主线，贯穿整个教学活动始终。我国老年教育发展以来，始终以课程建设为中心，对课程的开设，注重趣味娱乐性与求知拓展性相结合，注重规划与结构搭建，使学制与层次科学搭配，将动态课程和静态课程有机结合，协调发展政经类、文史类、理工类、书画类、养生类、科技类、艺术类等学科，并重视其他学科的建设和发展。老年教育涉及的专业学科，远比中小学多，这主要是由老年人学习需求的多元性决定的。如老年大学开设的课程主要有声乐、舞蹈、书法、绘画、摄影、太极等传统娱乐科目，随着时代的发展，逐渐开发了新的课程，如英语、计算机、民族舞、手工布艺等。课程体系的多样化，内容的丰富性，极大地满足了不同层次老年学员的多元需求。

同时，注重将老年教育与思想政治教育、传承历史文化相结合，围绕"学以致用，学用结合"的方针，在学科内容方面注重贴近并服务于老年人的生活，满足他们生活需要、健康需要和心理需要。如北京东方妇女老年大学①以"幸福养老"为主线，以养身、养心、养神修养为三大支点，开发了完善的课程体系：以健康教育、艺术教育、国学教育、生活教育、时政教育为主体，以幸福导航、养生宝典、疾病防治、兴趣天地、生活百科、老年维权、和谐家庭、奉献社会、时事纵横为九大系列，形成全方位、多层次、高水准的满足老年人教育需求的课程体系。国家发展和改革委员会老年大学②先后开办了书法、绘画、音乐、英语、老年心理学、养生学、保健学、古典诗词、京剧等20多个学科，并开展了计算机知识和上网、摄影、养花、堆绣、布艺贴画、太极拳、健身操、民族舞、足疗、合理用药等近30项短期教学活动。众多老年教育工作者和学员都积极参与到课程体系建设中，不断丰富和完善了我国老年教育课程开发和建设。

（三）社区成为老年教育的新兴载体

社区是社会学的一个基本范畴，是指由居住在某一地方的人们结成多种社会关系和社会群体，从事多种社会活动所构成的社会地域生活共同体，它是满足居民生活的微观空间。1887年，德国社会科学家滕尼斯在《社区与社会》一书中最早提出社区这个概念。他把"社区"定义为地域范围较小

---

① 孙建国等编：《中国老年教育探索与实践》，科学出版社2011年版，第190页。

② 孙建国等编：《中国老年教育探索与实践》，科学出版社2011年版，第196页。

的、其居民具有较紧密的相互关系的、传统性较强的地方性社会，具有小型的、传统的、团结的、情感的特征。随着时代的发展，社区的含义已经有了极大拓宽，现在它主要是指生活在同一地理区域内、具有共同意识和共同利益的社会群体。社区是社会的缩影，是聚落的承载体，社区有自己特有的文化，社区居民具有共同的社区意识，社区是和谐社会的基础。2000年中共中央办公厅下发《民政部关于全国推进城市社区建设的意见》以后，社区建设就成为各级党组织和政府的重要工作。加强社区建设，是加快实现城乡一体化、构建社会主义和谐社会的重要举措，是不断提高社区成员的生活水平和生活质量的社区管理宗旨。

社区老年教育是指在一定区域内，利用各种教育资源开展的旨在提高区域内老年人的整体素质和生活质量，服务于区域经济和社会发展的教育活动，其实质是"人人参与教育，人人接受教育"的社会大教育重要组成部分。社区老年教育通过开展各级各类教育活动，对提高年长者素质，实现社会和谐健康发展具有重要意义，同时也是实施全面学习、终身学习的重要载体和根本保证。在社区开展老年教育，能使社区中年长成员之间形成一种相互关怀、相互爱护、相互帮助，并在长期的文化熏陶中培养社区全体居民高尚的道德情操，有利于增强社区居民的责任感，加强个人对社区的关心，转变社区风气，提高人们的精神境界，增进社区群众之间的感情，形成良好的人际关系及社区成员的认同感和归属感，因此，为形成"社区精神"打下了深厚的基础。由于老年人行动不便，在所在社区举办社区教育或者建立社区老年大学，对于社区老年人具有独特的功能，能大大提高老年人参与老年教育的积极性和自觉性，同时共享、整合了教育资源，扩大教育受众面。因而近年来，随着社会对社区建设力度的加强，以及对社区教育的认识逐渐加深，社区成为教育发展的新兴载体，老年人在社区接受教育的现象越来越普遍，成为教育发展的必然趋势。

四　老年教育发展中存在的问题

（一）各地老年教育发展不均衡

全国各地老年大学发展极不平衡，主要表现为沿海地区优于内陆地区，城市优于农村。如东部较发达地区对老年教育和社区文化建设投入较多，而中西部欠发达地区对老年教育的投入很少，广大农村就更缺资金。文章为便于比较各地区的老年教育发展状况，东部沿海地区选取上海市、福建省为研究对象，中部地区为湖南省，西南地区为贵州省、四川省以及东北地区为辽宁省，在老年教育的学校数量、在校学员数量、老年人口以及入学率、学校利用率方面加以对比，如表 5 - 2 所示。

表 5 - 2　各地老年教育发展对比表（截至 2010 年年底）[①]

	老年学校数量(所) X1	在校学员数量(万人) X2	60 岁及以上人口数量(万人) X3	人口老龄化比率(%)	毛入学率 X2/X3 (%)	学校利用率 X2/X1 (%)
上海市	277	39.02	331.02	23.4	0.12	0.14
福建省	8759	62.50	421.00	11.4	0.15	0.01
湖南省	507	13.00	642.40	9.8	0.02	0.03
贵州省	1275	13.49	446.00	12.8	0.03	0.01
四川省	1900	45.00	1311.00	16.3	0.03	0.02
辽宁省	849	5.38	691.00	16.2	0.01	0.01

　　在毛入学率方面，文章选取的 6 个省市比例都不太高，最高的福建省为 15%，其次上海为 12%，最低的辽宁省为 1%，最高是最低的 15 倍，差距较

[①] 表格各省数据来源为：

上海市老龄事业发展"十二五"规划［EB/OL］（2011 - 11 - 09），http：//www. shanghai. gov. cn/shanghai/node2314/node25307/node25455/node25459/u21ai597381. html。

上海市老年教育"十二五"发展规划［EB/OL］（2011 - 8 - 04），http：//www. shanghai. gov. cn/shanghai/node2314/node2319/node12344/u26ai28351. html。

福建省老龄事业发展"十二五"规划［EB/OL］（2011 - 11 - 09），http：//www. zgll-cy. org/chanye/news_ in. php? f = zhengce&nohao = 276。

湖南省"十二五"期间老年教育事业发展规划［EB/OL］（2012 - 3 - 13）［2012 - 8 - 4］，http：//www. dclgj. cn/Affiche. asp? ID = 86。

贵州省老年教育发展"十二五"规划［EB/OL］（2012 - 05 - 31），http：//www. gzlndx. com/info_ show. asp? id = 522。

四川老年教育十二五规划：增 600 所老年大学和学校［EB/OL］（2012 - 5 - 21），http：//scnews. newssc. org/system/2012/05/21/013528961. shtml。

辽宁省老龄事业发展"十二五"规划［EB/OL］（2012 - 3 - 13），http：//govinfo. nlc. gov. cn/lmzz/lssj/xxgk/liaon/201203/t20120313_ 1392131. html? classid = 439。

明显。其他 4 个省份，中部的湖南为 2%、西南的贵州与四川同样为 3%。东部沿海省市毛入学率平均值 13.5%，中部为 2%，西南部为 3%，东北部为 1%，如此看来，东部沿海城市老年教育的发展远远好于中西部及东北部，地区之间严重不平衡。从 60 岁及以上人口绝对数量上来看，东部地区的数量少于中西部及东北地区，最低的上海为 331.02 万人，其次为福建 421 万人，最高为四川 1311 万人，但人口老龄化率上海却是最高的，为 23.4%，高出全国 10.8 个百分点（全国为 13.6%），面临的压力较大，不过上海市的老年教育发展状况较好；四川省与辽宁省人口老龄化比率分别高出全国 2.7、2.6 个百分点，但其老年教育毛入学率较低为 3% 与 1%。6 个省份中，老年教育发展形势较好的为福建省，人口老龄化比率为 11.4%，毛入学率为 15%。

（二）老年教育资源整合力有限

资源整合包括基础资源的整合、社会资源整合以及思想资源的整合。由于我国老年教育的发展历程较短，存在着缺乏明确、统一的发展定位，管理权责没有统一划分等问题，使老年教育在办学经验、校舍建设、资源共享、人才使用、资金投入等各方面资源的利用还处于探索实验中，因而，从现有的老年教育发展状况来看，全国各地普遍存在着对老年教育资源整合力度有限的问题，导致老年教育资源有限和供不应求的现象。

一方面，老年教育资源有限。加强校际间的交流合作，吸取兄弟学校的先进办学、管理和教学经验，共享教育资源和成果，不断提升学校的教学质量和办学水平是增加老年教育资源的重要途径。然而，虽然各地都认识到了加强校际间的交流合作的重要性，但限于经费紧张的原因而难于开展。并且在已有的交流合作中，走马观花的现象较多，难以真正深入地、充分地了解对方老年教育发展的成功经验和不足之处。在资源利用率方面也存在着利用率不高甚至浪费现象，从表 5 - 2 可看出，仅东部沿海地区的上海市对学校利用率为 0.14，为最高水平，而其他的如福建省、湖南省、贵州省、四川省、辽宁省对学校利用率均在 0.01 ~ 0.03 之间，利用率较低。

另一方面，供不应求现象较为严重。由于老年人口数量逐年增多，而老年教育校舍建设的速度远远低于老年学员增加速度，两者之间存在着较大的差距，造成了许多城市老年大学学员爆满，老年教育市场呈现供不应求的局面。据统计，400余万名老年学员在我国1.67亿老年人中占的比例是微乎其微的，在有些城市的老年大学中甚至出现"入学报名半夜排队""一座难求"的现象。另外，在专业课程供给上也同样存在着供不应求的现象，尤其是老年人喜爱的专业课更是人满为患，正如大学专业中的"热门专业"和"冷门专业"一样，出现门庭若市和门前清冷的"冰火两重天"。因此，教育资源不足、教育资源分配不均等问题是当前亟须解决的问题，老年教育中存在的供需矛盾要靠各级政府的重视来解决。

（三）老年教育管理创新不足

第一，管理思想陈旧。当前社会及政府对老年教育的看法存在着偏颇，认为老年教育是打发老年人度过晚年的休闲娱乐活动，仅从休闲角度来看待，没有从更深远的高度来看待老年教育及其作用，因而在具体的管理组织上存在着思路老套、方法陈旧、创新不足等问题，阻碍了老年教育的创新发展。如推动老年教育工作的主要为老干部局、老龄部门，但是由于老干局、老龄部门履行的工作职能有限，加上老龄人口增长较快、老龄化形势严峻，使得对老年教育的推动不够得力，阻碍了老年教育事业健康、快速的发展。同时，也导致了老年大学一味依靠老干部局、老龄化工作委员会，而自身在自主办学，增强自我发展能力方面不足。因而，首先应不断探索老年教育的规律，启发并激励学员不断提高自身素质，增强自觉性，发挥主动性，强化进取意识。

第二，管理方法落后。管理方法是指用来为实现管理目的而采取的手段、方式、途径和程序的总和。也就是运用管理原理，实现组织目的的方式。任何管理都要选择、运用相应的管理方法。在教育系统中，主要有行政方法、制度方法和教育方法三类。当前，我国在对老年教育行政管理方法上，还存在着管理方法落后的问题。如在行政方法上，仍然使用传统的管理手段，尚未充分发挥网络及新兴科技的作用，不能充分发挥人的积极性，影响了工作效率的提高；在制度方法上，未将老年教育看成一个整体发展的系统，从全面的、整体的、全局的角度去看待和制定富于全局观的老年教育制度和体系；在教育方法上，应采用不同的形式解决被教育人员的思想问题，即通过精神激励和思想政治工作去解决各种思想问题，但目前并未加强对行政工作人员和管理人员的引导，运用现代管理理论和知识，充分发挥他们的主观能动性。因而，要不断改进管理方法，加强上下联系，完善组织机构，不断修订和完善管理制度。

（四）老年教育制度不够完善

我国老年教育事业的发展仅经历了 29 年的发展历程，目前还处于摸索过程中，在立法、组织建设、经费、队伍建设、课程设置、监督评估等制度建设方面还存在着不足和缺陷。具体表现在以下三方面。

第一，老年教育立法工作较为落后。老年教育还未引起社会足够的重视与关注，认为老年教育仅仅是老年人的一种社会福利，在国家层面尚未进行制度性安排，更没有专门立法。很多老年大学的兴办主要依靠几位热心人。虽然近年来有的地方出台了老年教育条例，或者采取鼓励、扶持性的行政措施，如天津市于 2002 年 7 月 18 日在第十三届人民代表大会常务委员会第三十四次会议通过《天津市老年人教育条例》，成为全国第一个老年教育地方性专门法规；福建省于 2005 年通过《福建省终身教育促进条例》，两省市均以地方法规的形式对老年教育加以保障，有力地促进了老年教育的发展，但国家层面上的立法较为缺乏。因而，老年教育事业的发展从总体上看，仍然不适应人口老龄化的趋势，仍然无法满足日益庞大老年群体的需求。

第二，财政拨款制度不完善。当前老年教育还未纳入国民教育系列，绝大多数老年大学的资金来源主要依靠党和政府或者企事业单位的拨款。由于老年教育具有明显的公益性，从老年教育经费支出配额情况来看，现阶段学校的管理费用占总经费的 40.1%，而教学设备仅仅占 1.2%，在将近一半的资金用于日常管理工作的情况下，与教学质量密切相关的教学设备经费被大量削减，造成学校的教学质量不尽如人意。① 在经费分配上，各地也并未按

---

① 中国老年教育的现状与出路. 中国老年大学网 ［EB/OL］（2006－04－21），http：//www. chinau3a. com/lndx/html/? 3001. html.

照老年人口基数将经费定额、足额拨付老年教育使用，在发动社会各界热心赞助方面还显欠缺，同时只向老年学员收取少量学费，尚未形成多渠道、多元化筹集教育资金的投融资格局，资金的缺乏也影响了老年教育服务队伍建设，老年教育的教师和管理人员大多属于兼职或者义务工作者，任务重、报酬较低，导致了教师队伍及管理人员的缺乏。

第三，课程设置不够合理。从整体上看，老年大学的功能偏重娱乐，缺乏大学所应该承载的责任，目前的老年大学很大程度上还只是一个老年活动中心。这主要是由于老年人知识水平参差不齐，掌握能力有限，其次老年人的需求偏向娱乐性。如在课程设置，主要偏重于文体娱乐，对于农业技术及市场管理知识的课程开设较少，如涉及农业的栽培果树、养鸡、养猪、养牛、沼气、蔬菜种植、病虫害防治、农作物管理；涉及市场的企业管理、市场营销、商业管理；涉及现代公民意识普及的法律知识、科学知识、人生规划等知识相对较少。

第三节　新时期老年教育的发展

《国家中长期教育改革与发展规划纲要（2010～2020年）》强调"基本实现教育现代化，基本形成学习型社会，进入人力资源强国行列"的战略目标，并新增了"重视老年教育"的重要内容，这对于老年教育的发展具有重要的促进作用。随着社会的发展，时代的进步，老年人口数量的与日俱增，老年教育的发展在终身教育理念的引导下，在成人学习理论的支撑下，迎来了新的发展机遇和挑战。

一　终身教育：老年教育发展的指引

美国著名心理社会发展论者埃里克森（E. H. Erikson）指出，人到老年往往会处于自我完善和自我绝望两端之间。终身教育使人们通过学习教育，其志趣爱好能够得到较大程度的满足和实现，从而使人们享受生活愉悦，感受到生活质量的提高，也使得老年人自我完善、自我发展成为可能。中国老龄问题研究中心研究员徐勤曾在 2006 年"中国老年社区卫生服务研讨会"上指出：中国约有47%的老人没有上过学，具有小学和初中文化程度的老人约占 46.2%，农村老年文盲和半文盲的比例高达 54.2%。这些数据有力地说明了我国老年群体整体受教育水平偏低，同时也说明了发展老年教育的领域具有巨大的开发潜力。

为了积极树立终身教育理念，从实际行动上加强对终身教育的响应，必须要从法律法规的高度上进行保障，以确保老年教育事业发展走上法制化的道路。福建省老年教育走在全国前列，2005 年颁布了我国大陆地区第一部有关终身教育的法规《福建省终身教育促进条例》，其中明确规定："县级以上地方人民政府应当加强本行政区域老年工作，为完善老年教育设施和场所等制定优惠政策、提供必要条件。"《中共福建省委办公厅、省人民政府办公厅关于进一步加强老年教育工作的意见》（闽委办〔2004〕79 号）[①] 中也指出，"老年教育是贯彻党的十六大提出的'发展继续教育，构建终身教育体系''形成全民学习终身学习的学习型社会'要求的重要组成部分，也是我省实施'人才发展战略'的重要内容"。提出要进一步办好老年大学、大力发展基层老年学校、积极开辟灵活多样的老年教育形式。

通过终身教育理念的宣传、引导，将逐步使广大老年人再次走上学习和接受教育的道路，尝试新的自我实现。老年教育作为终身教育的最后阶段，是构成终身教育的重要的、不可或缺的组成部分。因而，随着经济的发展，人们思想观念的更新以及终身教育理念的深入人心，老年教育将在终身教育的指引下，走上新的、可持续的发展道路。

二　老年社会学及成人教育理论的新发展：老年资源开发的支撑

老有所为是老年人自我实现方面的价值需求，老年资源开发并不仅仅意味着必须使老年人再次进入工作岗位，而是让老年人参与到社会活动中来，

[①] 中共福建省委办公厅、省人民政府办公厅《关于进一步加强老年教育工作的意见》［EB/OL］（2006-04-21），http：//www.fjlndx.cn/articles/default.aspx? id=25。

让他们意识到自身的重要性与被社会需要的自我实现感。

美国哥伦比亚大学教授桑戴克（E. T. Thorndike）于1925年开始为期两年的关于成人学习及其能力的实证研究。实验结论表明，年龄不是影响学习的主要因素，成人可以和儿童一样学习，甚至可以学得更好；智力并不随着年龄的增长而明显下降；可能明显影响成人学习的因素不是智力，而是如健康、能力、学习兴趣和动机等其他因素。[①] 心理学研究表明，与一个人长期积累起来的文化知识、实践经验和工作能力相关的"晶态智力"，如知识、词汇和理解能力等，成年后随着年龄增长非但没有下降，还会有所提高，直到70岁或80岁后才出现减退；注意力、反应速度、记忆、思维效率等"液态智力"在成年期达到高峰后，便随着年龄的增长而逐渐减退。[②]

社会学家马蒂尔德·怀特·瑞利（Matilda White Riley）认为，工业化社会的经济增长，为国家提供了重新分配日益增加的、所有年龄的人退休休闲时间的机会。随着产出和休闲的增加，老年人可以承担一些中年人的工作。这样，年轻人可以从劳动力和家庭角色的巨大压力中解脱出来。巴斯和卡罗（Bass and Caro, 1992）指出，"近十年来，在美国，人们越来越对老年人在经济和社会生活中扮演重要角色感兴趣"——"老年参与"（Elder Engagement）。联合国《2002年马德里老龄问题国际行动计划》把"为所有想要工作的老年人提供就业机会"，作为解决工作与劳动队伍的老龄化问题的主要目标；把"承认老年人在社会、文化、经济和政治方面的贡献、老年人参与各级决策进程"，当作积极参与社会和发展的主要目标，充分肯定了老年参与在整个人类社会发展中的重要作用。

通过国外学者对老年社会学及成人教育理论的研究和发展，为老年人参与学习和教育提供了理论上的支持。老年人通过学习教育，能够进一步掌握基础知识、学好专业知识，提高认识能力，跟上社会发展步伐而不落伍，甚至能够在原有的专业领域内继续探索新知，深入钻研，再创佳绩，使老年人

---

① 〔美〕达肯沃尔德、梅里安：《成人教育——实践的基础》，教育科学出版社，1986。
② 杜江川：《老年社会学》，科学出版社，2007，第114～134页。

力资源得到再次开发，为社会发展做贡献。同时，他们还能利用所学知识，教育后代，帮助他人。开发老年人力资源，使老年人的智慧和才能融入社会，可使老年人在实现自我价值的同时也实现社会价值。

三　中国人口发展现状：老年教育的挑战与机遇

随着老年人口越来越多，老龄化所带来的一系列问题，以及老年人对自身权益的保障与自我实现的需要，我国老年教育将面临四大挑战和机遇。

第一，巨大的老年人口群体带来的农村老年教育压力。联合国统计资料显示[1]，在发展中国家，老年人的比例将从现在的8%上升到2050年的21%，儿童的比例从33%下降至20%。更加引人注目的是老龄化的进程，即不超过30年，全世界3/4的老年人将生活在发展中国家。此外，不管城市化的步伐有多快，发展中国家的绝大多数老人仍将生活在农村。要使大部分老年人口都能继续接受教育，必须投入大量的人力、财力、物力、政策等资源予以保障。截至2008年年底，我国老年人入学率只有2.59%[2]，与发达国家入学率10%以上相比，我国老年人入学率明显偏低。在已有的入学率中，主要还集中在城市，占老年人口总数70%的农村，老年学校数量偏少且设施落后，有的还处于空白状态。因而，巨大的老年群体带来的受教育压力，特别对于条件落后的农村地区，是个严峻的现实和考验，同时也是老年教育在农村蓬勃发展的机遇。

第二，成功老龄化的挑战与机遇。成功老龄化是与以下三个方面的结合：（1）避免疾病或残疾；（2）在老年保持高水平的健康和认知能力；（3）继续积极地投入生活（Rawe & Kahn，1997）[3]。由联合国人权理事会任命的健康权问题特别报告员格罗沃尔也强调指出，老龄世界最重大的挑战是要确保老年人能享受人权，关键的任务是要设置措施，消除对老年人的歧

---

[1]　联合国网站，http://www.un.org/chinese/esa/ageing.htm。
[2]　中国老年大学协会：《中国城市老年教育研究》，高等教育出版社，2010。
[3]　〔美〕威廉·J.霍耶、保罗·A.路丁：《成人发展与老龄化》，江苏教育出版社，2008。

视和排挤，并确保老年人能按自己的需要获得服务，尤其是在医疗卫生方面，应向老年人提供优质、及时、有针对性且可负担得起的保健服务和健康护理。与性别歧视和种族歧视一样，年龄歧视是社会中抵触老年人的行为或对老年人的消极看法。因而，要是与日俱增的老年人成功老龄化，而不给社会增添负担和压力，是当前老年教育应当思考和承担的重任，并努力做好准备。

第三，老年人力资源开发的挑战与机遇。促进健康、创造老年人参与的社会条件已经成为现在国际上普遍接受的观点，成为各国政府老龄政策的重要部分。随着经济发展，医疗条件改善，人民生活水平提高，大多数退休老年人健康状况良好、学历优势明显、经验丰富人脉广、有较高的社会参与热情，依然希望能继续活跃在社会舞台上实现自我。在大部分国家和地区，老年工作者大都集中在农业、制造业、服务业、专业技术工作、办事员等就业领域中。而在我国，对老年人才需求的排序中，排在前几位的分别是具备丰富的市场经济知识和营销经验的人才、建筑咨询认证人才、高层次管理人才、ISO 9000 质量体系管理技术人员、副主任医师以上职称的医务人员、人寿保险公司的咨询和医药公司的医药代表、教师等。[1] 联合国秘书长潘基文指出，老年人是促进社会发展与稳定的关键力量，应该而且能够进一步设法发挥他们的潜力。然而，目前劳动力市场中就业机会的多寡是决定老年人能否再就业的关键。而在当前大学生就业难、劳动力资源供大于求的情况下，老年人的再就业就被认为是在与年轻人竞争就业机会。同时，传统落后的观念成为阻碍老年人继续发挥余热的障碍之一，如"无用论"认为老年人退休之后，随着年龄的增长，知识老化，思想僵化，难以接受新知识和新事物，学习能力减弱。其实，在这样的挑战下，机遇是同时存在的。应树立"人才没有年龄之分"的观念，在社会上形成重视人才、爱护人才的风气。

第四，对老年教育服务质量要求日趋提高。随着教育的日益普及，老年群体的文化程度和学历层次越来越高。正如香港第 27 号专题报告书（2001）的数据显示，香港新一代的长者（即中年人，指 45 ~ 59 岁人士）

---

① 王树新、杨彦：《老年人力资源开发的策略构想》，《人文研究》2005 年第 3 期。

将会有较高的学历水平，有超过一半的人士（50.2%）有中学或以上的学历，较之现在的长者（即60岁及以上的人士）（21.3%）高出2.4倍。[①] 老年人较高的学历层次，将对学习要求、学习内容、学习形式及参与有更高的期望。同时他们在思想观念、生活方式、社会活动呈现多样化，精神文化需求的多层次和多样性也日益突出，由于信息化的高度发展、传媒渠道的广泛便捷、社会文化活动的丰富多彩，使老年人接受教育、参加娱乐的方式和途径越来越多。为此，老年大学原来那种按部就班、单一乏味的教学方式，已不能满足老年人的需求，他们对教育服务质量的要求越来越高。因而，只有适应新时期社会发展要求，提高老年教育服务质量，在多样化、丰富性、创新性上做文章，才能增强老年教育的吸引力，让老年教育永葆生机和活力。

第四节　老年教育的管理与创新

老年教育的管理与创新，是社会管理与创新的重要组成部分，加强对老年教育的管理与创新，是减轻社会管理负担和压力的积极应对措施，也是发展老年教育事业的有力举措和必然途径。因而，在科学发展观和以人为本理念引导下，从思想观念、机制体制、学校管理、文化养老、远程教育、心理健康、文化冲突等方面进行管理和创新。

一　以"科学发展观"为指导创新老年教育管理思想

教育管理思想就是人们在教育实践中对教育管理活动的思考所形成的观点、想法和见解的总称，它是指导教育管理人员从事各项教育管理活动的路标和蓝图。老年教育是公益性的教育，应由政府主导。开展老年教育工作，办好老年大学是贯彻落实"科学发展观"重要思想的具体体现。以"科学发展观"为指导来创新老年教育管理思想，成为老年教育改革与发展的先声，是直接关系到老年教育能否健康发展的决定性因素。科学发展观的

---

① 孙建国等《中国老年教育探索与实践》，科学出版社，2011，第265页。

第一要务是发展，核心是以人为本，基本要求是全面协调可持续发展，根本方法是统筹兼顾。以科学发展观为指导创新老年教育管理思想，就是要本着以人为本，全面改革和创新老年教育，统筹兼顾，推动城乡老年教育和谐健康的发展。"以人为本"的理念在老年教育管理中可以解释为"以老年人为本"，就是办学为了老年人，办学依靠老年人，办学的成果由老年人享受，办老年人满意的教育，并以满足老年人生理、心理的需求作为办学的出发点和立足点，此外还应统筹兼顾城乡地区、发达与欠发达地区老年教育的发展，让所有老年人都能够平等地分享到经济社会发展的成果，平等地分享到老年教育改革与发展的成果，从而达到全面地、可持续地发展老年教育。

因而，各级政府部门要从应对人口老龄化的战略高度认识老年教育的重要性，把建设老年大学当做民生工程和民心工程来落实，当做重要的社会公益事业来抓。同时，要充分利用广播电视、报刊、网络等媒体，大力宣传老年教育的积极作用，转变人们落后观念，在全社会营造积极、向上、浓厚的思想文化风气。在农村老年教育方面，更要重视对老年农民的培训，把老年教育与老年人脱贫致富、维护权益、破除迷信和移风易俗结合起来，促进社会主义新农村建设。

二 "以人为本"创新老年教育管理

改革开放以来，我国的教育提出要"以人为本"，强调"人的尊严"，使我国的教育从强调社会本位转变为提倡社会本位与个人本位相结合。老年教育亦然，也需要在"以人为本"理念的指导下教育和引导老年人再次社会化，发挥潜能，自我发展，实现人生价值，提高生命质量，参与社会发展，积极应对老龄化压力。强调"以人为本"这一核心理念，按照老年教育发展规律管理老年教育，从老年人角度出发，将老年人作为主体，促进老年教育事业的发展。

（一）建立规范的、人性化的老年学校管理机制

以老年大学为主体的老年学校大多是由国家中央部委、地（市）、县党委政府和部门、大型企事业单位以及部队建立的。因此，需要在党组织和行

政部门的领导下，使老年教育坚持正确的方向，动员各有关方面积极兴办、参与老年教育事业。但由于老年教育的社会公益性质的特点及发展历程，目前我国老年教育存在管理体制不顺，教育经费不足，教学管理不规范，课程建设不合理，师资力量不够，开展教学科研等方面有待加强领导等问题。主管部门应明确目标任务，分工协作，权责分明，理顺管理体制。

在组织建设上，将发展老年教育纳入党委工作日程和整个教育事业的发展规划中，采取行政手段，提高行政管理能力，积极稳妥地推进我国老年教育事业的发展。拟制规划政策，有章可循，有规可依，按政策推进老年教育事业发展，并实行老干部局负责机构设置、人员编制及基本经费保障等行政管理职能。建立完善的决策机制、责任机制、调控机制、评估机制、监督机制和激励机制，坚持听课制度，建立完善的监督评估制度，提高教学质量。

在教育经费方面，1982 年在维也纳召开的大会上通过的《维也纳老龄问题国际行动计划》，认为"教育政策应当通过核拨适当资金和制定适当教育方案来体现老年人受教育权利的原则"。但由于老年大学的经费来源比较单一，大部分靠政府拨款，使老年大学的自我造血功能较差，影响老年大学的发展壮大。因而，将老年教育的投入纳入教育事业和老龄事业发展规划，积极协调区、县、市政府拨出专款，派出专人，逐年加大对老年教育的投入，建议整个老年教育参照普通教育的经费拨款项目，并建立老年教育投入与经济社会发展水平、老年人口增长挂钩的调节机制，科学合理配置教育资源，落实专门的教学场所，建立街道、社区、乡镇老年人学校，使老年教育与其他类型的教育共同发展。

在师资配备上还要进一步加强。调查显示，教师的增长速度（1.98 倍）远远低于学员的增长速度，影响教学质量。从教师自身的素质而言，拥有高等学历的教师仅占教师总比例的 38.1%。从担任老年教育教师的职业构成来看，绝大部分教师（82.3%）是普通高校的在职教师，兼职教师的身份决定了他们不可能将全部的精力投入到老年大学的工作中。[1] 因而，加强师

---

[1] 苏德刚：《重视老年教育　构建和谐社会》，《成人教育》2007 年第 1 期。

资队伍建设意义重大，在坚持专兼职教师队伍稳定发展的情况下，可加强志愿者服务队伍建设，以提供人力服务保障。

在教育过程中，应遵循学校教育的规律，以开放式教学为主要形式，以传授知识技能为主要内容，以丰富多彩、灵活多样的教育形式为支持，以教师为主导，学员为主体，实行差异教学，发挥每一位学员的优点和特长。本着"因人施教、因需施教、循序渐进、寓乐于教、学以致用"的教学原则，选择合适的教学方法。建立健全各项规章制度，如《班主任岗位责任制》《教学管理制度》《学员守则》等，使学校的教学管理工作有条不紊、有章可循、有规可依。在班级管理上，培育和谐班风和校风，强化激励机制，充分发挥班长的作用，每学年都应召开优秀班长和优秀学员表彰大会。

（二）建立合理的老年教育办学模式

在办学主体上，既包括党委、政府、军队、企业、事业、社会团体等组织，其中，社会团体如各种协会、学会、研究会、促进会、联谊会等；又包括涉及老年工作的各种渠道和组织，如报纸、杂志、群众艺术馆、文化馆、图书馆、博物馆、社区学校、老年人俱乐部、养老院、休养所、疗养院、远程教育、电化教育等。虽然各办学主体或参与主体的工作性质、活动内容和组织形式各不相同，但都具有一定的老年教育性质，都能使老年人从不同途径、不同方式、不同侧面扩大视野、更新知识、增长才干、得到教育，他们都可以利用自身的优势，发挥一技之长，共同为老年教育的发展添砖加瓦。

在办学模式上，可实行国家、集体、企业、媒体并举的多元化办学模式。其中，国家办学是以政府行为模式出资筹办老年大学或老年学校；集体办学是在市、区、县、镇社区、街道、农村利用敬老院、老年之家为基础的集体模式筹办老年大学及学校；企业办学是鼓励大型的民营企业和国有企业投资或捐资筹办老年大学，以加大资源整合力度，提高办学质量和效率；媒体办学是利用广播、电视、网络函授，举办老年喜闻乐见的各种类型的老年大学，发展远程教育。当然，以上的办学模式不是单一的、孤立的，可以充分利用各办学主体和办学模式的优势整合优化，探索出多元化的办学管理方式来发展老年教育。当然，要形成老年教育体系，仅靠办老年大学是不够的，还要发展电视、广播、网络等远程老年大学以及多种形式的老年教育，使之成为一种综合性的社会教育，形成教育体系。

（三）加强老年教育理论建设

老年教育实践的发展离不开理论的指导，当前在发展老年教育活动的同时，应该重视科研工作，通过对相关研究课题立项、扶持，从理论上来论证老年教育，探求老年教育规律，提升理性认识水平。老年教育事业的发展依据老年学和老年教育学理论，其中，老年学理论涉及经济学、社会学、心理学、教育学、法学等诸多学科，老年教育学是老年学和教育学交叉学科，应在科研努力中建立完善的老年教育学科体系。可成立专门的老年教育科研中心，专研科研工作，如天津市制定的《天津市老年教育"十一五"发展规划》要求："以市老年大学为中心，吸收和推动其他老年大学和涉老部门，联系有关专家、学者和实际工作者，开展老年教育的科学研究工作。"通过课题研究，不仅聚集了一批老年教育的专家学者，还为老年学校建立了可靠的师资和科研队伍，并总结古今中外的成功经验，为老年大学提供办学思路方面的理论借鉴。

对老年教育理论建设的管理可以从以下几个方面进行。建立科研机构，组建科研队伍，从科研机构、高等院校、涉老部门聘请有专长的研究人员，提出科研课题，举办学术论坛和交流会，积极开展理论研讨和实践总结活动；参加国内外老年教育理论和工作研讨会，包括国际第三年龄老年大学协会年会、中国老年大学协会理论研讨会，善于发现老年教育问题，提出课题进行研究，提交科研成果，发表论文、出版专著。

三 老年教育学校管理与创新

老年教育学校管理涉及学校工作的方方面面。其中，最重要的是对学校教学管理、人员管理水平以及硬件设施建设进行管理和创新。

（一）教学管理与创新

教学工作是学校工作的中心。由于老年人的经历、学识、爱好不同，在学习内容选择上也存在着很大差异。因此，因地制宜、因人而异、多样化地设置课程显得尤为重要。然而，当前大多数老年学校的课程设置已经不能满足老年学员的需求。从课程开设情况来看，与老年人有密切关系的老年健康教育、老年生活方式教育、老年心理教育（防退休综合征）等课程较少涉及。因此，了解老年人的愿望，从满足大多数老年学员的实际需求出发，将办学要求、教学计划、学员需求与学校实际相结合，尽最大可能实现四者之间的"同频共振"，制定符合老年人的教学管理，最大限度地满足老年人的精神需求。课程设置应具有灵活性和可变性，既要有规章约束，更要注重引导发展，并随着学员需求和社会发展的变化而变化。

由于老年教育与学历教育相比，有其自身的特点和规律。所以要突出趣味性和实用性两个方面，培养情趣，简单实用，如医疗保健、音乐舞蹈、书法绘画、摄影、太极拳等，以满足学员的情趣为宗旨。因而，根据实际科学设置课程，把政治时事课、政策法规课、卫生保健课、文艺体育课列为必修课，把历史故事、古文欣赏、诗词写作、书法、绘画、烹饪、摄影、英语作为选修课，结合实际，科学安排。同时，还可组建合唱队、舞蹈队、民乐队、太极拳队、门球队、乒乓球队等文体组织，专人负责、专门辅导、定期活动，充分体现人性化服务、科学化管理，从而吸引更多的老年人加入老年教育。

在学制上，开设长期、中期、短期班，长期班一般为 3 年，中期班为 1~2 年，短期班为 3~6 月，按照以长期、中期班为主，短期班为辅的原则进行教学管理。在教学方法上，目前老年大学已探索出因材施教法、复式教学法、互动教学法、互帮互学法、追随教学法、并进教学法、自主教育法、鼓励教学法、课余配合法①等 9 种适合不同人群的教学方法。在教学过程中，教师教学主要讲基本规律和方法，重点培养学员的自学意识和能力，应注意授课内容浅显通俗易懂，并以启发、引导和表扬为主，教学时间宜短，控制在 1 小时左右，讲课速度应慢，使老年人听懂、跟上、记牢。同时加强载体建设，组织开展丰富多彩的校园文化活动发挥第二课堂的作用，组织文

---

① 陈庆雄：《老年大学快乐教学九法》，中国老年大学网［EB/OL］（2012 - 03 - 27），http://www.chinau3a.com/lndx/html/? 3150.html。

艺活动、展出、参观考察、比赛等活动，提高学员兴趣，并增强凝聚力和学习氛围的形成。总之，由于老年教育的教学方式表现出很大的灵活性和多样性，不论"教"还是"学"，应具有很大的开放度和自由度，还可以探索出新的适合不同地区、不同人群的教育方法。

（二）提高工作人员管理水平

管理的本质是为人民服务，老年教育管理的本质就是为老年大学学员服务。在社会管理总原则的指导下，加强老年大学的管理必须坚持以老年大学学员为本、以老年大学学员利益为重、以老年大学学员企盼为念，使老年教育真正做到一切从老年人出发，一切为了老年人，一切服务于老年人，着力提高老年教育质量，解决好老年大学学员最关心、最直接、最现实的学习需求问题，按照老年人的身心发展特点和规律来开展教育，促进每一个老年学员的教育全面和谐的可持续发展。

工作人员既是教学工作的组织管理者，又是广大师生的服务人员，他们综合素质的高低直接影响着老年教育质量。因而，加强管理人员队伍建设，将政治素质好、专业造诣深、教学水平高、热爱老年教育事业、有奉献精神作为选聘的首选条件。使他们在实际工作中把握方向、科学决策、组织协调、监督控制，以优秀的人文素质和良好的心理素质，出色的危机处理能力和开拓创新能力，了解老年人心理变化规律并做好老年教育工作。

在平时的管理中，应加强对工作人员的爱岗教育，培养一支对老年教育认真负责，待人热情，坦诚相见，化解矛盾，增强主动性，倾心于老年教育事业，多办实事的高素质管理队伍。同时，其自身也要坚持不断学习、终身学习，掌握科学的管理理论知识，优化管理知识结构，并通过实践的锻炼，将理论知识运用到具体的教学和管理中去，掌握老年教育管理规律，善于吸取经验，发扬优点，改正不足。在管理过程中，本着"以人为本"和以学员为本的管理理念，从保护老年人利益出发，注重人文关怀和人性化因素，加强自身约束和品格修养，使被管理者产生敬佩、信赖和亲切感，从而增强凝聚力和向心力；尊重学员人格，注重开发学员潜能，充分调动其积极性，并主动参与到管理中；及时掌握和发现学员心理变化，针对学员千差万别的心理状况加强个性化心理管理，运用心理学知识，及时进行教育引导和心理疏导。同时，还可以加强志愿者队伍建设，引导他们积极参与老年教育的管理和服务。

（三）抓好老年教育基础设施建设

《中国老龄事业发展"十二五"规划》强调，要增加老年文化、教育和体育健身活动设施，进一步扩大各级各类老年大学（学校）办学规模。为了应对今后越来越多的老年群体以及他们接受教育的需求，各地应抓好老年教育基础设施建设，要依托社区学院、社区学校和成人学校，充分利用广播、电视和远程教育网，鼓励社会各界开展老年教育，开发一批适合老年人需求的课程，积极为老年人创造学习条件，让老年人老有所教、老有所学、老有所为、老有所乐。

在抓好老年教育基础建设管理方面，应协调好硬件设施与软件设施建设，城市与农村老年教育建设，办学主体与办学模式的探索等方面关系。在抓好硬件设施和软件设施建设工作中，硬件设施包括校舍场地、教学建筑、教室；用于教学的教学设备设施，如电脑、投影仪、钢琴、课桌椅、视频展台。软件设施包括制度建设、办学质量、教学方法、教学管理、教师队伍建设、工作人员管理水平、班主任队伍、校园文化建设、学习氛围形成等方面。在城市与农村老年教育建设均衡方面，要发展覆盖城乡的老年教育，依托城市中心老年大学资源努力辐射到社区、乡镇的老年教育，举办分校，也可以与高校联合办学，教学资源共享，避免重复建设。坚持面向基层、面向社区、面向农村，这是老年教育普及化的基础和发展方向，要在设施建设、师资力量、资金投入等教育资源方面向基层倾斜。

四 以老年教育为基础，倡导新型的老年文化养老模式

人口老龄化最为明显的影响就是社会和家庭对老年人的供养负担加大，导致老年抚养系数上升。大量退职、退休、离休人员逐年增加，冲击着当前我国养老模式。据统计，1978 年全国退休人员为 314 万人，2010 年达到5147 万人，预计 2020 年、2030 年将分别达到 7061 万人和 9127 万人。如福

建省，1990 年的老年抚养系数为 8%，2000 年上升到 9.5%，上升了 1.5 个百分点，2010 年继续扩大至 10.3%，扩大了 0.8 个百分点[①]，1993 年全省老年人口为 2780 万人[②]，短短 15 年增加了近 8 倍。2010 年全省 60 岁及以上城乡"空巢老人"有 109 万人，约占老年人口的 25.8%，预计到 2015 年，该人群将超过 130 万人。[③] 当今城市中"四世同堂"的现象已经不复存在，子女长大结婚生孩子后大部分都与父母分开居住，过着他们独立的生活，最多在周末或节假日回来与老人团聚。另外，从抚养系数的逐年增加也可以明确看出：社会上独生子女家庭越来越多，夫妻双方都是独生子女的概率已大幅度提高，现在激烈竞争的工作环境，使他们与父母共处的时间也将大大减少。老年父母大部分时间都单独在家。在农村这种"空巢老人"现象更为严重，青壮年都流向城市，成为农民工，其余老人就留守在农村，形成了一支庞大的留守老人群体。因而，我们希望以老年教育为基础，倡导老年人实行新型的老年文化养老模式，以缓解人口老龄化带来的社会管理问题。

当前，物质生活条件的改善已不再是当代老年人的唯一需要，特别在大中城市，老年人的精神贫困问题成为新的问题。老年大学是新型的文化养老模式，老年人在校学习各种知识，其思维方式、心理生理都发生了积极的变化，他们加强自我管理、教育、服务，学员之间开展生活、经济、医疗、精神等方面的互助，是老年人在创新社会管理中完善自我的典型。实践证明，办好老年大学，是满足老年人追求新知识，丰富晚年精神文化生活，提高老年人身心健康和生命质量的一种较好的形式和载体。全国老龄工作委员会办公室副主任、中国老年大学协会常务副会长兼秘书长袁新立曾经对老年教育的定义作过如下表述："它应是以老年人为主体，以学校、传媒为平台，以

---

①　福建省统计局外部信息网：福建老年人口与养老保障问题研究 [EB/OL]（2008 - 01 - 10），http://www.stats - fj.gov.cn/xxgk/tjfx/0200802190065.html。

②　《中国统计年鉴1997》，中国 1996 年离休、退休、退职人员人数统计（年底数）[EB/OL]（1996 - 12 - 31），http://tjsj.baidu.com/pages/jxyd/0/71/00a45cd9e2ac509b97f52898bb4fe02e_0.html。

③　福建省中长期人才发展规划纲要（2010 ~ 2020 年）[EB/OL]（2010 - 12 - 06），http://www.fjsen.com/u/2010 - 12/06/content_ 3907523.htm。

满足老年人精神文化生活需求为目的的综合性社会教育。"老年大学是老人聚居和健身娱乐的好场所，它为老年人与社会、老年人与他人沟通交流搭建了平台，消除老年人内心存在的一些不良情绪，变消极养老为积极养老。因而，将"老有所学"与"老有所养"有机地结合起来，通过再教育和继续学习，改变老年人退休时的失落感、孤独感、自卑感，从而获得充实感、愉悦感和成就感，甚至一些老年人通过教育学习后，重新走上工作岗位，减轻了经济压力和家庭养老压力，为社会创造价值和财富，成为适应新时代发展和老龄化社会的一种积极的养老模式。

五　加强对远程老年教育的管理

远程老年教育是老年大学中最具发展潜力的教育形式，包括老年电视教育、老年广播教育、老年网络教育和老年函授教育。它突破了传统教育的时空限制，开创了自主教育、自主学习的崭新教育模式，为广大老年群体提供了"人人皆学、时时能学、处处可学"的优越条件，有效地实现了教育的广泛性、平等性和共享性。由于信息技术正在全面改革教育的面貌，促使知识的更替更加频繁和快速，快速推进教育的改革，促使全世界的教育资源得到充分利用，创造了一个充分开放、广阔而自由的教育学习环境，促使我国远程老年教育将引领老年教育面向现代化、面向世界、面向未来。当然，网络教学应运而生，并以独特的优势与作用，对传统教学产生了有力的冲击和影响，网络教育将以信息资源的多源性冲破学校的围墙，优化了教学过程，提高了教学效果。远程教育，其特点是运用计算机网络技术和多媒体数字技术，在数字化环境下以自主的个别化学习与交互式的集体协同学习相结合为主要学习方式的现代远程教育。远程教育是现代教育的前沿阵地，在教育现代化、国际化、全球化进程中会首当其冲，突破传统教育的时空限制。基于互联网的远程学习、网络直播课堂教学、自主学习等新的教育教学模式，实现了以学习者为中心的个性化学习模式，使学习者可以进行时时学习、处处学习的个别化学习；远程教育的开放性、极端灵活性和不拘一格的教学内容，多层面地满足了社区教育的需要，它还将学校、家庭和整个社会联系在了一起。

因而，为了更好地实现知识交流、信息传递、技术传承等资源共享，应该加快网络教育技术的普及应用，建议通过社区、老年协会、老年大学、老龄工作委员会办公室等机构根据财力购买一定数量电脑，并经常性地对老年人进行培训指导，使他们掌握基本的上网技术，以共享知识资源。同时从充分利用教育资源，优化教学过程的角度出发，坚持开放性原则，尽量采用先进的配置和成熟的技术，吸引著名学者网上授课，加强教学数据库建设，制作高水平的多媒体课件，指导各学科充分利用网上资源，以满足大量的多源信息交流的需要。实现开放式的网上教学，如广播教学、VOD 点播、远程示范、网上检索、网上讨论、网上答疑、网上测评，等等。在条件允许的情况下，还应当创造情境教学、虚拟现实教学的环境条件，教师可以根据虚拟互联网技术，把农民迫切需要的教育培训内容下载到网页上，让他们按照自己的兴趣选择学习内容，确定学习方式，鼓励他们按需学习。让老年人在上网的过程中，开阔视野，提高能力，学会在互联网上浏览、查寻、搜集、获得有用的信息，学会在没有教师的情况下自主学习，获得 21 世纪社会所需要的能力，培养较强的学习能力和获取知识能力，养成终身学习的习惯和良好的学习方法。

六 重视老年人的心理健康教育管理

老年人的健康不仅包括拥有健康的身体，更重要的是保持心理的健康。当人进入老年阶段，就开始体验退休后的闲暇和无所事事，同时也承受着疾病缠身的痛苦，不得不思考和面对不可避免的死亡，对其心理健康的管理不得忽视。世界卫生组织在一份声明中表示，一场人口结构的革命正在进行之中；在快速老龄化的当今世界，老年人将扮演越来越关键的角色；如果能出台适当的政策，确保老年人保持身体和心理健康，并消除影响其参与家庭和社区生活的障碍，他们将能够为社会做出更大的贡献。老年人在退休后将面临不同程度的心理压力，首先，老年人在身体方面面临着衰老，身体机能下降，耐力和负重能力急剧下降，信息处理时间较长，行动缓慢，以前所拥有的一些东西都让位给年轻人，经济能力与身份地位下降，在某种程度上存在着一定的失落感；其次，社会交际范围的缩小，子女长大离开家庭，"空巢老人"增加，也会造成老年人心理封闭；再次，社会上普遍存在的"年龄歧视"，又给老年人的心理蒙上了一层阴影。

因而，在老年教育的管理与创新过程中，关注老年人心理健康尤为重要。在教育过程中，倡导"活到老，学到老"的学习精神，缓解心理压抑和低落情绪。由于老年人容易产生孤独、寂寞、空虚、无为等失落感以及忧心、焦虑、恐惧等不良情绪，学习可以提高长者的社会参与程度，扩大生活圈子，给予情绪上的支持，减轻压力，减轻孤独感和无聊感。因而，通过老年教育，让他们走进群体。成千上万的老年人来自不同地区和岗位，在一个融洽、和谐、宽松、友爱的学校中学习，结交相识，增进友谊，忘记年龄，焕发精神，充实生活，填补了心理空虚，养成良好心态，积极面对生活，正确看待社会、正确看待家庭、正确看待自己，延年益寿，让老年学校成为老年人的精神乐园。因而，关爱老年人的心理健康，就要求老年大学通过不断提高教学质量，帮助老年人增长知识，丰富生活，陶冶情操，促进健康，加强理解角色转换，加大宣传力度，在全社会形成一个敬老、爱老、护老的良好社会氛围。支持老年事业发展，对老年群体的物质和精神生活应多加关照，让他们共享改革成果，以"活到老，学到老"的精神鼓励更多老年人参与到学习中来，充实生活，满足兴趣爱好，使老年人的心理更加健康。

七　重视老年教育工作中的文化教育

在文化方面，时代迅速向前发展，老年人由于日渐衰老将会跟不上时代的潮流，要保持不落伍，就须向年轻一代学习，被称为"前象征文化"① 的时代已经到来。在老年大学（学校）管理过程中，年轻一代的工作人员在工作过程中，由于与老年人的价值观念、思维方式存在差异，代际间难免发生文化冲突，因而要强调文化冲突管理。因此，"帮助老年人实现顺利过

---

① 〔美〕玛格丽特·米德：《代沟》，光明日报出版社，1988，第20页。

渡，帮助进入老年阶段的人适应生活，使年长者与年轻一代和睦共处"是当下老年教育的一个重要课题，也是创新老年教育管理主要方向之一。因而，在老年教育的管理与创新过程中，老年学校（大学）决策管理应民主化，以营造决策心理环境，构建老年学校的和谐文化，减少因年龄差距带来的决策冲突，营造和谐的老年教育工作环境，提供优质的老年教育服务。

决策就是组织或个人为了实现某种目标而对未来一定时期内有关活动的方向、内容及方式的选择或调控过程。① 随着民主化进程不断推进，老年教育决策也将会偏重于一种群体决策，就是多数人的决策。在老年教育管理中，个体决策者之间可能会因为年龄相差较大，而在文化背景、生活方式和思想观念上都会相异，我们将其统称为文化差异，它是指由于文化背景不同导致特定人群之间的价值评判标准和行为准则的不同，从而使他们对于特定事物具有不同的态度和行为。② 时代不同造成一些文化上的差异，使群体决策过程发生冲突，进而影响老年教育的发展。

因此，在老年教育的决策管理中要注意：（1）营造决策心理环境，使决策群体的行为一致，要求老年大学（学校）决策人员摒弃因年龄不同而产生的偏见，共同选择利益最大化的方案。Herbert A. Simon 说："如果决策的心理环境，即那些'给定的条件'是以某种偶然的方式决定的，那么成人的行为不会比儿童的行为表现更多的模式和完整性。"③ 其实决策心理环境就是决策环境中的各种影响因素的集合，或者各种决策条件的整体。正是由于决策者对决策环境选择，所以他们的行为更有目的性和理性。对决策环境的选择在某种程度上是属于个人的事情，因为是个人身处一定环境中并做出自我的反应；但在群体决策中那不仅是个人的事情，它需要决策群体一致的行为，且这种一致行为是更有完整性和理性的。那么组织就有责任把群体成员安排在一个共同的决策心理环境之中，接受共同的任务，让组织成员最

---

① 周三多、陈传明、鲁明泓：《管理学——原理与方法》（第四版），复旦大学出版社，2003，第 70 页。
② 汪珍：《国际合作项目的跨文化风险管理》，昆明理工大学硕士论文，2002 年。
③ 〔美〕Herbert A. Simon：《管理行为》（第四版），詹正茂译，机械工业出版社，2004，第 86 页。

大限度地根据相同的环境作出一个能实现组织最终目标的决策。（2）构建老年教育的和谐组织文化，积极推进决策的民主化进程，提高群体成员归属感。这是指不论中青年人还是老年人在遵循"组织适当处理外部环境和内部整合过程中出现的种种问题时，所发明、发现和发展起来的基本假设的规范"①，如果这种规范是一个和谐的，让成员具有强烈归属感的，我们大家都遵循，那么决策冲突将会大大减少，因此管理者应该善于打造一个和谐的学校文化。由于校园文化既有制度文化，也有环境文化；既有建设问题，也有管理问题。加强校园文化建设对维护人际和谐、加强校园和谐、促进社会和谐至关重要。

老年教育的办学宗旨是"办学是为了老年人，办学依靠老年人，办学的成果由老年人享受，办老年人满意的教育"，但并不能望文生义，认为老年教育就是老年人自己办的教育，一切事情都由老年人一手去办，全靠他们自己去承担，不关年轻人的事。老年教育如同其他教育一样，都需要不同群体的社会人参与到这项社会活动中来，才能推动教育事业向前发展。例如，在老年教育中老年心理学、社会学、医学等研究领域更需要中青年的教师参与其中。此外，不管是中青年人还是老年人都应相互平等对待，在决策过程中做到公开、民主。年长者不要以资格自居；同样，年轻人也不要认为年长者墨守成规。"尺有所短，寸有所长"。只有年长者与年轻人相互理解、相互包容、相互认可，才能共同促进，共同发展。

参考文献

［1］〔日〕长谷川和夫、霜山德尔：《老年心理学》，黑龙江人民出版社，1985。

［2］程森成、李杨：《论我国老年人力资源的开发》，《理论月刊》2005年第4期。

［3］丁志宏：《发达国家的老年教育发展及其对我国的启示——以英、美、日三国为例》，《高等函授学报》（哲学社会科学版）2008年第9期。

---

① 周三多、陈传明、鲁明泓：《管理学——原理与方法》（第四版），复旦大学出版社，2003，第203页。

［4］ 洪力、阎振华:《论新世纪中国老年教育的发展》,《山西老年》2003 年第 3 期。

［5］ 洪娜:《浅析我国老年教育事业的发展》,《广西民族大学学报》(哲学社会科学版) 2007 年第 12 期。

［6］ 刘金华:《中国养老模式选择研究——基于老年生活质量视角》,西南财经大学出版社,2011。

［7］ 彭燕:《我国老年教育的发展及特征》,《西南交通大学学报》(社会科学版) 2005 年第 2 期。

［8］ 施祖美:《老年教育策论》,社会科学文献出版社,2011。

［9］ 宋宝安:《当代中国老龄群体社会管理问题研究》,中国社会科学出版社,2009。

［10］ 孙晨光:《老年人力资源开发探析》,《大庆社会科学》2007 年第 2 期。

［11］ 吴遵民:《现代国际终身教育论》,上海教育出版社,1999。

［12］ 吴华、张韧韧:《老年社会工作》,北京大学出版社,2011。

［13］ 谢保群:《终身教育体系视域下我国老年教育的发展课题》,《中国老年学杂志》2011 年第 16 期。

［14］ 张恺悌、郭平:《中国人口老龄化与老年人状况蓝皮书》,中国社会出版社,2009。

［15］ 张仙桥:《中国老年社会学》,社会科学文献出版社,2011。

［16］ 张娜:《中国老年大学的现状及反思》,《高等函授学报》(哲学社会科学版) 2011 年第 11 期。

［17］ 章克弟:《人口老龄化的挑战和应对》,《厦门科技》2003 年第 1 期。

第六章　老年文化建设

人在进入老年期后，离开熟悉的社会组织和工作环境，这是老年人无法避免的角色转换过程，随之而来的角色适应也是老年人普遍存在的问题。在这种情况下，老年精神文化需求也与日俱增，而怎样满足老年人的诉求，是一个需要全社会共同关注、思考和解决的问题。一个国家老年文化建设的水平，会直接影响老年人的健康水平和生活质量。因此，如何提高老年人的生活质量，形成完善的老年事业，是一个重要课题。

第一节　老年文化建设的必要性

老年文化建设不但有益于保护我国传统文化，而且对提高老年人的生活水平和健康水平，对拉动文化经济的作用也不容忽视，同时对推进社会主义精神文明建设和促进社会和谐也有积极作用。

一　文化活动是老年人生活的需要

（一）城市老年人需要文化来应对孤独

在当今城市社区，老年人由于离开了工作岗位，与同事之间的交流少了，往日的交际活动也减少了，退休后的生活清闲了许多，有些老年人容易处于无所事事的状态。并且，随着家庭结构的小型化，一部分成年子女不再与父母共同生活，导致父母与成年子女之间经济往来和情感交流减少，老年人随着年龄的增长，寂寞感也越来越强烈。再加上城市的扩建和改造，社会流动性增强，社会迁移频繁，导致传统邻里关系瓦解，社群活动弱化，人际关系冷漠，人们逐渐失去了归属感。

案例6-1：家住福州的邱老夫妇曾经尝试和儿子、儿媳一起生活。可是，生活在一起总有不习惯的地方，总是在生活小事上产生分歧。平时还得帮他们做饭，因为作息时间不一样，增加了做家务的难度，搞得老两口都精疲力竭。去年，儿子一家搬走了，老两口又觉得空虚了。他们有了空闲时间，希望进入社区参加活动，学习老年大学的课程，让生活变得充实起来。现在，只要周末节假日，儿子一家有空来看看，他们就满足了。

城市家庭结构日趋小型化、核心化，使得像邱老夫妇这样独立意识较强的老年人会面临生活冷清和精神孤独等问题，他们需要文化来慰藉精神。另外，城市居住环境的变化，改变了传统邻里相处的模式，高楼大厦直接造成了人际的冷漠。老年人的生活圈子变得越来越小，人际交往日趋狭隘，精神上的孤独、抑郁日趋严重，这些问题成了城市老年人共同的问题，严重影响了城市老年人的生活质量。

在福建省部分城市老年人生活情况的抽样调查中，城市老年人在各项活动上花费时间情况如表6-1所示。

表6-1 城市老年人每天活动时间状况 （$n=846$）

	平均数	中位数	标准差
做家务、看小孩	4.56	5.11	3.89
看电视听广播	1.99	2.00	1.42
打扑克、麻将	1.34	0.50	1.32
看书读报	1.28	1.00	0.91
琴棋书画	0.79	0.50	1.03
唱歌跳舞	0.52	0.40	0.96
上网	0.48	0.50	1.37
合计	10.96	6.00	

调查结果显示：老年人最主要的三项活动依次是做家务、看小孩，看电视听广播，打扑克、麻将；参加各种文化活动时间比较少，一些高龄老年人的家务劳动已大大减轻，但身体锻炼时间也有所减少，这样老年人空余时间更多，孤独、寂寞、抑郁等负面心理指数也增高了，这就需要文化生活这一剂"良药"来治愈孤独和抑郁。

我们调查发现，孤独是城市老年人生活的常态。老年人常常会陷入孤独、空虚之中。在过去的岁月中，老年人辛勤劳动，事业有成，受到人们的尊敬和爱戴。但退休之后，他们的社会角色变了，昔日的荣耀没有了，昔日的繁忙也没有了，退休后的生活变得冷冷清清，单调乏味。在这种落差中，老年人难免会感到失落、抑郁。

而老年文化建设能为老年人搭建一个互相沟通交流的平台，能维持一定的社会支持网络，为他们架起心理沟通的桥梁，从而及时发现心理问题、解决心理问题，避免形成更严重的心理疾病。"孤独、抑郁以及社会支持的相关性研究也表明：孤独、抑郁体验与社会支持是负相关的。要减少老年人的孤独、寂寞等负面心理体验就要维持一定的社会支持网络，要维持一定的社会支持网络就要加强老年文化建设。"[1] 可见，文化对抑制老年人的负面情绪，缓解孤独、抑郁，获得必要的精神慰藉有举足轻重的作用。

（二）乡村老年人需要文化来适应社会的变迁

目前，我国农村分散的家庭种养方式，贫乏的农村文化生活，加上农村社会组织的不完善，导致乡村社会的老年人生活缺少亲情，缺少来自社会各方面的关爱，乡村老年人感到孤独无助，如同与社会隔绝，缺乏集体归属感。子女外出打工或另立门户，他们成为留守老人或者"空巢老人"。

案例 6 - 2：家住泉州市德化县三班镇龙阙村的张奶奶，生有两女一男，老伴去世多年了，如今儿女都在德化县陶瓷厂工作，自己一个人留在老家。子女对她也算有孝心，每个月都会给一定的生活费，因

---

① 董沛等：《我国城市养老方式综述》，《河北职工医学院学报》2008 年第 25 期。

而，她的物质生活基本没有问题，但精神生活却极为空虚，"出门一把锁，进门一盏灯"是张奶奶的生活写照，她生活上都能自理，但心理上极其孤独和寂寞。不仅如此，子女不在身边导致她的安全感下降，偶尔还会有抑郁的状态。张奶奶想儿女了，只能给他们打个电话，偶尔出去找找邻居聊天，想办法打发孤单漫长的日子。

农村老年文化活动单调。大部分活动为个人单独进行，缺少互动和参与性，使得老年人在社交、情感、归属、尊重等方面的需求难以满足。老年人平时除了干农活、看电视、聊天、做饭以及偶尔去城市里买点东西之外，他们几乎没有其他让自己更好放松的方式了，精神生活极为空虚。尤其是一些家中经济条件较差的农村留守老人，子女外出打工，自己独自在家照顾孙辈，于是精神上的空虚，物质上的贫乏和心理上的贫困三者交织在一起，使得这些农村留守群体精神无所归依。这种无奈与痛苦如果无处释放，就是一种沉重的压力，而宗教信仰正好给他们以释放的途径。据调查，各种宗教在农村传播蔓延，老年人是其中的主体。究其原因，主要是现有的文化建设无法给在寻找心灵慰藉的老年人某种依托，而通过宗教信仰，可以让自己不再感到孤单，同时也减轻了自身紧张焦虑的心情，获得了一种归属感。

在乡村老年人中，更为严重的是进城老年人，这类老年人的子女在城市工作生活，为了与子女在一起，他们由农村来到城市。但是在城市，他们却面临着诸多问题。

首先，他们必须经历社会情境的变换。城市有着和农村老家不一样的生活习惯和人际交往方式。这类老年人以前在农村老家，遇到问题，可以立刻找到熟悉的亲戚朋友求助，或直接找到办事的单位解决。现在来到大城市，身边熟悉的人只有儿女，可是儿女大部分时间都在上班。有了亟须解决的问题，只能干着急，不知道找谁处理，也不知道去哪里处理。对这类农村老年人来说，他们的人际网络关系主要是亲属朋友关系，这些关系不但提供实际支持，而且提供情感支持，然而来到城市后这些关系都缺失了。这样客观上降低了他们对紧急事件的处理能力，在体验更多个人价值丧失感的同时，无疑增加了他们的挫败感。并且，这些老年人因为户口还在老家，在城市中只能算是流动人口，因而养老、医疗等社会福利都受到限制。

其次，他们还得面对与老家不一样的生活方式。举个最简单的例子，很多老年人不会使用空调、电脑等现代家用电器，过马路不会看红绿灯，这样不仅使日常生活变得复杂了，还容易使老年人产生消极情绪。

最后，他们还要重新学习和自己子女相处。老年人和年轻人的生活习惯毕竟不同，生活在一起，就容易产生矛盾。老年人奋斗了大半辈子，有了一个相对安定的生活环境，到老了，又得重新适应新生活。这对他们在心理情感上其实是一次重新整合。不同的地域毕竟有差异，一些适应不良的老年人常常会感觉到社交面狭隘，孤独寂寞，无所适从，说严重点像来城市"坐牢"。

案例6-3：李某夫妇，老家在福建省宁德市福安市赛岐镇，夫妻俩都60多岁了。一年前，在福州工作的女儿将两位老人从老家接到福州。在城市生活，乍看休闲、娱乐、医疗、老年教育都比农村完善，生活更丰富多彩。但事实上是老两口平时除了买菜出个门之外，其余时间都是待在家里，因而感觉孤独、抑郁，不如在老家生活过得踏实。

这些被动来到陌生城市生活的老年人，在享受较为丰富的物质生活的同时，很少能感受到城市带来的快乐与活力。他们来到城市，有些是想照顾在外拼搏的子女的生活起居；有些是来照顾子女的小孩，减轻子女的负担；还有些则是出于子女的孝心来体验城市生活。但是来到城市之后，他们的需求并没有得到完全的满足。美国心理学家马斯洛提出了需求层次理论，在该理论中，他把人的需求分为五个层次，按由低到高的顺序依次排列为：生理需求、安全需求、归属和爱需求、尊重需求、自我实现需求。生理需求是指维持个体生存和种族发展的需求，是人的各种需求中最原始、最基本、最须优先满足的需求，如对温饱的需求。安全需求是指对稳定、安全、秩序、免受恐吓、焦虑和混乱的折磨等的需求，这是属于第二层次的需求，这类需求得到满足，人们就会产生安全感。归属和爱需求是属于第三层次的需求，是指个人对友伴、家庭的需求，对受到组织、团体认同的需求。比如，人们希望自己归属某一团体，成为其中的一员，希望有知心朋友，渴望得到爱并把爱传给别人。马斯洛认为这种需求得到满足，人们就会产生良好的归属感，感受到集体的温暖，否则就会引起孤独感和爱的缺失感。第四层次的需求是尊重需求，是指个人对自己尊严和价值的追求，包括自尊、自重和为他人所敬重。马斯洛认为，这种需求得到满足，人们就会产生自信心，觉得自己有价值、有能力，否则就会产生自卑感。位于第五层次的需求是自我实现需求，是指实现个人的理想、抱负，充分发挥自己的潜能。马斯洛认为这是属于最高层次的需求，这种需求得到满足，人们就会感到最大的快乐。

乡村老年人作为人类群体中的一部分，他们也具有人类的各种需要，他们在生理、安全需求得到满足之后，也会有归属和爱的需求，也会有被尊重的需求，他们也会希望自己得到家人、朋友的关心、尊重，也希望发挥自己的潜能，成为一个有用的人、快乐的人。可是，在城市中生活，他们并没有获得这类需求的满足，相反，他们倍感孤单、寂寞，倍感失落，这就需要老年文化建设来帮助他们缓解该类情绪。

（三）机构养老的老年人需要文化来提升生活质量

调查发现，福州市一家民办养老院，成立 10 余年来，几乎没有空床位，生意一直不错。这家养老院对老年人生活上的照顾，做得很周到。但是，老年人平时能参加的娱乐活动屈指可数。虽然和多个院校建立了合作关系，学生偶尔能给老年人带来一些表演，但相对于老年人在养老院度过的日子实在是九牛一毛。而且在这种合作关系中，占主导地位的是其合作学院，养老院自身在老年文化建设方面显得比较被动。养老机构的这种被动局面，使之很难深入的长期与院校建立合作关系，更不用说提高老年文化建设的质量。

对一些居住在养老院和福利院的老年人来说，虽然居住环境变好了，基础设施越来越完备，但是配套的文化建设却相对落后。有相当数量的老年人反映平时娱乐活动太少了。这样，容易使他们产生失望情绪，并体验不同程度的孤单感。"这部分的老年人远离家人、远离社会，缺乏亲密的社会连接，体验不到完整的社会支持，享受不到家庭具有稳定家庭成员精神的作用。"① 物质上的富足很难给这些老年人足够的幸福感，于是他们闲暇之时总是暗自神伤。他们有大量的空闲时间，由于客观原因却容易变得无所事事、无所适从，抑郁、孤独等不良情绪无法得到排解。

孤独是影响老年人生活质量的关键因素，而且孤独和抑郁经常相伴而生。所以说，摆脱孤独的最佳方法是创造良好的文化生活情境，使老年人处于身心健康的社会氛围之中。入住养老院后，空闲时间占了个人绝大部分生活时间，如果有文化活动，能分配给每个老年人不同的任务，在给他们带来娱乐的同时，也带来他们与别人互动的机会，还带来发挥自己的能力与施展个性的机会。"在很大程度上，可以缓解老年人的孤独和抑郁。相反，因为文化建设缺失带来的精神生活单调，会使老年人孤独感增强。"② 老年人积极从事一些文化活动，全身心地去投入，孤独、抑郁等负面心理的体验自然就会消失。总之，通过老年文化建设，老年人能自己"找乐子"，更好地享受晚年人生，更好地提高生活质量。

二　文化有助于老年人理解"生和死"

（一）文化有助于老年人理解 "生" 的意义

人生的意义就在于快乐与幸福。但是人要想获得快乐与幸福是很难的。人总是坎坷多难，追求幸福快乐的人这么多，资源又是这么少。更何况，每个人对苦乐的感觉程度都不一样。那些特别敏感的人，就可能觉得人生痛苦极其巨大，如德国哲学家叔本华，曾说过人生就是痛苦。另一方面，命运不

---

① 刘志荣：《合肥市离退休老年人群生活质量流行病学研究》，《安徽医科大学学报》2000年第3期。

② 王晓瑞：《养老机构中的老年人心理需求调查》，《社会福利》2008年第3期。

济、经历坎坷的人，也会觉得痛苦和不幸极其巨大。对于这两种人，在他们相当长的人生旅途中，就有可能感到他们的人生的苦乐以及幸福与不幸的净余额，是不幸大于幸福，是痛苦大于快乐。一个人只要觉得他的一生痛苦大于快乐，不幸大于幸福，他的人生就没有意义，他就无法再活下去了。但是，人总得活下去，如何活下去呢？这就必须寻找一种精神的依托，给人以内心的和谐，领悟生命的真谛。尤其是在当今社会，老年人口越来越多，老年人随着体力和智力的减退，逐步退出社会和经济发展的主体领域，成为社会闲散人口，那么，他们又该如何理解生存的意义呢？

案例6-4：家住福建泉州的陈子文老人，1997年患有肺癌，病情得到控制后，觉得一直待在家里很闷。一次偶然的机会，他看到泉州老年大学摄影班的招生宣传，就报名参加。从2005年到现在，他为所居住的金山社区拍摄了许多照片，其中，有平时社区的活动照，有社区老人的长寿照，也有社区的风景照。迄今，他自费办理了5场个人摄影展。老人介绍，参加这种文化活动，不仅提高了生活的质量，丰富了老年生活，还能为社会做一点贡献，觉得生命很有价值。

的确如此，老年人虽然退出了工作岗位，但是他们同任何年龄阶段的人一样，都有自身所潜存的、特殊的、他人无法替代的生存价值。

1. 老年人仍具有自主能力和实践能力

老年人虽然退出工作岗位，但是他的主体地位并没有消失。因为人的主体地位并不是与生俱来、始终如一的，而是一个逐步生成、发展、提升、变化的过程。就如人对意义的追求，秦光涛说："人类寻求意义，就是在寻求自己潜在的或现实的主体需求或主体能力。人类创造意义，就是在创造自己作为主体而应有的立场和方式。人对意义的追求和创造过程，就是人不断地提升自己的主体性，在自然世界中创造人的世界的过程。"[1] 所以，老年阶

---

[1]　秦光涛：《意义世界》，吉林教育出版社，1998，第13页。

段仍然是自主能力较强的阶段，甚至在自觉性方面还超出了其他阶段。因此，我们不能因老年人本身生理机能等方面的减退而否定老年人为社会做贡献的自主能力。

同样，老年人还具有丰富的实践能力。我们知道，生命都具有确定的意义，生命的意义之所以具有确定性，原因就在于它具有客观的内容，它的客观的内容就是实践的结果。这就是说，实践性是人的生命本性，人只有在实践及实践的结果中才能成为有意义的人。而人的实践性是在人的成长历程中，随着实践对象领域的扩大和实践能力的不断提高而逐渐扩展的，它作为人的本性不是唯一的，在不同的时期、不同的条件下显示出不同的含义。老年人虽然年龄大了，生理机能等方面有所减退，但是，他们仍然具有实践能力，仍然可以通过他们的实践活动为社会做出贡献。就像陈子文老人，通过自己的摄影实践，一方面丰富了自己的生活；另一方面也服务了社会。

2. 老年人具有丰富的社会文化经验

我们知道，人是社会的人，社会是人的存在方式，而社会是一个庞大的客观系统，它包含生产力、生产关系、精神文化等方方面面，它是社会各成员得以成长的摇篮，给他们以知识和道德的教化、技能和规范的训练，使之成为有文化的社会人。因而，对社会成员来说，社会系统是既在的、是其生存所必须接受的前提条件，他们从来到世间开始就必须面对这一系统，形成自己的社会性。而人的本质并不是人的自然禀赋，并不是与生俱来的，并不是一个人生下来就具有的定在之物，他的发展以及认识的提升都是在后天的环境中形成的，是他在不断的社会化实践过程中完成的。个体的社会化的过程正是从幼年到老年的过程，是人在社会上感受、认识、同化、创造的过程。因而在这个意义上说，老年群体就是社会化的集中表现，也是人的本质逐渐实现的一个最高阶段。老年人经过几十年的社会实践，他们曾经作为客体接受过上一代人流传的经济生产、社会环境、文化的传承和影响，本身又作为主体从事着社会实践劳动，在此过程中积累着丰富的经验。因此，老年人由于他们在人生历程中经受过多方面的磨炼，对于世事人情有着广泛的阅历和深刻的体会，对社会劳动有着较多的知识和技能，对人生有着更多的感悟，他们的智慧存储量最多。拥有着丰富的社会文化经验的老年人，他们就可以把自己的宝贵经验像接力棒一样传递给下一代。这正如马克思所说："每一代人都从上一代人身上汲取，又在上一代的基础上创新；每一代人都在为下一代积累，又在为下一代人除旧，汲取、创新、积累、除旧、除旧、积累、创新、汲取，一代接一代地滚动下去，古老的东西就会在历史浪潮的冲刷之下化解。"①

所以，通过老年文化建设，就可以让老年人更好地理解他们的生存价值，更好地理解"生"的意义。

（二）文化有助于老年人正确地面对死亡

从生命的过程来看，对于未知事物的恐惧，不全然是件坏事，这大部分是出于自我保护的需要。人去世了，所有的感知活动就停止了，没有人知道死后的世界是怎样的。死亡是个单项的过程，没有"去世的人"能回来告诉在世的人死亡是怎么回事，现在的科学水平也无法提供令人信服的答案。"所以人们不仅害怕死亡，对死亡的未知，更增加了对死亡的恐惧。对老年人来说，由于身体机能的衰退，他们成为与死亡最接近的群体，他们也最容易对死亡产生恐惧。"②

1. 文化有助于直接接触死亡的老年人克服对死亡的恐惧

据医学报告分析，像案例6-4中陈子文这样与死亡擦肩而过的老年人，大部分都会想到死亡，但如果能有好的文化环境，转移他们的注意力，减少他们对以前病情的体验、回想，病情复发的可能性会小于无事可做的群体。所以，对病愈的老年人来说，加强文化建设，营造一个良好的文化活动环境，让他们积极参与，能够有效地帮助他们减少对死亡的恐惧。

对于生病住院的老年人，大多数在住院期间求生欲很强，主观掩盖了

---

① 马克思、恩格斯：《马克思恩格斯选集》第1卷，人民出版社，1960，第43页。
② 郑晓江：《中国人死亡态度之研究——死亡的政治化特征》，《上饶师范学院学报》2011年第21期。

死亡的可能性。在死亡来临时缺乏应付和解决的观念性资源，这提示我们开展死亡教育已是迫在眉睫的任务。不仅要通过文化教育使其能正确认识死亡，也必须对其家人进行帮助，使他们也有正确的死亡观，帮助他们不陷入绝望。

将要面临死亡的人，他们是把死亡看成有意义的事情还是无意义的悲剧，将会决定他们人生最后的阶段是充满希望的、乐观的时期，还是灰色的、痛苦的、悲剧的时期。同样是死亡，有些老年人感到深度的绝望，有些老年人却愿意勇敢地、充满信心地向死亡挑战。"一般来说，可以把老年人对待死亡的态度分为五种：计划型；接受型；恐惧型；解脱型；无所谓型。无论是哪种类型的老年人，在死亡真正来临时大都会感到恐惧。"①

对于这些生病的老年人，他们对死亡的恐惧，我们更要加以关注。因为他们比一般老年人更接近死亡，帮助他们克服面对死亡的恐惧，让他们在人生的最后阶段活得有尊严，是一件很有意义的事情。我们应该在其神智清楚的时候，让他们认识到死亡是生命存在的一个完整过程。老化是一种有力的证明，证明自己是人类族群的一个成员，这个族群会要比任何个体生命更为广阔而持久。在进行死亡观教育的时候，还要考虑到不同老年人的实际情况，灵活处理，不能生搬硬套，强行灌输。通过死亡教育，为即将走上生命终点、饱受病痛折磨的老年人克服对死亡的恐惧，让他们在人生的最后阶段有价值、有尊严。对老年人的家人和朋友的死亡教育也要同步进行，让他们做好心理建设，让其认识到，人类和其他存在的一切生物一样最终也会走到终点，这是亘古不变的定理。生命本来就是通向死亡的过程，与其担心老年人的离去，不如以积极乐观的心态面对，活在当下，陪伴老年人度过每个现有的日子。

因此，我们必须看到，老年人随着年龄的增长，身体的日趋老化，他们

---

① 杨晶、张金环、刘玉春：《医护人员对待死亡及临终关怀态度的调查》，《中华护理杂志》1998 年第 33 期。

将逐步面临死亡，并且生活环境和生活内容的改变，也会使他们产生对死亡的恐惧。如果有一个完善的老年文化环境，使老年人有一个很好的社会角色过渡空间，负面情绪容易在这个空间里得到释放，对死亡的恐惧问题就容易得到解决。

2. 文化有利于间接面临死亡的老年人享受人生最后的阶段

不少老年人也许自己还算健康，但是每次看到与自己年岁同样大的朋友一个接着一个离开自己时，总会感到伤心、难过、害怕。更严重的是，有些老年人还必须面对丧偶的痛苦。

> **案例 6 - 5**：家住江西南昌的张少华老人，丧妻多年，这期间虽然有儿女的陪伴，但生活一直都不愉快，郁郁寡欢。他说老伴离开后，他唯一活下去的理由是对儿女的责任，对世间没有迷恋，随时都愿意死去。有一次，他听了江西师范大学郑晓江教授关于死亡的演讲之后，紧紧地拉住郑教授的双手，说："你这样讲死亡，我就宽心了，觉得老伴在那边也会很好，我也有任务逐渐接受死亡的必然性。"

其实，在现实中，像张少华这类老年人虽然他们自己没有亲身接触死亡，但是亲人、朋友的死亡，对他们的打击也不小。丧偶对大多数老年人来说是重大的负面性生活事件，他们不仅会体会到死亡的恐惧，随之而来的一些生活方式的改变也会加重这部分老年人对死亡恐惧的体验。对于这部分间接和死亡接触的老年人，除了通过文化教育之外，让他们树立正确的生死观，让他们从死亡的恐惧、悲痛中解脱出来外，还可以让他们参与到各类文化活动中来，认识新的朋友，扩大自己的交际圈。老年文化活动能使老年人建立起健康的日常关系网络，促使老年人与他人恳谈、回忆，甚至发牢骚，从而达到排遣其对死亡的恐惧，并得到心理的安慰和安全感。虽然亲人、朋友已经离开自己了，但是也必须从悲痛、恐惧中摆脱出来。因为，时间是个人的宝贵资产，无论剩下多少，都必须好好地加以利用。老年人自己活得幸福才是对死去亲人最好的纪念。

3. 文化能帮助老年人树立正确的"生死观"

老年人面对死亡的恐惧，使他们中很多人改变了原有的观念和思维。比如，很多老年人对迷信活动抱有幻想，以至于希望自己死后能成为神仙或再次投胎成人。之所以如此，乃是因为这些虚幻的愿望无法立刻看出其虚假性。就算半信半疑的老年人，也抱着宁可信其有，不可信其无的态度，开始迷恋某些邪教和迷信的力量。例如，1999 年的"法轮功"事件，据《北京青年报》报道，在修炼"法轮功"的参与者中，老年人约占 60%。这些老年人希望通过修炼，能达到祛病强身，远离死亡的目的。这些老年人信教的原因很多，但大部分表现为：面对死亡消极心理因素多于积极心理因素，精神需求严重失调。"所以，极易接受邪教宣传的所谓的'真''善''美'，质疑自己几十年建立起来的信念系统，从而出现认知乃至人生的偏差。这一事件提醒我们，老年人群的精神需求已经成为一个亟须高度关注的社会问题。"①

三 老年文化建设促进社会发展

老年文化作为文化的一个重要组成部分，它的产生和发展是文化产生和发展的一项重要内容，是促进文化现代化进程的重要因素。从更高层面上看，先进的文化能带来先进的生产力。老年文化建设从相对落后的情况转向更高层次的发展过程，不仅能反映文化现代化的内容，同时也能反映出社会现代化的程度。所以说，老年文化建设有利于促进文化现代化进程，进而起到加快社会现代化进程的作用。

现代老年学研究证明，一个国家的老年文化的底蕴丰富与否，除了能直接影响到整个老年群体的生活质量和健康水平外，同时也会影响到一个国家的社会进步和经济发展。中国经济的发展，强大的生产力和先进的科学技术不可缺少，但是没有和谐稳定的社会环境一切都是空谈，其中老年群体就是社会环境中不可忽视的重要群体。老年文化的建设，是老年群体之间、老年

---

① 唐平：《异常心理的哲学四要素》，《医学与哲学》2005 年第 26 期。

群体和其他群体之间关系的纽带，是保障稳定的重要环节，对国家的安定繁荣具有重要意义。此外，通过大力发展老年文化，在某种程度上，能实现城乡公共文化的均等化，减少城乡二元体制的损害，消除构建和谐社会主义的隐患。所以说，老年文化建设对构建社会主义和谐文化、全国文化的大繁荣大发展都是不可缺少的，是一项定国安邦的重要工作。

加强老年文化建设是构建和谐社会的基本需要和基本任务，加强老年文化建设也是和谐社会的题中之意。搞好老年文化建设，能充分体现"以人为本"，构建和谐社会的取向和主题，所以说，老年文化建设有利于社会的和谐与稳定。

老年文化建设处理不好，不仅是一个社会问题、政治问题，而且是一个经济问题。老年人过去"重积累、轻消费，重子女、轻自己"的传统观念正在发生改变，他们开始注重自我的生活质量和精神世界的充实。随着经济收入的增长和生活水平的提高，老年人可支配的收入也在增加。物质生活能得到保障，文化消费便成了一项重要的消费内容。同时，老年人有宽裕的闲暇时间，在心态上也放松了许多，对文化消费的需求比年轻时更为强烈。老年人想提高生活品质和生活质量，这是老年文化消费的内在动力。上述这些条件，无疑孕育了一个庞大的消费市场。老年文化建设，从大局来说，影响了城市规划、社区建设，从而影响了城市的建设与发展。从老年个体来说，他们对文化的消费，也有多样化的需求，如老年书籍、地方戏曲、老年文化旅游等。这意味着针对老年文化的市场也很丰富。如果能对市场进行细分、组织专项营销，老年文化必然会成为拉动经济增长的动力。

第二节　老年文化建设存在的问题

老年人具有特殊的心理需求和社会地位，他们也可以去追求和享受文化生活，这就使得老年文化建设成为一种必然和必需。老年文化建设不仅对老年人自身，还是对社会、经济文化的发展都有积极作用。但就目前来说，老年文化建设还存在很多问题，本文将影响老年文化建设的问题及其解决对策，做以下几个方面的分析。

一 老年文化理论研究不足

随着我国经济的发展和社会的进步，目前老年人的物质生活水平提高了很多，但是由于缺乏必要的文化活动，致使老年人心理缺乏关爱，其心理问题有上升的趋势。

老年文化作为一种文化生存方式，在中国源远流长，但是作为一个学术理论的提出，到现在也不过10年的时间。我国老年文化的理论建设，可以说有一个很长的过去，但是只有一个很短的历史。我国古代有养生之道，大器晚成之说，也有孝道所宣扬的老年文化，形成了中国老年文化特有的文化基因。但是现阶段却没有形成成熟的理论。当代所提倡的"六个老有"，都可以算是老年文化的经典。但是，这些只能算是一种说法或者提法，若作为理论指导，尚不可取。而且就现状来看，这些说法和提法大多是政策性的，例如国家和部委共同编制的《中国老龄工作七年发展纲要》，明确指出："要走积极养老的路子，大力开展老有所为，倡导老有所学、老有所乐。坚持以为促养，养为结合，以学促为，学为结合，寓养于为、学、乐之中，促进老年人身心健康，丰富晚年生活。"[1] 这些政策性指示指出了老年文化建设的发展方向。但老年文化的理论研究不能只是粗略地提出几个理念或发表几篇讲话，因为这样学术意义很有限。西方国家关于老年文化建设的理论有现代老年活动理论、休闲理论等，且先不论这些理论的水平如何，拿来直接作为我国老年文化建设的理论指导也不可取。因为中西国情毕竟有别，一个好的理论还必须适合本国国情，必须经过本土化的加工过程。不难看出，无论是从古代继承过来的理论，还是从国外借鉴过来的理论，就现阶段而言都不足以指导我国老年文化的发展。相关学者对于老年文化建设的研究也多集中在各地老年文化建设存在的问题以及对策性分析；全国老年文化建设的概述等现状性描述；我国文化建设的城乡差别等方面，很少有专门论述老年文

---

[1]　穆光宗：《中国传统养老方式的变革和展望》，《中国人民大学学报》2000年第5期。

化建设理论的著作。目前有关老年文化的研究，还处于起步阶段，其比较突出的问题有两个。

首先，老年文化建设的内容不明确。老年人参与"三俗"文化活动的现象比较普遍，各种宗教文化也吸引了一些老年人的参与，甚至迷信思想也有抬头的趋势。这说明老年文化还不发达，缺乏各种健康的文化形式内容，以至于被"三俗"文化钻了空子。

老年文化建设涉及老年人生活的方方面面，无论是从态度到行为，还是从制度到环境，都可以放到文化建设这个视角来研究。这样很容易造成的误会是：任何形式的文化活动不管健康不健康，积极不积极都容易被纳入老年文化建设的部分。所以，明确老年文化建设的具体范围和内容迫在眉睫。

其次，老年文化建设管理缺乏研究。老年文化工作涉及社会的各个部门，如老年人组织管理的部门就有：组织部、人事局、劳动局、民政局、工会、居民街道、居委会等。在组织老年活动时，每个部门各管一摊，难以形成高效有力的管理团队，部门间也存在相互推卸责任的情况。管理上的分散，不利于老年文化活动有效健康地发展。

二　老年文化建设重视程度不够

政府和社会各界普遍对老年文化建设重视程度不够。我国是目前世界上老龄化速度最快的国家，发达国家近百年才出现的人口老龄化状态，我国不到 20 年便已进入。我国人口老龄化速度比世界平均速度快 1 倍多，还呈现出规模大、速度快，高龄化突出，农村快于城市，应付难度大等特点。党和政府虽然对老龄化进行了高度关注，但是老龄化涉及的面很广泛，如医疗问题、养老问题、教育问题等，想要全面又迅速地解决，难度很大。这样，导致政府把大部分精力都投放在解决比较棘手的问题上，相对来说，老年文化建设受到的关注就比较少了。

对老年文化建设的重视程度不够，主要表现在两个方面：一是思想上对老年文化建设不够重视；二是财政上对老年文化建设投入不够。

思想是行动的先导，政府和社会各界没有意识到老年文化建设的重要性是老年文化发展欠佳的重要原因。这种思想的不重视来自政府、子女和老年人本身。一些地方政府强调经济发展的重要性，片面地理解一切以经济发展为中心，不关注文化的建设，对老年文化建设的关注更少。就家庭来说，还有不少子女认为对老人尽孝的最好方式就是让老人衣食无忧，给老人提供能力范围内最好的物质生活，而忽视了老年人的精神需要。对于老年人参与文化活动并不热心支持，更有甚者还极力反对，他们认为老年人参与文化活动，到处登台表演、到处抛头露面、到处抢风头，给家里丢脸。也有的子女从利己角度出发，认为老年人出去参加文化活动是浪费时间、浪费精力，不如待在家里帮忙带小孩、做家务来得实在。就老年人自身来说，有些老年人觉得文化活动对自己没有好处，所以从不参与文化活动；也有些老年人觉得有好处，但是持观望的态度，这部分老人的参与意识弱，参与水平低，只是偶尔观摩文化活动；还有些老年人虽然有兴趣参加老年文化活动，但因为是初次接触，出于自卑或者害羞的心理而迟迟不敢参与。这些不正确的思想都阻碍了老年文化的发展。

思想上的不够重视，最直接的后果就是对老年文化建设的财政投入不足。文化建设离不开必要的场地、离不开必要的活动设备、离不开一些专业教师的加入、离不开专家学者的指导，这些都需要经济的投入。经济基础决定上层建筑，没有对老年文化建设的经济投入，谈如何建设老年文化都是纸上谈兵。有些当地政府愿意加强老年文化建设，但是财政上投放到老年文化建设的方面却很少。在农村，很多地方虽然设有老年活动室，但有些是利用当地的祠堂改作临时的活动室，条件都很简陋。很多情况下还存在活动室被占用的情况，这些活动室或变成了麻将馆，或成了村民聚会吃饭的地方。就人员来说，有的地方配备不齐，有的地方工作人员在编不在岗，有的地方工作人员身兼数职，根本无心从事老年文化工作，更别说一些没有老年活动场所的地方。所以使不少老年人只能在家看电视、出门打麻将或者从事赌博、迷信等不良活动。有农村人形象地把农村老年人的生活总结为"蹲街头、靠墙头、晒日头"。笔者在调研中，一个村党支部负责人就举了个例子：上级投入 20 万元，加强本地的基础设施建设。但是，工程造价通常都会超出几万元，剩余的钱，就需要村民自筹。这对一个经济条件较差的村子来说，就是个天文数字。村里基础建设的资金都如此紧张，在某些领导看来可有可无的老年文化建设的投入情况就能省则省了。再拿城市的老年大学来说，大多处于供不应求的状态。老年大学的扩建势在必行，但是一直受到经费等制约问题迟迟难以展开，致使建设一个覆盖更多老年群体文化环境的愿望成为空谈。

三 老年文化组织与传播手段落后

现代城市老年人基本上以社区居住模式为主，他们在社区内进行大部分日常活动。因此，对于城市老年人进行特殊保护和照顾的责任就更多地落在了社区的肩上。但就目前来看，城市社区的文化活动可提升的空间还很大，主要问题表现在以下几个方面。

第一，组织性不强。老年人往往根据自己的兴趣爱好，自主选择，随意性强，时间不固定，场所不固定，而且一些活动的规则也不固定。社区工作人员又很少在这些方面做引导、组织和监督，这就使得活动规模得不到扩大，活动影响力得不到提高。

第二，活动孤立分散。社区内相关文化设施稀少，能够让老年人学习娱乐的设置屈指可数。老年人没有更多精力可长途旅游，众多老年人更加倾向于待在家里。尽管现在社团、协会以及老年大学等发展迅速，但组织成员来自四面八方，在同一个社区生活的为数甚少。从现阶段的社团活动来看，他们只能在特定的时间相聚在一起，而且时间有限。同时社团的多样性也造成了社团分布的零散性，同一个社区的老年人往往被分散到各个不同的场所，故平日社区内的冷清局面也就不难解释了。

第三，覆盖面小。老年人的差异性决定了活动种类的多样性，但并不是所有的老年人都参与其中。可以说多数老年人并没有足够的条件让他们追求自己的兴趣爱好，很多老年人的生活都是单一乏味的，他们也渴望参与其中，从而充实自己的晚年生活。只是有的没有充裕的经济条件，有的没有所需技能，有的性情孤僻、不善交际。总的来说，成效不大。虽然，我们不时地会看到书画展等老年人文体活动的成功举办，也会听到几个老年人取得了显著的成就。但那毕竟只是少数人的事，社区的文化氛围并不浓，众多老年人并未享受到文体活动带来的好处，他们的生活也并没有因此而有多大的改变，他们对精神文化的需求还远远没有得到满足。

第四，公共文化领域不发达。由于人们过去活动的范围比较狭小，人们之间形成的社会关系也比较密切，尤其是单位社区常常生长出较为密切的感情关系。改革开放以来，人们对经济利益越来越看重，"工具理性"越来越多地渗入到人们之间的关系中。另外，城市扩建和社会流动也破坏着原来的共同体关系，原来相熟识的邻里关系被陌生的关系所代替，城市居民的私人领域意识不断强化。随着私人空间的形成并不断扩大，家庭生活、个人生活正在成为与公共事务相对分离的领域，并被置于十分重要的地位。日益膨胀的私人活动空间同公共领域为特征的社区建设、社区发展发生冲突，公共领域难以发育。"老年文化建设不单单需要提供相应的文化设施，而且要创造更多的无形的、精神的人际交流空间。"[1] 事实上，人们并不是不想交往和沟通，关键是缺少有效的渠道和必要的机会。目前社区公共文化设施不足，缺乏管理与组织，缺少为老年人提供文化交流的公共空间。

第三节　老年文化建设的途径

无论是城市老年人还是农村老年人，都有权享受我国经济社会发展的成果。我们必须坚持以人为本的原则，兼顾城市老年人和农村老年人，合理分配经济供养、生活照料和精神慰藉。因此，在满足了老有所养这个低层次的需求外，还需要去关注老年人的发展性需要和价值性需要，这才真正体现了一个成功老龄化社会的人文关怀。总体而言，老年文化建设的途径有以下几个方面。

---

[1] 李纲伟：《抓住老年人特点，积极开发银发市场》，《经济师》2003 年第 6 期。

一　提高老年文化的建设意识

文化作为精神层面的一种追求，只有在正确的思想指引之下，才能健康发展，对老年文化建设而言也是如此。

首先，要转变观念，树立一个正面而又积极的指导思想，切实加强老年文化建设。一些对老年文化建设的偏见，不论是来自政府、家庭，还是来自老年人自身，都必须扫除。老年文化是一种社会活动，政府在其中的重要作用不言而喻。政府扮演着重要角色，是老年文化建设的行为主体之一。搞好老年文化建设，从制度法律层面上来讲，要立法以保障老年人的合法权利不受侵害。另外，对一些地区干部来说，要解放思想，认识到经济和文化的良性互助关系，不能一味地牺牲文化。要正确地领会到：老人文化建设不仅能提高老年人的文化生活、提高他们的生活质量，也能提供老年人的精神动力、智力支持，为全面建设小康社会出力，给经济发展注入活力。对老年人的子女而言，必须让其认识到：老年人为家庭做了大半辈子的贡献，晚年有享受自己生活的权利，老年人有选择自己想要的生活的自由。我们也有老去的一天，老年人的现在就是我们的未来，不能自私地只从自己的角度思考问题，要学会站在老年人的角度思考问题，尊重老年人的选择。对一些参与文化活动热情不高、意识比较淡薄的老年人来说，除了在尊重其选择的基础上，对他们间接劝说，帮助他们树立文化健身、积极科学的生活理念外，还可以设计一些适合其兴趣爱好的活动以吸引他们。同时，对老年人的家人朋友进行教育，让他们鼓励老年人参与。对于一些想参加活动但没有自信参与的老年人，要想办法让他们尝试参与到活动中来，使他们在活动中找到兴趣和愉快，从而有自信心加入。总而言之，老年文化建设是以老年人为主体、为中心角色的活动。老年人的思维与行为方式的更新，追求余生价值的最大化，是老年文化活动的重要环节。通过多方努力，宣传开展老年文化活动的重要意义，加大对老年文化建设的宣传，创造一个有利于老年文化建设的良性发展氛围。

其次，要加大对老年文化建设的财政投入。这是一项不容迟缓的事宜，试想，如果政府部门很有意愿发展老年文化活动建设，大部分老年人对此也有刚性需求，但是拿不出一定的资金投入，一切建设只能是空谈。地方各级政府应搞好基础设施的建设，因地制宜，适度超前给予老年文化财政支持和投入。当然，这些投入都应以当地的经济状况为前提。有了拨款之后，还要合理地使用这些拨款，让每笔款项都发挥最大的作用。加快老年文化场所、设施的建设步伐并注意各个环节的监管，避免出现有名无实或者华而不实的现象。就目前来说，老年文化建设除了可以吸收政府的投入之外，还可以用政府的影响力带动民间慈善机构的资金投入，多渠道筹集资金。同时，引导和鼓励社会力量的共同参与，或者形成一些非营利性组织来运行老年文化也是一种不错的创新形式，最终实现资源的挖掘、整合与共享。这是做好老年文化建设的物质基础，是解决目前问题的核心。我们需要动用社会各界的力量来关心和支持老年文化建设，不断提高整个社会对老年文化建设投入的重要性认识。鉴于现阶段我国老年文化需求和老年文化产业还存在不协调、不同步的现象，老年文化产业的建设还跟不上老年文化需求的发展。因此，我们可以把一部分老年文化建设放到市场经济中自由发展，各地根据自身情况有计划、有目标地发展。所以，除了被动地吸收投入外，老年文化建设主动形成老年文化产业，部分实现老年文化的自给自足，也不失为一条好路。

再次，要做好养老工作，给老年文化建设发展提供保障。"我国现行的养老方式有家庭养老、机构养老和社区养老，他们都在为缓解城市老龄化问题，解决养老问题做着有益贡献。然而，随着老龄化程度的加深，它们不断暴露出的问题都制约了养老问题的解决，当然也制约了老年文化的发展。因此，要解决老年文化发展的后顾之忧，必须健全、完善我国的养老制度。"[①]要从我国国情出发，从大方向讲，就是要能兼顾所有人利益；具体来说，就是要能够调动各方面的力量，实现老年群体需求的满足。对城市来说，要在各地构建多元化的养老方式，并注意与当地经济发展水平相适应；对农村地区来说，要减少农村老年人参与文化活动的忧虑，大力发展农村经济，增加

---

① 姜向群：《老年社会保障制度的历史与变革》，中国人民大学出版社，2005。

农民的收入，尤其是要想方设法增加农村老年人的收入。与此同时，要加快建立健全农村新型合作医疗制度和医疗救助制度，结合各地实际情况，建立农村低保和农村养老保险制度，从而扫除农村老年人参与文化活动的后顾之忧，使农村老年文化建设落到实处。

二 促进老年人参与文化建设

老年文化建设的主体是老年人自己。老年文化建设是一项广泛发动城乡老年人积极参与精神文明建设的新形式，也是深入开展精神文明建设和把老年工作落实到基层的重要措施。老年人在年龄、性别、民族、职业、教育程度、兴趣爱好、专业特长上各有不同，感兴趣的事物、关注的对象也各不相同。因此，只有组织丰富多彩、形式多样的参与活动，才能适应不同类型老年人的多元化需求，激发他们的参与兴趣和热情，调动他们各自的创造性和积极性，使他们在参与中获得实现自身价值的满足，从而产生归属感。

实践证明，老年文化建设不仅对老年人的身体有益处，还能促进老年人的心理健康。"老年文化建设，改变了老年人原来'休息型'和'寄托型'的生活，以丰富多彩的文化来充实老年人的生活，增长老年人的知识，陶冶老年人的情操，增强老年人的体质，完善老年人的人格。"[①] 另外，通过开展丰富的老年人文化活动，能使老年人文化健身、科学健身，提高老年人的生活品质，实现老年人健康长寿的目的。老年文化活动多是一些群体性的活动，老年人可以更加容易地接触到和自己心理结构、价值取向、道德准则、生活习惯相似的群体。对老年人来说，积极地参与能凝聚老年人的人际关系，对这个群体来说也能形成共同的精神凝聚，使老年个人和老年群体良性互动，从而充实老年人的生活，平衡老年人的心理，调节老年人的精神，实现健康老年化。

老年人参与到文化活动中，有利于挖掘老年人的潜能，减少生理和心理衰退带来的负面影响，使老年人的智力水平长时间维持在一个较高的水平。

---

① 吕华菊、赵淑兰：《人口老龄化与养老模式探析》，《科技信息》2008 年第 8 期。

老年文化活动，倡导将老年群体的力量形态引向积极的方向，用正面积极的眼光看待老年群体。通过老年文化建设来实现他们的再社会化，达到健康发展、角色发展、认知发展、道德发展的目标，从而使他们对家庭、社会和国家的影响力表现得更为积极和正面，推动社会的发展和人类的进步，实现积极老龄化。

然而，在中国经济的快速发展和社会进入转型的特殊时期，文化领域产生了多元化的现象。很多庸俗、低俗、媚俗的"三俗"文化，从一开始的夹缝生存现象发展到现在已蔓延到文化市场，不停地对观众进行视觉、听觉"轰炸"。它们乔装成大众文化入侵文化市场，容易降低人们的警惕性，然后不断挑战人们的认知方式和道德底线。老年人作为特殊的群体，他们获得精神文化的途径比较单一，很难像年轻人那样有多重渠道接受不同的文化，从而选择适合自己身心健康的文化。老年人更多的是接受文化，很少能做到选择文化。因此，"三俗"文化若在老年文化中形成一定的市场，必然挤压健康积极的老年文化的生存空间，致使真正能满足老年人精神文化需求的老年文化建设覆盖力减弱，消极病态的"三俗"文化将毁掉老年人的精神生活。所以，要积极发展老年文化建设，使老年人享受新式的老年群体文化活动，摒弃错误的文化活动方式，从而使得老年群体能在健康积极的社会氛围中度过自己的晚年。

三　丰富老年文化的客观内容

老年文化建设，是以马克思主义、毛泽东思想、邓小平理论、"三个代表"重要思想和科学发展观为指导，以建设先进文化为主要内容，以促进人全面而自由发展和社会协调发展为根本目的的文化。老年文化建设的内容要有利于实现"健康老龄化"和"积极老龄化"。"健康老龄化"的奋斗目标，强调要采取有效措施，使老年人延缓衰老，提高其健康寿命和寿命质量，尽量减短生命中带伤残和需别人护理的年限。"积极老龄化"则提出了比"健康老龄化"更宽泛的理解视角，强调为了提高老年人的生活质量而优化其健康、参与及保障的机会过程，"积极老龄化"不仅仅指体力活动和劳动，还包括对社会、经济、文化等的持续参与并发挥作用，延续机会以将老龄化变成正面经验，延长预期健康寿命并提高所有老年人的生活质量。为此，必须做到以下几个方面。

第一，要注重发扬优秀传统文化。就现状来说，参与传统民俗文化的多为老年人。如，在西安的公园和广场上抖空竹、放风筝、抽陀螺的多为老年人，一些优秀的民俗文化继承者也多为老年人。

　　案例 6－6：西安市的"风筝名人"张天伟，自 1986 年参加风筝比赛以来，获得 60 余次国内外金、银、铜牌及证书，他制作的风筝，多数被美、德、日、英等海外风筝爱好者收藏。"据《西安日报》介绍，西安市群众艺术馆非物质文化遗产保护部主任王智近年来从事传统民间艺术调研、抢救、推广，在他所了解的 1000 多名民间艺人中，多为老年人，年龄最大的已经 90 多岁。"[1]

再来看看老年文化建设对福建省泉州市南音这一"中国古代音乐史的活化石"的影响。民间的薪火相传是泉州南音传承的主要方式。但现实社会中功利主义盛行，很多人仅以谋求经济收入为目的，致使一些中青年艺人中投机钻营者逐年增多，影响了南音的演出水平，也损害了南音的高雅形象。如果以老年文化的形式建设南音团队，很大程度上能提高其水平。因为老年群体相对年轻人来说，更能潜心表演这一高雅的艺术，也更愿意在南音上投入精力和时间。通过老年文化活动，使很多老年人有机会从业余的南音表演者做起，有机会在教师的带领下进一步学习、深造和钻研。

随着改革开放的深入，社会文化生活越来越多样化，使我国传统文化能屹立在世界文化之林。可是，民俗文化对大部分初学者来说，不能带来经济效益。现代人生活节奏快，工作压力大，年轻人需要养家糊口，很少有年轻人愿意把精力放在参与民俗文化活动中。但对老年人来说，情况就不一样

---

　　[1]　王耀华：《中国南音的保护与传承》，《福建艺术》2009 年第 1 期。

了，老年人没有养家糊口的负担，又有足够的空闲时间。虽然老年人从事民俗文化活动也要付出，但身体健康了，结交朋友了，还能为建设和谐社会做贡献，他们都很乐意。

大多数民俗文化都有自己的风格，文字传播能起到的作用很有限。因为很多民俗文化看得到、摸不着。能看到的只是表面，如果没有师傅的点拨，很难掌握其中的奥妙和精髓。因此，面授往往是效果最好的途径。老年人是很多传统艺术的当家人，所以老年人在传授传统艺术中占有重要位置。通过加强老年文化建设，可以很好地发挥老年人在传授、保护地方传统文化方面的作用，将我国优秀的传统民俗文化发扬光大。"老年文化的建设，能让更多的老年人参与到民俗文化活动中去，再通过老年人的带头作用，使全社会、全民族都更加重视自己的文化。"①

第二，要建设健康积极的老年文化。用先进的文化去抢占"三俗"文化的市场，并引导老年人积极接受和分享这些先进的文化。具体来说，要做好以下几点。首先，政府和相关部门要采取坚决打击"三俗"文化与扶持健康老年文化相结合的方针。一方面，有关文化部门应切实把好关，禁止"三俗"文化进入具有一定影响力的大众媒介，尤其是老年人经常接触的媒体。对已经在老年群体中广泛流传的、消极的"三俗"文化要做到坚决查处、封杀，规范媒体行为，做好媒体的舆论导向作用，让老年人减少接触"三俗"文化的机会。另一方面，要积极倡导高雅文化。做到以雅反俗、以雅代俗，在全社会形成一种儒雅的老年文化建设风气，倡导先进性的老年文化，让老年人从意识上增强对"三俗"文化的抵抗力。其次，加快转变政府职能，健全文化市场监管机制抵制"三俗"文化，这不仅要靠社会各界力量的共同努力，还要有制度的保证。要深入推进文化体制改革，加强对文化市场的规范、监管和引导，健全文化市场的监管机制。文化市场要想长久地健康发展，需要加快转变政府职能、健全文化法律法规和政策体系、健全文化市场监管机制等。最后，也是最重要的，就是必须形成全民共监督共抵

---

① 泉州市文化局、泉州市教育局：《泉州南音基础教育》，福建人民出版社，2009。

制的氛围。反"三俗"文化，不仅需要国家政策和媒体的导向作用，更重要的是我国社会公民的自愿参与，尤其是老年群体亲自参与，共同监督、共同抵制"三俗"文化的横行。我们应具有强烈的社会责任感和公民道德意识，在政府和媒体的积极引导之下，善于发现和宣传积极健康的适合老年人的文化，让全社会形成一个有利于老年人身心健康发展的文化环境。也只有在这种社会大环境下，低俗之风由社会公民自发调节就可以得到很好的遏制，这种"三俗"文化就会逐渐减少，慢慢退出市场。最终让老年人远离腐朽堕落的世界观、人生观、价值观，使老年文化远离庸俗、低俗、媚俗的现象。

第三，要完善理论建设，打好老年文化建设的扎实基础。我们知道，理论建设是老年文化建设的基础，是行为的原动力，是改变的方向。老年文化建设首先要做好理论的准备，并明确老年文化理论建设是对创新老年文化建设最前瞻、最有效果、最实用的方法、理论、指导。缺乏理论指导对于文化建设来说，必然会形成被动局面，如果处理不善，还会使老年文化建设走很多弯路。

就我国目前状况来讲，老年文化建设的理论基础比较单薄，但是关于老年人本身的理论研究还是比较丰富的，如老年人心理学、老年人经济学、老年人教育学。就单纯的文化建设研究来说，理论研究也比较深入。因此，对研究老年文化建设来说，可以吸取各学科的精华，做到各学科间的融会贯通。还可以在充分利用现有资源的基础上做到古为今用、洋为中用，充分挖掘中国古代老年文化的精华，在考虑中国国情的基础上对国外的理论进行本土化研究，发展有中国特色的老年文化。在更严峻的老龄化趋势到来之前，做好理论准备，以应对新局势、新变化。同时注意总结各地文化发展的经验，组织专家、学者进行社会调查，进行深入的理论研究；吸取各地文化发展的教训，对存在的问题进行及时的总结，并从这些问题中归纳出对老年文化理论建设有较大影响的课题进行立项研究，使老年文化理论建设跟上现实发展的需要，用发展的理论来解决发展的问题。对老年理论问题做战略性和前沿性研究，推动老年文化建设的蓬勃发展。当然，在借鉴古今中外理论的基础上，还要注重用创新的角度去研发理论。"老年文化的理论建设不能仅仅满足于现有的研究水平，必须创新发展、与时俱进。用创新的思维、科学的方法、实事求是的态度去做理论研究，并在实际生活中进行推广，要用老年文化生活这一实践来检验老年文化生活理论的正确与否。通过理论研究去挖掘老年文化建设的本质内涵，从而使老年文化建设通过科学的发展到达新的高度。"①

发展老年文化建设，还要做好管理层面和实际层面的理论研究。各部门之间应该责任到户，明确主管单位，对于一些共同操办的工作，每个部门都要尽到义务，配合工作，努力改善现在老年文化管理政出多门、不够规范的局面。就老年人活动本身的团队建设来说，也要注意其人员的配置，尤其是管理人员的设置。管理人员的学历水平、研究能力、创新能力、组织能力等都必须具有较高的水平。因为面对的是老年群体，管理人员还要熟悉老年人的生理、心理特点。建立符合老年文化事业发展规律的老年文化管理团队，提高老年活动的整体水平，保障老年文化建设健康有序地发展，开创老年文化建设的新局面。

四　积极建设社区文化

社区文化是老年文化建设的客观基础，发展城市老年文化应该立足社区。社区工作者应充分认识老年文化建设在构建和谐社区中的重大意义，要在思想上重视老年人，重视老年文化。要积极营造良好的老年文化消费氛围，把工作当责任，把关爱当义务，多宣传、多扶持。主要是要做好以下几个方面的工作。

首先，社区工作者要整合和发掘各种资源，搞好基础设施建设，为老年人娱乐修身提供必要的平台，这是发展社区老年文化的基本保证。其次，社区要积极有组织、有针对性地开展丰富多彩的文体活动，充实老年人的晚年生活。在以康乐为主题的条件下，以更加丰富的形式给老年人创造一个轻

---

① 王静、范绮萍、李雪霜：《我国养老模式发展与探索》，《现代护理》2005年第18期。

松、快乐、健康的生活氛围，并引导他们进行各项娱乐健身活动，享受活泼
多样的文体生活。在开展活动时，应尽量站在老年群体的立场上去考虑问
题，在举办活动时也要考虑更加细致、周密、全面，做到每个活动的开展都
能满足老年人的实际需要，不图形式、不搞浮夸。融老年文化的知识性、娱
乐性、趣味性于一体，做到雅俗共赏、百花齐放。此外还要考虑不同年龄、
不同性别、不同个性的老人的差别，因地制宜、因人而异地开展活动。节假
日更是社区工作者可以有效利用的平台，在假日期间开展特色活动，削减老
年人的孤独感和焦虑感，为老年人的晚年生活增添色彩。再次，要加强社区
与社区之间的联系，大力办好老年教育，完善社区文体组织建设。老年文化
建设的基本保证是组织建设。老年文体组织是开展老年文化活动的支柱。社
区要积极开展老年文体组织建设，依托区域老年活动中心和文化馆培育一批
老年文化、体育骨干队伍，带动基层老年文化体育活动的开展。同时，要意
识到单个社区的力量是有限的，社区工作人员可以加强与其他社区的联合，
组织大型老年文化体育活动，活跃广场文化和群众文化，满足老年人继续深
造的愿望，有利于提供更多的老年人才，充分挖掘老年人的潜力，推动老年
文化的快速健康发展。① 社区工作者应以老年人为中心，摸清老年人的特
点，根据老年人的需求，有针对性、有组织地开展一系列活动，走一条充分
挖掘老年人潜力，充分发挥老年人的主观能动性，化被动为主动，化压力为
动力的发展之路。

　　总之，老年文化建设是一项相当复杂的社会系统工程，要解决现有文化
发展的问题，实现理想的文化建设方式，并保证其协调的运行和健康的发
展，不是一件容易的事情。

参考文献

［1］《中国城乡老年人人口状况一次性抽样调查数分析》，中国标准出版社，2003。

---

① 郑建娟：《我国社区养老的现状和发展思路》，《商业研究》2005 年第 2 期。

［2］陈始发：《发展老年文化，丰富老年生活》，《求是》2000 年第 10 期。

［3］夏甄陶：《人是什么》，商务印书馆，2000。

［4］高竟玉：《城市社区文化建设探讨》，《昆明师范高等专科学校学报》2003 年第 3 期。

［5］洪鉴、贾秀兰：《城市社区精神文明建设研究》，《西南民族大学学报》（人文社会科学版）2004 年第 10 期。

［6］刘杰：《关于社区老年文化建设思考》，《管理与财富》2011 年第 2 期。

［7］彭燕：《我国老年教育的发展及特征》，《西南交通大学学报》（社会科学版）2005 年第 3 期。

［8］邱宏伟：《关注老年人精神文化生活提高生活质量》，《中南民族大学学报》（人文社会科学版）2003 年第 8 期。

［9］孙常敏：《城市老年人余暇生活研究》，《上海社会科学院学术季刊》2000 年第 3 期。

［10］孙晋富：《积极老龄化视角下的老年人力资源开发》，《中国人口报》2006 年第 2 期。

［11］宋丹丹：《从老年人精神文化需求看社区老年文化建设》，《菏泽学院学报》2009 年第 1 期。

［12］王裔艳：《国外老年社会学理论研究综述》，《南京人口管理干部学院学报》2004 年第 2 期。

［13］吴茶香、邵晓寅：《积极促进社区老年文化建设》，《前沿》2003 年第 10 期。

［14］徐奕春：《西塞罗的老年幸福论》，《道德与文明》2012 年第 5 期。

［15］张青：《关于发展企业老年文化的思考》，《工会论坛》2000 年第 5 期。

第七章　关于应对社会老龄化的若干思考

1999 年，我国进入了老龄化社会。与其他国家相比，我国社会老龄化的一个显著特征是老年人口规模巨大、发展迅速、"未富先老"，这对于经济发展还不够发达的我国而言，社会老龄化对政治、经济、社会、文化等各方面都产生了重大影响。由于社会老龄化是一个普遍现象，与人民的生活息息相关，全社会应正确认识、理性看待，并以积极的态度来迎接和应对老龄社会。2012 年 9 月 22 日《环球时报》第 6 版的下角刊登了一篇译自英国广播公司 9 月 21 日的报道，原题是《老龄化的中国：变化和挑战》，文章的位置虽不显要，但译文的标题却令人震撼：《老龄海啸逼近，中国没准备好》，文中列举的事实发人深省。显然，老龄化问题是今后一个时期中国社会的基本国情之一，是党和国家制定方针政策必须考虑的一个重要因素，务必引起高度重视。

第一节　树立正确的理念

理念是行动的基石和先导。正如法国教育家埃德加·莫兰所言："没有思想的变革就没有其他变革。"中国作为世界上老年人口数量最多的国家之一，为积极应对人口老龄化对社会生活所带来的各方面影响，首要任务便是树立正确的理念。因为科学地、清醒地认识人口老龄化，关系到家庭、社会、国家的稳定与发展。

一　老龄化是社会进步的标志，是人类文明进程的必然结果

人口老龄化是指人口总体中的中老年人口所占比例的不断增加，抑或青少年人口所占比例的不断递减这样一种渐进过程。[①] 人口老龄化是历史的必然，是社会进步的标志，是人类文明进程的必然结果。人口老龄化这一特殊现象的出现，正说明了社会的进步、经济的发展、人民生活水平的提高、医疗卫生条件的改善，人与自然环境的和谐，从而使人口寿命得到延长。因而，应以正确的、积极的心态面对人口老龄化，而不是悲观地称之为"海啸"或"洪水猛兽"。

人类社会发展史表明，在社会经济发展水平低、出生率高、死亡率高和平均寿命低的情况下，老年人口数量少、比重小，不可能出现社会老龄化。因而可以说，一个社会人口平均寿命的增加，是社会发展、进步的成果。新中国成立60多年来，经济从1949年的国民生产总产值466亿元增加到2010年的国内生产总值401202亿元[②]，人民的平均寿命也从新中国成立前的35岁攀升到2010年的74.83岁[③]，经济增长了60多倍，平均寿命也翻番，实现了从"东亚病夫"到"健康中国"的转变，这是共产党和中国政府乃至全国人民应引以为豪的。显然，"一穷二白""东亚病夫"绝不可能带来社会老龄化。越是经济贫困的社会，其老龄化程度越低，反过来说，老龄化程度越低的社会，其经济越落后。预期平均寿命的翻番，得益于新中国成立60多年来经济的发展，得益于人民生活水平的提高和医疗卫生等各项事业的巨大发展。

党的宗旨是"全心全意为人民服务"，并指出"每个党员都必须理解党的利益与人民利益的一致性，对党负责与对人民负责的一致性"。党的十六

① 罗淳：《从老龄化到高龄化——基于人口学视角的一项探索性研究》，中国社会科学出版社，2001，第25页。
② 根据《中国统计年鉴2011》资料整理。
③ 中国广播网，［EB/BO］（2012-8-12）（2012-09-17）http://china.cnr.cn/news/201208/t20120812_510558234.shtml。

大确立了"三个代表"重要思想，其落脚点在于始终代表最广大人民的根本利益，这里的"最广大人民"理所当然地包括了老年人，他们作为最广大人民中的组成部分，其根本利益理应得到维护和保障。党的十八大将科学发展观写入党章，其核心是以人为本，"始终把实现好、维护好、发展好最广大人民的根本利益作为党和国家一切工作的出发点和落脚点，解决好人民群众最关心、最直接、最现实的利益问题，做到发展为人民，发展依靠人民，发展成果由人民共享"。"全心全意为人民服务"也好，"三个代表"重要思想也好，科学发展观也好，最终都是要体现在让人民过上好日子。只有人民过上了好日子，平均寿命才能大幅度提高，如果不重视老年人问题，就不是以人为本，更谈不上科学发展和社会和谐。因此，要用积极的、正确的理念来看待社会老龄化，才能积极地、正确地应对社会老龄化。

从我国五次人口普查数据也可以看出，随着经济的发展，每一次普查中年龄结构都发生变化，主要为年龄比重的不同（见表7－1）。具体为：1964年的第二次人口普查时，由于3年自然灾害使经济发展受到严重挫败，经济发展水平低于20世纪50年代，人的寿命也相应缩减，故而65岁及以上人口比重仅占3.56%，低于1953年的4.41%。随后，从第三次人口普查开始，经济开始得到迅速发展，从每一次普查数据可以看出，老年人口的比重都在增加。这些数据很好地验证了经济发展水平与人口寿命之间的关系。

表7－1　中国六次人口普查中年龄结构分年龄组比重

单位:%

年份	0~14 岁	15~64 岁	65 岁及以上
1953	36.28	59.31	4.41
1964	40.70	55.74	3.56
1982	33.59	61.50	4.91
1990	27.69	66.74	5.57
2000	22.90	69.99	7.11
2010	16.60	74.50	8.90

资料来源:《历次人口普查表》,《中国统计年鉴》。

从我国东西部地区来看，2012 年《健康中国 2020 战略》研究报告指出，我国东西部人均寿命相差 15 岁，究其原因，主要是东西部地区的经济发展水平差异较大，影响到人均寿命长短。根据《中国统计年鉴 2011》也可以看出，2010 年，我国东部地区如江苏、上海、辽宁、山东、北京等地 65 岁及以上人口占总人口的比例分别为 10.89%、10.12%、10.31%、9.84%、8.71%，而西部地区如西藏、青海、宁夏、新疆等地 65 岁及以上人口占总人口比例仅分别为 5.09%、6.30%、6.41%、6.19%，而同时期，全国 65 岁及以上人口占总人口的平均值为 8.87%，东部的江苏（10.89%）与西部的西藏（5.09%）之间相差 5.8 个百分点，差距较大。而在经济发展方面，2010 年，江苏生产总值为 41425.48 亿元，居民消费水平为 14035 元，而西藏生产总值仅为 507.46 亿元，居民消费水平仅为 4513 元。[①]

从国际上看，根据 2011 年《世界卫生统计》，2010 年美国、日本、加拿大、澳大利亚等发达国家的人均寿命分别为 78.5 岁、83 岁、81 岁、82 岁，南非、尼日利亚、印度等发展中国家的人均寿命仅分别为 54.5 岁、53.5 岁、64.5 岁[②]，数据有力地说明了，越是经济发达的地区，人均预期寿命越长。世界上平均寿命最长的国家是瑞典、日本和英国等发达国家，它们没有因为社会老龄化而出现经济退步、社会停滞不前；而平均寿命最短的国家在非洲和拉美地区，它们也没有因为还未进入老龄化社会使经济飞速发展。只能说明越是经济发达的国家，人民的生活水平越高，人的寿命越长，才越有可能进入老龄化社会，因而反映了人口老龄化是社会进步的标志，是文明的象征。

人口老龄化是人类发展的规律，是人类面临的共同的社会问题，世界各国都要经历这一过程。每个人都会老，这是生理发展的必然规律，具有不可抗拒的力量。近年来，世界各国 65 岁及以上老年人口的比重占总人口比例较大的国家，如 2002 年美国、日本、德国、意大利、英国、法国的数据分

---

① 根据《中国统计年鉴 2011》资料整理。
② 根据 2011 年《世界卫生统计》资料整理。

别为 13%、18%、16%、19%、16%、16%，其他如墨西哥、巴西、伊朗等发展中国家也达到 5%~6%①，根据联合国对老年型国家或老龄化社会的界定，发达国家的数据远远高出 7%，发展中国家及欠发达国家随着经济的增长，也必然会步入老龄化社会，说明人类进入老龄化社会是必然趋势。正如联合国《世界人口展望 2010》中预测数据表明，中国 65 岁及以上的老年人口比重在 2065~2075 年保持在 30.2% 的峰值水平，而日本的峰值水平为 35.6%，意大利为 32.7%，韩国为 34.0%。同时指出，到 2099 年，全球 192 个国家和地区的社会均成为老年型社会。②

二　社会老龄化将成为我国的基本国情之一

2006 年 2 月 23 日，全国老龄工作委员会在北京发布的《中国人口老龄化发展趋势预测研究报告》指出，"21 世纪的中国将是一个不可逆转的老龄社会"，前 20 年将成为"快速老龄化"阶段，随后的 30 年为"加速老龄化"阶段，其后的 50 年则达到"稳定的重度老龄化"阶段。2051 年，中国老年人口规模将达到 4.37 亿，即每 10 个人中就有 3 个是 60 岁及以上的老年人。③据第六次人口普查显示，截至 2010 年年底，我国 60 周岁以上老年人达到 1.78 亿，占总人口的 13.26%。④"十二五"时期，随着第一个老年人口增长高峰的到来，我国人口老龄化进程将进一步加快。从 2011 年到 2015 年，全国 60 岁以上老年人将由 1.78 亿增加到 2.21 亿，平均每年增加老年人 860 万，老年人口比重将由 13.3% 增加到 16%，平均每年递增 0.54 个百分点。⑤胡锦涛总书记在党的十八大报告中提出："确保到 2020 年实现

---

① 国家统计局人口和社会科技统计司：《中国人口统计年鉴 2003》，中国统计出版社，2003，第 251 页。
② 根据联合国中等水平预测，中印两国人口变动情况对比［EB/OL］，http：//esa.un.org/unpd/wpp/unpp/panel_ population.Htm。
③ 全国老龄工作委员会：《中国人口老龄化发展趋势预测研究报告》［EB/OL］，http//www.cpirc.org.cn/new8/rkxw-gnjetail。
④ 根据《中国统计年鉴 2010》资料整理。
⑤ 《中国老龄事业发展"十二五"规划》［EB/OL］［2011-09-23］（2012-11-4），http：//www.sina.com.cn。

全面建成小康社会宏伟目标。"根据我国老年人口逐年增长的现实以及前文对经济与人口老龄化关系的阐述，随着2020年我国全面实现小康社会，经济发展上了一个新台阶，人均寿命必然得到增加，老年人口占总人口的比例必然上升，同时由于我国人口基数大，老年人口多、比重大、发展迅猛等特殊性，社会老龄化必将对我国政治、经济、社会、文化产生重大影响，社会老龄化成为我国各族人民必须面对的现实，因而可以说，2020年之后，社会老龄化将成为我国的基本国情之一。

面对新的基本国情，党和国家应以此为出发点，给予高度重视，并提上工作日程，制定相关政策；把社会老龄化看作一项关系国计民生的重大工程，关注老年群体，特别是弱势群体、特殊群体；统筹兼顾，加强领导，建立机构，明确职责，落实管理，监督评估；建立专项经费，专款专用，加大投入，培养专门人员，提高社会管理水平；开展调研，深入群众，了解需求，妥善解决；正确处理社会老龄化给政治、经济、社会、文化等各方面带来的影响，积极探索和采取有效措施予以解决。总之，必须依靠全社会的力量，以平和、积极的态度迎接和面对社会老龄化，正确处理社会经济建设与老龄化问题的矛盾，维护广大老年朋友的合法权益。

三 幸福指数应当是一条"爬坡"的曲线

幸福是人类永恒的话题，是人们追求的目标。对于幸福的理解涉及了哲学、心理学、社会学、经济学、文化学等多个学科，说明了它的高度复杂性。近年来，许多学者研究用幸福指数将幸福量化，而幸福指数是一个复杂的指标体系，作为反映民众生活质量的重要参数，是衡量民众幸福感的重要方面。从心理学角度看，幸福感就是人们以社会经济、文化背景和价值取向为基础，对自我存在状态（自我身体状况、心理功能、社会能力以及个人综合状态）的主观心理体验，是由动机、目标、认知、情感、人格等心理因素与外部因素交互作用而形成的一种心理功能状态。[1]

---

① 苗元江：《心理视野的幸福感研究》，南京师范大学博士论文，2003年。

居民幸福感是反映社会发展水平的重要指标，也是衡量社会运行机制和人民生活满意程度的指标。爱因·兰德在《幸福感》文章中指出："生命的延续和幸福的追求并非是两个彼此独立的问题。将自己的生活作为终极价值，将幸福作为最高的追求是统一过程中的两个方面。"中国传统观念中"尊老""善终""晚节""百善孝为先"是十分突出的。人的一生幸福指数应该是一条随着年龄增长不断向上"爬坡"的曲线。俗话说"先苦后甜"，年轻时讲奋斗，年老时才讲享受，这是人生追求和向往的。这说明老年阶段的幸福感在一生幸福指数中占的比重应当最大（见图 7－1）。著名华侨林文镜先生曾对笔者说过："施先生，65 岁前我都在奋斗，不敢讲享受，到 80 岁以后我才敢讲享受人生。"

谁都不乐意晚景暗淡，幸福指数掉到横坐标以下（见图 7－2）。

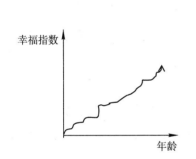

图 7－1　不断"爬坡"的幸福曲线

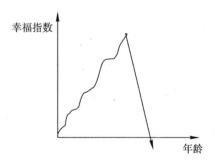

图 7－2　晚年不幸的幸福曲线

老年人的今天，就是年轻人的明天。俗话说得好："家有一老，如有一宝"，善待老人就是善待我们自己。正如世界老年学研究所认为："任何对老年人的投资，真正得到最大好处的是当代的中青年。"因而，当前老龄工作的重心是千方百计地提高老年人的幸福指数，使老年人基本需求得到满足，生活得到保障；身心健康发展，心情愉悦，精神富足；重视个人发展，潜能得到开发，价值得到利用；提升生活质量，增加幸福感，安享幸福快乐的晚年生活。老年人的幸福指数反映着这个社会的文明与进步，当他们的物质生活和精神生活都得到满足时，就为他们拥有健全的人格、健康的心理、积极的社会服务与参与等创造了条件，他们的幸福指数就高。当今社会是一个不分年龄，人人共享的社会，每个人都是社会的主人，老年人将一生奉献给了社会，理应得到社会的尊重和服务，因而把涉及老年人的问题解决好，人民生活将更加幸福安康、社会经济将更加和谐稳定，国家民族将更加繁荣昌盛。

综上所述，全社会应树立正确的理念，积极看待人口老龄化现象，其涉及的主体主要为政府、子女和老年人自身，每一主体的理念正确与否，都直接关系到我国人口老龄化问题的能否顺利解决。作为政府，应当重视人口老龄化现象，并采取措施积极应对，了解老年群体的真正需求，加大财政投入，保证供给充足，提高社会管理水平，将促进政治稳定，社会和谐，为经济发展提供良好的环境；作为子女，不仅要孝顺，更要懂得如何孝顺，不仅要关心长辈的生活条件，更要关注他们的精神需求，认识到精神文化需求对老年人心理健康的重要性，尽量鼓励并创造条件让老年人参与社会和参与文化活动，做到"老吾老以及人之老，幼吾幼以及人之幼"；作为老年人本身，应正确认识自己的角色转变，调整心态，以积极的态度面对新的生活。加强老年群体内部之间以及与年轻人的沟通交流，提高社会参与意识，积极参加社会活动，消除心理障碍，让自己的晚年生活更幸福、安康、充实和快乐。

第二节　人口老龄化是社会管理的系统工程

系统论的核心思想是系统的整体观念。贝塔朗菲强调，任何系统都是一个有机的整体，它不是各个部分的机械组合或简单相加，系统的整体功能是各要素在孤立状态下所没有的新质。应对人口老龄化是社会建设的一个系统工程，它涉及社会的各方面，需要每一个部门、每一个家庭、每一位公民的重视、支持和参与，需要全社会的共同努力，"单打独斗"是解决不了问题的。

一　人口老龄化与社会管理

自 2004 年党提出加强社会建设和管理以来，多次在重要会议上强调了社会管理的重要性。从 2004 年提出"加强社会建设和管理，推进社会管理体制创新"，到 2007 年提出要"建立健全党委领导、政府负责、社会协同、公众参与的社会管理格局"；从"十二五"规划建议"加强社会管理能力建设"，"创新社会管理机制"，到 2011 年 2 月 19 日，胡锦涛总书记强调"加强和创新社会管理……提高社会管理水平"，再到 2012 年 11 月 8 日，胡锦涛总书记在党的十八大报告中提出："要加强和创新社会管理，提高社会管理科学化水平，必须加强社会管理法律、体制机制、能力、人才队伍和信息化建设。"社会管理工作已被提高到党的工作重心，而人口老龄化必须围绕着该重心，提高对人口老龄化的管理水平。人口老龄化的发展变化，必将对社会管理工作带来重大影响，根据我国人口老龄化发展状况，对社会管理的影响主要表现在政治、经济、社会、文化等方面。

（一）政治

一个国家、地区的发展，需要稳定和谐的环境为保障。党的十六大提出要"努力形成全体人民各尽其能、各得其所而又和谐相处的局面"，实现"社会更加和谐"，强调把和谐社会建设摆在同经济建设、政治建设、文化建设并列的突出位置。构建和谐社会已成为我国当前最重要的任务。老年群体的稳定与否，关系着政治的稳定与社会的和谐。中国是世界上老年人口最多的国家，中国人口老龄化不仅是中国自身问题，而且关系到全球老龄化进程。因而可以说，人口老龄化，关乎国家长治久安，是国计民生的一件大事。

老龄社会的发展离不开老年人主体，必须从政治高度上看待人口老龄化现象。对待老龄问题，不能急功近利，眼光短浅。在制定老龄方针政策、老龄发展战略时，要考虑周全，如养老服务体系的建设、医疗卫生服务、退休制度、老年人力资源开发、老年文化建设、老年教育等。如果政府和社会管理者不从老年人群体利益出发来做决定，则将引起社会秩序混乱。如 2011年，英国 12 万大学讲师罢工，反对延长退休与削减福利。据美国世界新闻网报道，2010 年，法国劳工部长沃尔特宣布，将把法国退休年龄从目前的

60 岁提高到 62 岁，结果引起全国罢工和抗议。[①]

（二）经济

我国老龄化社会的发展速度快于经济发展，对于一个"未富先老"的国家而言，人口老龄化将对我国经济的发展带来巨大影响，其中，既有挑战也有机遇，其影响主要体现在劳动力供给、劳动生产率、储蓄与投资、人力资本等四个方面。

1. 对劳动力供给的影响

由于我国计划生育政策的成功执行，老年人口数量增加，他们逐渐退出劳动力市场，劳动年龄人口比重下降，造成劳动力供给减少，甚至劳动力结构短缺，人才后备军不足，不利于经济秩序平稳发展（见表 7 - 2）。2010年以后，随着年份的增加，全国劳动年龄人口总量在减少，劳动年龄人口占总人口的比重在降低，意味着老年人口数量相对增多，人口老龄化程度越发严重，对劳动力市场影响越大。

表 7 - 2 15 ~ 64 岁劳动年龄人口变化趋势

年份	劳动年龄人口（亿）			占总人口比重（%）		
	全国	城镇	农村	全国	城镇	农村
2010	9.81	1.91	4.89	73.1	77.2	69.1
2015	9.96	5.40	4.56	72.3	76.5	67.8
2020	9.90	5.77	4.13	70.3	75.2	64.5
2025	9.85	6.09	3.76	69.2	74.3	62.2
2030	9.58	6.22	3.36	66.9	72.0	59.2
2035	9.12	6.19	2.98	63.7	68.5	55.5
2040	8.68	6.08	2.60	61.0	65.1	53.2
2045	8.11	6.02	2.39	59.9	63.0	53.3
2050	8.06	5.85	2.21	58.6	60.6	53.9

资料来源：蔡昉：《人口与劳动绿皮书（2010）》，第 62 页。

---

① 法国爆发大罢工抗议延长退休年龄 ［EB/OL］（2010 - 06 - 25），环球网。

对劳动力供给的影响还表现在就业上。就业是我国一项关系国计民生的工程，牵动着每一家庭、每一个人的神经。对于社会上提倡的开发老年人力资源，使有能力、有意愿的老年人重返劳动力市场。但有部分反对声音认为，当前我国面临着严重的就业问题，大量的大学毕业生的就业压力增大，如果老年人再重返参与就业，将与年轻人"抢饭碗"，激化代际间的矛盾，引起社会混乱。

2. 对劳动生产率的影响

根据人口老龄化对劳动力供给的影响，近年来许多国家开始研究、探讨延长退休年龄的做法。如2010年，法国宣布退休年龄从60岁提高到62岁；2011年，英国提议延长退休并削减福利；我国人力资源和社会保障部也开始调研延长退休年龄……显然，通过延长退休年龄的做法，从短期看在一定程度上缓解了劳动力不足的问题，但从长远来看，仍不是解决问题的有效办法。因为它将使劳动力老龄化，即较大年龄的劳动者仍处于工作状态中，由于他们年龄较大，观念陈旧，知识老化，学习能力有限、创新性不足等各方面因素限制了他们灵活、快速地适应新事物、新岗位、新时代的发展。同时，随着年龄增大，其劳动生产率必然降低，正如法国学者索维认为，人口老龄化将会制约劳动生产率的提高，因为老年人的创造力不如年轻人。[①] 美国老年经济学家克拉克也提出了相似的观点，指出在劳动年龄人口中45岁是一个临界点，45~64岁的劳动力与15~44岁的劳动力在提高劳动生产率方面有显著的区别。[②] 于学军特别指出，劳动力老化对总体生产率提高和经济增长抑制作用较大，在知识变化迅速的部门更为严重。[③] 由于当前我国的产业结构仍是以劳动密集型为主，对劳动者体力的要求较大，因而，当劳动力年龄老化比重加大，体力普遍降低，必然不利于生产率的提高，从而直接影响到经济的可持续发展。

---

① 阿尔弗雷德·索维：《人口与环境，控制人口与发展经济》，北京大学出版社，1985，第271~272页。

② 熊必俊：《人口老龄化与可持续发展》，中国大百科全书出版社，2002。

③ 于学军：《中国人口老化的经济学研究》，中国人口出版社，1995，第59页。

3. 对储蓄与投资的影响

人口老龄化使社会储蓄者和投资者相对减少，对储蓄和投资产生一定的影响。保罗·舒尔茨认为，一个国家的人口年龄构成可能与这个国家的储蓄率相关，因此，一个国家的人口年龄构成可能会影响这个国家的经济增长。[①] 主要表现在：随着老年群体退出工作岗位，他们的收入逐渐减少，并由于年老多病，用于医疗卫生的支出费用增加，可供支配的收入减少，因而减少了储蓄量和投资量，对于商品生产、流通与消费带来了一定的抑制影响。

4. 对人力资本的影响

人口老龄化对人力资本的影响具有积极作用。Fougere & Merette 基于物质资本和人力资本的内生增长模型，对经济合作与发展组织成员国家1954～2050年人口老龄化对经济增长影响进行了模拟研究，提出人口老龄化会使后代的人力资本投资机会增加。[②] 由于老年人经过大半辈子的社会阅历和工作积累，其群体积聚了巨大的能力、资本、资源、知识、经验、思想等能量，通过开发、挖掘、再利用将其释放，将使社会的总资本增加，对社会与经济产生积极效果。

当然，人口老龄化对经济的影响不应全是挑战，它也带来了一定机遇。第一，促进老年服务市场的发展。老年人对医疗卫生、生活服务、老年文化产业、体育健身等市场有较大的需求，他们的消费需求越来越多样化，老年人消费市场的不断繁荣将会使老年产业得到快速发展，在长远时期内具有巨大的市场空间和商机。第二，增加社会人力资本。老年群体中蕴藏着丰富的人力资源，如何变"人口包袱"为人力资源值得研究和深思。因而，探索合适的方式，开发、挖掘老年人的潜能与资源，将对经济的发展带来巨大的促进作用。

---

① 保罗·舒尔茨：《人口结构和储蓄：亚洲的经验证据及其对中国的意义》，《经济学》2005年第4期，第4页。
② Fougere & Merette. "Population ageing and economic growth in seven OECD countries", Economic Moddlling 1999 (16)：411～427.

（三）社会

人口老龄化对社会的影响，主要为养老问题、老年配套设施建设问题以及尊老问题。

1. 养老问题

养老问题主要包括老年社会保障问题和老年人生活抚养问题。随着老年人增多，公共医疗服务任务加大，对社会保障体系具有较大的冲击影响。由于老年人退出工作岗位，从生产者变成纯粹的消费者，同时生理因素带来的年老多病，医疗保障、护理康复等需要耗费国家与社会大量的人力、物力、财力，在一定程度上影响了社会生产发展。2005 年世界银行报告，2001～2075 年，中国基本养老保险的收支预期缺口将高达 9.15 万亿元。[1] 2012 年10 月 12 日，温家宝总理在《全国新型农村和城镇居民社保工作表彰大会上》强调，"要更加注重提高保障水平。要继续坚持政府引导和个人负担并重。政府宁肯少上几个项目，也要确保对社会养老保险制度的投入。"[2] 2012 年 11 月 8 日，胡锦涛总书记在党的十八大开幕作报告强调："要统筹推进城乡社会保障体系建设。社会保障是保障人民生活、调节社会分配的一项基本制度。要坚持全覆盖、保基本、多层次、可持续方针，以增强公平性、适应流动性、保证可持续性为重点，全面建成覆盖城乡居民的社会保障体系。"[3] 但是，在全国范围内构建覆盖范围广、投入比例大的社会保障体系，不是一蹴而就的，需要全社会齐心协力，开拓进取，扎实工作，共同完成。同时，各地区的特殊地情和具体情况不尽相同，如何照顾、体现地区差异，构建因地制宜、满足人民各方面需求的社会保障体系仍是一项任重而道远的工程，丝毫不可松懈和轻视。

在老年人生活抚养问题上，表现为老年人口抚养比和总人口抚养比迅速

---

① 苏志炯：《对社会养老保险资金缺口的新思考》，《时代经贸》2008 年第 8 期。

② 《温家宝在新型农村和城镇居民社保工作表彰大会讲话》［EB/OL］［2012 - 10 - 12］，中央政府门户网站，http://www.gov.cn/ldhd/2012 - 10/12/content_2242273.htm。

③ 《十八大 8 日在人民大会堂开幕　胡锦涛向大会作报告》［EB/OL］［2012 - 11 - 8］，中央政府门户网站，http://www.gov.cn/ldhd/2012 - 11/08/content_2259783.htm。

上升，目前我国的老年抚养比为 11.71%，预计到 2020 年该比例将上升为 16.64%，比 1990 年的 8.62% 增长 8.02%（见表 7-3）。这意味着一个家庭中，一对年轻的独生子女夫妇要抚养 4~8 个老人及 1 个小孩，抚养负担沉重，给年轻人的生活带来了沉重的负担和压力，也不利于代际关系的和谐与社会和睦。

表 7-3　中国人口抚养比的发展趋势①

年份	1990	2000	2010	2020	2030	2040
少年儿童抚养比(%)	37.34	36.08	27.92	25.77	26.12	24.75
老年抚养比(%)	8.62	10.59	11.71	16.64	23.24	32.37
占人口抚养比(%)	45.96	46.67	39.63	42.41	49.36	57.12

"十二五"规划提出了在全国城乡推行"以居家养老为主、社会养老为依托，机构供养为补充"的适合中国"四个老人，两个儿女，一个孙子"家庭结构的独生子女养老模式。但由于我国农村老年人主要为居家养老模式，生活依赖子女并受农村经济发展水平制约。而对于城市老年人，虽然他们大多数享有退休金，但受所在企业效益影响以及城市消费水平高。故而，老年人群体的生活水平难以提高，与其他人群的贫富差距日益扩大。因而，在当前家庭养老功能逐渐弱化的背景下，快速增加的抚养比将带来越来越多的家庭问题和社会矛盾，同时也使企业的养老负担加重。

2. 老年配套设施的完善问题

老年配套设施主要包括老年医院、老年护理中心、老年公寓、养老院、健身场所、老年文化中心、老年俱乐部等。在所有老年配套设施中，他们对医疗卫生护理的设施需求极大，卫生部的一项资料显示，我国 60 岁以上老人慢性病的发病率为 53.9%，病人总数在 7000 万人以上；60 岁以上老人平均 1/4 左右的时间处于肌体功能受损状态，需要不同程度的护理和照料。② 然而，当前社会存在着"看病难，看病贵"问题，特别是农村老年人口的

---

① 季闵华：《中国人口老龄化问题初探》，中国第三次人口普查资料分析，1987 年。
② 印石：《发展老年医疗保健事业　实现老有所医伟大目标》，《卫生经济研究》2009 年第 1 期。

医疗卫生水平，与经济发展存在较大差距。为此，国务院于 2006 年转发了全国老龄工作委员会等部《关于加快发展养老服务业的意见》，这是为解决我国人口老龄化快速发展与"为老"产业发展不足的矛盾而提出的。建议通过兴办不同层次的老人福利机构、增加老年人生活补贴、建立社区卫生保障事业、培育专业养老护理人员等措施完善老年配套设施。同时，划拨专项经费建立专门的健身场所、俱乐部等娱乐健身室，解决硬件上的短缺，并注重营造浓厚的文化氛围，鼓励老年人多参与社会活动，以达到强身健体、身心舒畅之效。

3. 尊老问题

人口老龄化也在一定程度上引发社会对老年人的歧视和偏见，存在着认为他们无价值的思想，认为他们暮气沉沉，没有朝气；有些家庭甚至嫌弃老人而不承担抚养义务，使老年人的晚年生活没有保障；同时社会上出现的越来越多侵犯老年人权益事件，对老年人态度冷淡，使老年群体处于被边缘化的状况。我国自古以来就有"尊老"的思想与文化，现代老年学研究证明，一个国家老年文化的底蕴丰富与否，除了会直接影响到整个老年群体的生活质量和健康水平外，同时也影响一个国家的社会进步和经济发展。对我国而言，搞好老年文化建设，正是对"以人为本"理念的充分体现，反映了党全心全意为人民服务的理念。老年人是社会历史和事业的开拓者和奠基人，他们为党和人民的事业兢兢业业，鞠躬尽瘁，死而后已，他们是党和国家的宝贵财富。没有老年人过去的业绩，就没有今天社会历史发展的局面，只有尊重老年人，才是尊重历史，才能更好地珍惜现在的拥有。同时，作为弱势群体的老年人，更需要社会的关爱，更需要集体的温暖，这是生命价值和尊严的体现，是社会伦理道德修养的标志，是文明进步的象征。

（四）文化

人口老龄化对文化的影响主要为老年人对文化的需求与对传统文化的传承。

1. 老年人对文化的需求

老年文化作为文化的一个重要组成部分，为推进社会主义精神文明建设做出了重大贡献，因而必须重视老年人的精神文化需求。根据马斯洛的需求层次理论，人的需求是有不同层次的，对于老年人来说也是一样。随着经济社会的发展，老年人对精神文化的需求层次也不断提高。从心理学的角度看，心理层面的精神文化，能够熏陶心灵，陶冶情操，达到潜移默化的功效，使他们通过文化慰藉精神，驱赶心理的空虚感、孤独感与失落感，将更多的注意力转移到知识、文化和精神上来，进而有效地解决心理问题。现在，文化消费成为越来越重要的生活内容，老年文化市场将具有越来越大的发展空间。老年人虽然已过了生命最旺盛的时期，但对知识的追求，对精神文化生活的追求却丝毫没有减弱，反而变得更加强烈，特别是随着经济社会的发展和生活水平的提高，老年人可支配收入和闲暇时间增加以及全民教育、终身教育思想的影响，他们对接受老年教育的需求越来越强烈。为最大限度减小老年人的生理、心理给他们带来的负面影响，提升他们的生活品质，重视并大力发展老年教育显得尤为重要。

2. 对传统文化的传承问题

文化是民族的血脉，是人民的精神家园。2011 年，中国共产党第十七届中央委员会第六次全体会议通过了《中共中央关于深化文化体制改革推动社会主义文化大发展大繁荣若干重大问题的决定》，提出了推动社会主义文化大发展大繁荣的要求，努力建设社会主义文化强国。2012 年 11 月 8 日，胡锦涛总书记在党的十八大报告中也强调，要"建设社会主义文化强国，关键是增强全民族文化创造活力"。我国具有 5000 年历史的传统文化繁荣灿烂，但如何传播与继承是一个较大的问题。老年人经过几十年的社会实践和风雨洗礼，他们中不乏饱读诗书、学识渊博的人，在传统文化上造诣较深，正如非洲的名言："一个老年人去世就是毁灭了一座图书馆。"由于大多数优秀的民俗文化继承者主要为老年人，如福建省泉州市南音具有"中国古代音乐史的活化石"的美称，为了防止宝贵的、经典的优秀传统文化流失，特别是对于那些口口相传、不易保存的优秀文化的传承显得尤为重要。正如马克思所说："每一代人都从上一代人身上汲取，又在上一代的基础上创新；每一代人都在为下一代积累，又在为下一代人除旧，汲取、创新、积累、除旧、除旧、积累、创新、汲取，一代接一代地滚动下去，古老的东西就会在历史浪潮的冲刷之下化解。"[①]

二　积极面对人口老龄化

人口老龄化工作作为社会管理中的一大系统工程，应将人口老龄化纳入社会建设的总范畴。

（一）划分老年群体

老年群体之间在科学文化素质、受教育程度、专业技术水平、管理经验等方面存在着差异。为了更好地管理，提高人口老龄化管理水平，有必要划分老年群体，对不同的群体采取不同的管理办法。根据本书前文对老年人口的界定，从年龄划分可分为低龄老年人、中龄老年人和高龄老年人。[②] 从文化素质水平主要将老年人口分为经济老年人和知识型老年人，同时还有特殊老年人。

1. 低龄老年人、中龄老年人和高龄老年人

低龄老年人，泛指年龄在 60~69 岁的老人。特点是：（1）身体尚好，头脑比较清楚；（2）经济上能自立，生活上也能自理，不仅不需要周围人给予照顾，反而可以再为社会或家庭做些工作；（3）主要与配偶及未婚子女一起居住；（4）一般不甘寂寞，需要活动场所和参与机会，再就业愿望强烈。从现阶段来看，发展中地区和落后地区人均寿命相对较低，因而低龄老人比重较大，高龄老人比重较低。

中龄老年人，泛指年龄在 70~79 岁的老人。特点是：（1）身体一般较差、多病，有的已卧床不起；（2）生活上基本上能自理，但能力较差，有相当部分已失去自理能力；（3）部分老人需要社会向他们提供经济帮助、医疗服务和生活照顾；（4）部分老人能继续为社会服务，尤其是知识分子；（5）较多的人已丧偶；（6）女性多于男性。现阶段发达地区，中龄老年人在老人中所占比重较大；发展中地区和落后地区中龄老年人在老人

---

① 马克思、恩格斯：《马克思恩格斯选集》第 1 卷，人民出版社，1960，第 43 页。

② 《低龄、中龄、高龄老年人概念特点》［EB/OL］（2007－11－26），湖南中医药大学——离退休人员管理工作处网站，http：//ltxc. hnctcm. edu. cn/newshow. asp？ id = 100&mnid = 76&classname = 新闻动态 &uppage = /news4. asp。

中所占比重较低。

高龄老年人,一般指年龄在 80 岁以上的老人。高龄老年人是老年特征最突出的人口。特点是:(1)一般经济不能自立,生活自理能力差或不能自理;(2)体弱多病,有的甚至卧床不起和神智不清,患痴呆症比重较大;(3)大多数高龄老人需要家庭和社会向他们提供经济帮助、医疗服务和生活照顾,继续为社会服务的人很少;(4)高龄老人中大部分已丧偶;(5)女性多于男性。

2. 经济老年人和知识型老年人

经济老年人,即在年龄达到 60 岁及以上,不具备劳动能力或年老多病,属于纯粹的消费者。该群体文化程度偏低、无劳动能力,主要依靠子女养老或政府救助,容易引起社会歧视,正如著名老年学家帕尔默在《老年歧视主义:消极的与积极的》一文中罗列了当今歧视老年的 10 种定型表现:疾病、性无能、丑陋、心理衰减、心理疾病、无价值感、孤独、贫穷、沮丧、老龄政治。这些歧视主要发生在个人层面(贬老、辱老、恐老等)、制度层面(强制退休、待遇不公等)和文化层面。[①]

知识型老年人,主要指虽然年龄达到老年,但具有较高的科学文化教育水平,或技术操作水平,或管理经验等,还可以在该岗位上继续发挥"余热",做出贡献。这类人群主要集中在学术研究、医疗服务、管理人员、政府官员等,容易得到社会的尊重。这类人群由于长期积累起来的文化知识、专业理论、实践经验、技术和业务管理能力,不仅不是国家的负担,而且是经济发展不可或缺的劳动要素的提供者。他们不是纯粹的消费者,而是生产者,既可以降低医疗费用和养老生活费用等老年经济负担,又能为避免或缓解劳动力的短缺提供保障。

3. 特殊老年人

特殊老年人主要指留守老人、高龄老人、贫困老人、鳏寡老人、少子

---

① 郭爱妹、石盈:《"积极老龄化":一种社会构建论观点》,《江海学刊》2006 年第 4 期,第 124~128 页。

（特别是独生子女）老人、残疾老人、女性老人等弱势群体。特点是：
（1）在经济、心理、精神、生理上具有特殊性；（2）需要社会向他们提供
经济帮助、医疗服务和生活照顾；（3）女性多于男性。在经济欠发达地区，
特殊老年人比重较大。

（二）提高社会管理水平

老龄化问题的解决，在很大程度上依靠社会管理水平的提高。而管理水
平的提高很大程度上依赖于管理人员素质的提高和管理方法的改进。

1. 培养专业的老龄社会管理者

招募具有老龄专业知识和技能的老龄社会管理者，并培养他们的社会责
任感，懂得用科技的、法律的、教育的种种手段加以解决。立足老年人，深
入老年群体，及时了解老年人的物质、精神及特殊需求，在工作中能够做到
"想老年人之所想，急老年人之所急"，为老年朋友办实事，时刻关注、了
解老年人的各方面需求，并付诸行动给予最大限度满足，对于难以满足的需
求，应积极向有关部门汇报。平时，积极关注学习党和国家对老龄工作的政
策并落实到位。认真学习有关老年学、老年心理学、老年护理学等有关老年
专业知识，提高理论水平，以更好地从理论上指导工作。

2. 对老年人实行分类管理

根据上文提出的不同标准和条件对老年人进行分类，实行分门别类地管
理，以采取不同的、具有针对性的措施提高管理水平。同时，在分类中，有
些人群具有交叉性，如高龄老年人、经济老年人与特殊老年人、低龄老年人
与知识型老年人等之间的重复交叉，实现具体问题具体分析，采取具体的管
理措施。

对于老龄化问题，应全力贯彻实施《中华人民共和国老年人权益保障
法》和《老龄事业"十二五"规划》；社会应形成正确的观念，营造尊老爱
老的氛围，保护老年人合法权益；开展老年健康教育，普及保健知识，增强
老年人运动健身和心理健康意识。注重老年精神关怀和心理慰藉，提供疾病
预防、心理健康、自我保健及伤害预防、自救等健康指导和心理健康指导服
务。同时，引导老年人自尊、自立，加强自我管理。

对于中、高龄老年人及特殊老年人中身体状况不佳的老年人，可组织他们定期进行生活方式和健康状况评估，开展健康检查，及时发现健康风险因素，使老年疾病早发现、早诊断和早治疗。宣传老年疾病防控知识，做好老年人常见病、慢性病的健康指导和综合干预。重点关注高龄、空巢、患病等老年人的心理健康状况。积极拓展居家养老服务领域，大力发展社区照料服务。

对于知识型老年人及低龄老年人，可实行灵活的退休制度。对于身体健康状况良好，且有意愿继续在本专业、岗位上工作的，根据实际情况给予延缓退休期限，以改变传统的以单纯年龄划分为标准的退休制度带来的缺陷。同时，延长转变为经济老年人的时间间隔，增加这类人群对社会的贡献时间，最大限度减小人口老龄化对社会的负面影响。

（三）开发老年人力资源

开发老年人力资源是积极应对人口老龄化的有效途径，具有重大的意义。1992 年 10 月 15 日，第 47 届联合国大会举行特别会议通过了《1992 年至 2001 年解决人口老龄化问题的全球目标》，其中提到老年人就业时，要求各国"制定促进老年人老有所为的国家方针"。1997 年 6 月 22 日在美国丹佛会议公报中承认"在晚年继续工作或继续从事其他有社会效益的活动，是许多老年人的愿望和能力"。2002 年 4 月，在西班牙马德里召开的第二届世界老龄大会上通过的《政治宣言》指出："老年人的期望和社会经济需要，都要求老年人能够参与他们所在的社会经济、政治、社会和文化生活，老年人应该有机会从事令人满意和市场性的工作。"[1] 因而，应将开发老年人力资源当成一项系统工程纳入国民经济发展规划，调动全社会力量，有步骤、有组织、有计划地实行。

1. 开发老年人力资源的可能性。心理学家认为，人的智力有两种基本形式：液态智力和晶态智力。知觉速度、机械记忆、识别图形关系等形式的

---

[1] 关捷、杨惠萍：《浅析积极老龄化对社会贡献之体现——以大连市老年人参与社会活动为中心》，《大连大学学报》2011 年第 6 期，第 79 页。

液态智力是随神经系统的发展、成熟而发展变化，在成人阶段开始下降，并出现衰退的趋势，而词汇概念、言语理解、常识等以记忆储存信息的晶态智力一直保持着相对的稳定，并随经验和知识的积累，在中老年期仍呈一定的上升趋势。事实证明，老年人具有再次参与社会，发挥"余热"的可能性，老年群体中拥有能量巨大的"晶化智力"资源，如果随着退休而得不到再开发利用，则是社会的浪费和损失。

2. 开发老年人力资源的必要性。随着老年人预期寿命的延长，他们希望自身的资源得到开发和再利用。老年人经过发挥余热，学以致用，不仅为社会创造财富，还给自己带来了一定收入，即使闲暇时间得到充分利用，又参与社会，跟上时代步伐，还改善了自己的生活条件，给家庭、社会减轻养老负担，一举多得。有的老年人充分发挥自身才能，创作了许多高质量、高品位的诗词、散文、书画、摄影等作品，为社会增添了宝贵的精神财富、丰富的精神食粮和高雅的艺术享受。调查表明，再就业的老年人与赋闲在家的老年人相比，其发病率明显减少，衰老速度减慢，死亡率也随之降低。

因而，发展多种形式、多种模式的平台和载体，以共同开发老年人力资源，如加强建设老年大学、老年协会、老年团体等社会组织，并以此为平台和载体，将老年群体凝聚起来，加强交流和管理，根据每个人的特长和兴趣，开展有针对性地社会服务活动。加强老年教育，对于全体老年人口均适用。只有通过老年教育、终身教育、全民教育，增强学习意识，提高学习能力，提高老年人口的科学文化素质，才能使老年人转变为经济老年人的时间间隔拉长。

第三节　若干思考与建议

目前，我国老年人口已超过 1.67 亿，约占全国总人口的 12.5%，是世界上唯一老年人口超过 1 亿的国家。[①] 与世界各国相比，我国的老龄事业任

---

① 陈传书：《加强老龄工作　发展老龄事业》，《求是》2010 年第 16 期。

务更艰巨，老龄问题已经成为影响我国经济社会发展的全局性、战略性问题，必须给予高度重视，切实做好老龄工作。党和政府历来十分重视老龄工作，关心老龄事业，但由于老龄事业是一项复杂的系统工程，需要社会、家庭、个人的重视、支持和参与，需要全社会共同努力。

一　加强理论研究，为老龄事业发展导航

要根本解决社会老龄化对社会带来的影响，首先必须从理论上进行研究，以丰富的理论知识来指导实践工作，因而要加强对社会老龄化问题的研究。作为社会科学工作者，在充分认识到社会老龄化是我国今后一个历史时期的基本国情之一的基础上，对其进行深入的研究，对其产生的原因，发展的趋势、特点及其对社会的影响进行系统研究，探索其规律，从而提出科学的解决办法。不能"头痛医头，脚痛医脚"，被动地停留在表面问题，应从本质入手，寻求有效的应对措施。现在，研究社会老龄化的论文、成果较少，高质量的研究成果不多，与社会老龄化迅猛发展的现实不相适应，这是亟须突破的研究领域，具有非常大的研究空间。

建议科研部门尤其是社会科学部门在制定社会科学发展规划时，把社会老龄化问题列为重要内容。建立老龄事业专门科研机构，组建科研队伍，重视科研工作，通过对相关研究课题立项、扶持，安排一定课题和项目，引导和鼓励社会科学工作者从事这方面研究。开展应对人口老龄化战略研究，制定国家老龄事业中长期发展规划，为制定老龄政策提供决策依据。同时，应加强老龄学科建设和专业人才培养，培养技能型、应用型、复合型人才，做好人力资源支撑，服务老龄事业发展。

在研究过程中，应从多角度、多方位进行深入的、系统的研究。首先，加强基础性研究。需要加强对老年医学、老年护理学、老年心理学、老年人才学、老年社会工作、老年文化、老年教育、老年管理学等各领域的研究。对社会老龄化过程中出现的问题及发展趋势进行研究，并提出具有针对性、有效性的对策建议。其次，注重研究发达地区应对人口老龄化的成功范例，必须关注国外对人口老龄化成功经验的研究，"洋为中用"，寻求适合国情、

省情的途径和办法，并构建具有当地特色的老龄事业发展模式。再次，开展人口老龄化的前瞻性研究，如专家学者与老年大学、老年协会加强沟通联系，联合开展人口老龄化对社会发展的影响的研究以及制定具体的应对措施。同时，注重运用创新的思维，从不同角度开展深入、细致的研究，如开展与外部经济环境的研究，人文关怀的研究，关注老龄化的主体——老年人需求的研究；针对我国不同地区的老龄化情况，关注地域差异性研究等。最后，经常性地开展研究学会、学术论坛、协会的交流会、研讨会和年会活动，开展国内外老龄工作理论和工作实践的研讨会，交流最新的研究成果，以迸发思维的火花，点燃智慧的火种，形成创新性思想。提交科研成果，发表论文、出版专著。

二　理顺体制机制，促进老龄事业健康发展

社会老龄化是一个系统的工程，建议党和政府要把老龄事业纳入社会经济发展总体规划，统筹安排，可持续发展。认真贯彻落实党中央的有关决定精神，理顺和健全老龄工作体制机制，健全机构、完善制度、保证经费，确保老龄工作的正常开展。

（一）健全机构

政府的职能决定了政府在老龄事业活动中的主导作用。但从现实老龄事业开展情况来看，各级政府的主导作用尚未充分发挥。因此，必须从上层建筑着手，从发挥政府主导作用出发，完善老龄事业相关法律法规，发挥"集中力量办大事"的体制优势，整合共享人、财、物资源，最大限度地为老年朋友服务。

在新一轮政府机构改革中，建议设立一个部门来专职管理老龄事业，或者像工、青、妇那样设立一个群众团体，置于党委领导之下，使基层部门在工作过程中遇到的问题有地方可以汇报，并使之得到妥善处理和解决。在有关涉老机构中，应实行上下级之间、各部门之间、各地区之间的互通有无，互相学习，定期举行研讨会或者座谈会，创造机会，促进沟通交流，学习先进经验，促进老龄事业蓬勃发展。

实践证明，各地各级老龄工作委员会或老龄工作办公室难以全面担当起应对社会老龄化的重大任务。老龄事业不能仅靠一个协调机构来完成，需要各有关职能部门协同配合，完善制度，形成合力，共同做好老龄工作。

（二）完善制度

在制度方面，可以从完善五个机制进行管理。一是决策机制。各级党委、政府应把社会老龄化问题列入重要议事日程，定期研究老龄化社会出现的新情况、新问题，及时作出决策。二是责任机制。各级政府设立专职部门，负责统筹老龄工作或将老龄委变为一个群众团体，直接归各级党委管理，专司老龄工作。职责分明，防止出现互相推诿的现象。同时，鼓励、引导其他社会力量积极参与，以发展老龄事业，建立参与主体多元化、内容形式丰富性、投入渠道多样化的老龄事业管理体系。三是激励机制。在老龄事业管理过程中，需要经常地给予物质及精神方面的激励。物质激励是保障，具有较大的正面效果，但随着经济的发展，人们对自我实现的精神追求更加重视，因而精神上的激励成为越来越普遍而有效的手段。可以设立"老龄事业示范区""老龄事业优秀工作者"等荣誉称号，并给予一定的表彰和职位升迁。四是评估监督机制。评估监督在于及时发现问题，并找到解决之道，以促进老龄事业向正确的方向发展。可设立专门的评估监督部门，并职权独立，加强监督反馈机制，定期或不定期的经常开展调研、检查等明察暗访活动，以了解基层的具体问题并及时指导解决。四是调控机制。在评估监督的基础上，应建立完善的调控机制。如政府立法部门制定新市民社区教育法律法规，引导和规范社区教育的发展，并经常性地与现实相对照，找出两者间的差距，及时修改法律政策，必要时给予一定的人、财、物的支持。

（三）保证经费

由于老龄事业具有较大的公益性，绝大多数老龄工作单位的资金来源主要依靠党和政府或者企事业单位的拨款，来源单一且不充足，较大地阻碍其顺利、可持续发展。同时在经费分配上，存在着地区不平衡现象，城乡差距较大。因此，要加大公共财政对农村和农业职业教育的投入，制定人均标准，定期拨款，加强资金管理，完善多种渠道筹资机制，提高资金利用率。

从国外来看，发达国家通过各种形式多样、灵活便捷的措施来保障老龄事业经费投入的力度，经过长期的发展已经形成了稳定多元的经费来源。而我国经济基础相对薄弱，面临老龄人口基数较大，老龄化速度较快等特殊国情，而经费基本都由政府财政拨款，力量薄弱，来源单一，发展后劲不足。因而可以说，如果缺乏经费的保障，老龄事业的发展将成为无源之水，无本之木。

根据发达国家对推动老龄事业的经验来看，我国在发挥政府拨款主渠道作用的同时，注重多方面经费筹集，通过诱导、激励等手段鼓励企业、慈善机构、社会团体、协会等多元化主体积极加入，这是老龄事业活动持续、稳定、健康发展的重要保证。同时，还可以建立老龄事业专项基金，政府可把公共资源中可增值、风险小的项目，如商业地产、城市交通等，引入老龄事业专项基金投资，使老龄基金不断做大，以适应老年群体的不断扩大。

三 与时俱进，加强老龄事业法律法规建设工作

无规矩不成方圆，老龄事业的健康发展也同样离不开完善的制度加以规范。中华民族历来有尊老爱老的优良传统，为保障老年人合法权益，发展老龄事业，弘扬中华民族敬老、养老、助老的美德，《中华人民共和国老年人权益保障法》于1996年10月1日起施行，十一届全国人大常委会第二十七次会议（2012年7月6日）初次审议了《中华人民共和国老年人权益保障法（修订草案）》。历经16年，世情、国情都发生了较大的变化，现今中国进入全面建设小康社会阶段，国民生产总值位居世界第二。同样，我国人口老龄化也发生了显著的变化，随着1999年我国成为老年型国家，我国老龄化将快速发展，但现在的老龄事业管理体制却不能适应社会老龄化现实需要。为推进老年人权益保障法制化进程，我国应重视老龄事业法制建设，以法律（制度）形式来保障老龄事业有序发展。

国外发达国家完善的老龄事业立法的经验告诉我们，必须加强法律建设，从立法层面来保障老龄事业的开展。这些法律法规都是根据各国实际情况，从管理体制、运行机制、部门职责、专职人员、经费投入等不同角度、

不同方面对老龄事业进行了规划，重点关注空巢老人、孤独老人、残疾老人等特殊人群，在一定程度上减少了老龄化对社会各方面带来的不利影响，促进社会和谐安定。各国法规完备，内容详尽，从立法上给予了极大保障，使"依法治老"成为一种制度，成为老龄事业发展的重要支柱。

然而，法制建设（尤其法律制度的不断健全和完善）一直是我国老龄事业发展的薄弱环节。长期以来，在关键的法律制度保障层面与社会的协调发展一直被忽略，法律制度的执行不到位，造成法律不适应社会发展，虐老、弃老、歧视老人等侵犯老年人的现象依然存在，老年人的合法权益一直得不到有效保障。因而，需要以法的效力和权威来规范和约束各有关部门在老龄事业活动中的责任和行为。如做好修订《中华人民共和国老年人权益保障法》的相关工作（十一届全国人大常委会第二十七次会就修订草案已向全社会征求意见），开展执法检查和普法教育，提高老年人权益保障法制化水平。同时，开展立法调研工作，经常性地组织相关执法人员深入基层、深入群众，了解法律政策的执行情况以及在执行落实过程中及时了解存在的困难，解决遇到的问题，宣传推广先进的做法，并经常加以监督，使法律法规条文不只是白纸黑字，而是在执行落实中焕发生机。

四　重视老年教育，丰富长者精神文化生活

老年教育是人口老龄化工作的重要组成部分，是积极应对人口老龄化的有效途径，关系到老年人的生活质量和生命价值。随着经济社会的发展，老年人对教育的需求也越来越强烈。事实证明，只要不断地给大脑以新的信息，将会延缓大脑衰老，增强脑的功能，保持身体健康。《中华人民共和国老年人权益保障法》规定：老年人有继续受教育的权利，十一届全国人大常委会第二十七次会议初次审议的《中华人民共和国老年人权益保障法（修订草案）》，在"有继续受教育的权利"条款中还增加"把老年教育纳入终身教育和社区教育体系"，要求加大对老年教育的投入，明确了老年学校职责，"为老年人增长知识、丰富生活、促进健康、陶冶情操、融入社会提供服务"。以上都说明老年教育在国家层面给予了充分的重视，明确老年

学校办学目的，这必将为老年事业的发展添砖加瓦，夯实基础。

具体而言，重视发展老年教育，可以从四个方面入手。一是创新老年教育办学模式。应积极探索多样化的办学主体，如党委、政府、企业、社会团体、华人华侨等，充分发挥各个主体的特点和优势，可采取单独办学或者联合办学等多样化办学模式。从而充分发挥社会力量，优化整合教育资源，挖掘教育投入多元化，提高办学质量和效率，共同为老年教育的发展添砖加瓦。二是完善课程体系。老年教育涉及的专业学科较多且复杂，这主要是由老年人学习需求的多元性决定的。对课程的开设和安排，应注重实用性与拓展性相结合，劳逸相结合，动静相结合，协调发展文史、理工、艺术等学科，同时，还可以根据具体情况开设具体课程，以更好地满足老年人的需求。三是发展社区老年教育。随着社区越来越成为重要的活动场所，其生活、交流、教育、娱乐等功能得到了进一步开发和利用。开展社区教育，在一定程度上增加了人们接受教育的机会，扩大教育受众面，在一定程度上保障公民受教育的权利，维护教育的公平。同时，由于老年人行动不便，在所在社区举办社区教育或者建立社区老年大学，对于社区老年人具有独特的功能，方便了他们就近受教育。四是加强远程老年教育。随着网络信息技术的建设和发展，网络成为现代生活不可缺少的必需品。基于网络技术对教育空间的开发和利用，远程教育的优势逐渐显现出来，如打破传统教育的时间限制，丰富教育内容，教育形式灵活，实现资源的高度共享等。因而，远程老年教育具有较大的发展空间，越来越深受老年群体的喜爱和欢迎。

参考文献

[1] 熊必俊：《人口老龄化与可持续发展》，中国大百科全书出版社，2002。

[2] 于学军：《中国人口老化的经济学研究》，中国人口出版社，1995。

[3] 罗淳：《从老龄化到高龄化——基于人口学视角的一项探索性研究》，中国社会科学出版社，2001。

[4] 武永生：《人口老龄化的经济效应研究综述》，《西北人口》2011年第5期。

[5] 郑贵廷、韩鹏：《人口老龄化的经济学再审视》，《人口学刊》2007年第6期。

［6］ 金易：《人口老龄化的理性思考》，《学习与探索》2011 年第 6 期。

［7］ 郭建华：《人口老龄化对劳动力市场的影响分析》，《理论与实践》2011 年第
4 期。

［8］ 郭美玉：《发展老龄事业重要性浅谈》，《湖湘论坛》2004 年第 5 期。

［9］ 陈旭峰、钱民辉：《中国老龄事业发展研究：回顾与展望》，《东南学术》2011
年第 3 期。

［10］ 邬沧萍、杨庆芳：《科学认识人口老龄化》，《兰州学刊》2011 年第 11 期。

后　记

　　《老年教育策论》于 2011 年 11 月由社会科学文献出版社出版后，在社会上反响很好，不少同行或来电或来信与我探讨有关老龄化社会和老年教育问题，给我很大的鼓舞和鞭策。从而认识到关于社会老龄化有许多问题值得探讨，研究的空间很大，研究的内容很丰富。

　　胡锦涛总书记把"加强和创新社会管理"这一重大历史课题摆到全党全国人民面前后，我深受启发。社会老龄化既是一个社会现实，对社会的影响越来越凸显，那么，老龄事业在社会管理创新中必将具有不可忽视、不可替代的作用。因此，在我的意识中很快就形成了《老龄事业与创新社会管理》的主题。我把这个想法与福建老年教育理论研究会秘书处的同志们沟通后，得到校长游德馨、执行校长黄瑞霖的支持，并着手向省社会科学联合会申报课题。以我为项目负责人，福州大学人文社会科学学院、福建农林大学、福建师范大学的几位教授为主要参与者，以省老年教育理论研究会名义向省社会科学联合会申报，经专家评审被批准为重大项目，并要求以专著的形式完成。一年多来，在省老年大学的支持下，我先后三次组织课题人员，理论研究会的研究人员到福建省的福州、厦门、泉州、漳州、三明、福清、晋江、德化、永安、龙海、集美等市、县（区）、社区、农村进行了深入的调查，以问卷、考察、座谈等形式取得了大量的第一手资料和数据。然后，将研究成果进行梳理、分析、综合和归纳。我构思了全书结构及主要章节，课题组先后三次召开会议进行讨论、修改、充实。特别是省老年大学和各市、县老年大学为本书创作提供了大量资料。

　　本书的作者按篇章排序如下：第一章：何朝银，第二、第三章：黄永青，第四章：江文甲，第五章：杨素铧、胡燕平，第六章：郑修竹，绪论与

第七章由我主笔。其中，杨素铧协助我完成全书统稿、修改工作。国家教育部部长袁贵仁同志，中国老年大学协会名誉会长、福建省政协原主席游德馨同志十分重视这项研究工作，并为本书作了序。

在本书中，我提出了几个观点与大家一起探讨：

（一）在一个历史时期，特别是 2020 年我国全面实现小康社会目标之后，社会老龄化将成为中国的基本国情之一。

（二）社会老龄化是经济发展、社会稳定、人与自然和谐发展的必然结果，社会老龄化不是"海啸"，不是"洪水猛兽"。要用积极的、健康的、正面的视角来看待社会老龄化。

（三）人的幸福指数随着年龄增长应是一条爬坡的曲线，根据中国"尊老""善终""晚节"和"先苦后甜"等传统观念，在幸福指数的曲线上，晚年的比重更大。

（四）传统上以年龄来划分老年人虽简单易行，但不尽科学，不尽合理。从群体来说，不同地域、不同国家、不同种族、不同地理气候条件，平均寿命相差甚大。一个国家，一个地区经济社会发展水平不同，人的生活水平、医疗条件、环境条件不同，平均寿命差距也不小。从个体来说，每个人的寿命长短不一。因此，用年龄来划分老年人，简单但不科学，与之相关的退休年龄的争论，已造成欧洲一些国家的社会不稳定，我们若不处理好这个问题，不久的将来也可能造成社会问题。因此，我建议可参照生理成长规律、心理发展规律、智力发展规律、体力发展规律、多变量建立数学模型，提出人达到衰老的指标体系。

（五）每个人都有接受教育的权利。教育具有循环作用，学前教育、基础教育、中等教育、高等教育、在职教育、成人教育、老年教育等每一阶段教育都具有循环性，前一阶段教育是后一阶段的基础，后一阶段又促进前一阶段教育的发展，即循环教育。

在研究老年教育理论的实践中，培养一支稳定的老年理论研究队伍与培养老年教育的管理人才同等重要。在福州大学主要领导的支持下，2012 年11 月福州大学建立了老年教育研究所，我任所长，聘请了全国著名的高等教育家潘懋元教授和福建省老年大学校长黄瑞霖担任顾问，并于 2012 年福州大学人文社会科学学院开始招收老年社会工作（老年教育）在职硕士研究生。老年教育的理论研究工作必将更加蓬勃发展，具有历史意义的党的十八大的召开，加强和创新社会管理将是十八大的重要精神之一，谨以此书向党的十八大献礼。

在本书付梓之际，谨向袁贵仁部长、游德馨名誉会长表示敬意。向重视和支持这个项目研究工作的福建省社会科学联合会、福建老年大学和福建省各市县老年大学以及福州大学、福建师范大学、福建农林大学的有关领导、老师和同志们表示衷心感谢。

施祖美

2012 年 12 月

图书在版编目（CIP）数据

老龄事业与创新社会管理 / 施祖美著. —北京：
社会科学文献出版社，2013.2
ISBN 978 - 7 - 5097 - 4043 - 9

Ⅰ. ①老… Ⅱ. ①施… Ⅲ. ①老年人 - 社会管理 - 研
究 - 中国 Ⅳ. ①D669.6

中国版本图书馆 CIP 数据核字（2012）第 283287 号

老龄事业与创新社会管理

著　　者 / 施祖美

出 版 人 / 谢寿光
出 版 者 / 社会科学文献出版社
地　　址 / 北京市西城区北三环中路甲 29 号院 3 号楼华龙大厦
邮政编码 / 100029

责任部门 / 社会政法分社（010）59367156　　责任编辑 / 孙燕生　郑茵中
电子信箱 / shekebu@ ssap. cn　　　　　　　责任校对 / 牛立明
项目统筹 / 王　绯　　　　　　　　　　　　责任印制 / 岳　阳
经　　销 / 社会科学文献出版社市场营销中心（010）59367081　59367089
读者服务 / 读者服务中心（010）59367028

印　　装 / 北京季蜂印刷有限公司
开　　本 / 787mm×1092mm　1/16　　　印　　张 / 18
版　　次 / 2013 年 2 月第 1 版　　　　　字　　数 / 275 千字
印　　次 / 2013 年 2 月第 1 次印刷
书　　号 / ISBN 978 - 7 - 5097 - 4043 - 9
定　　价 / 58.00 元